Rheinkreuzfahrt

Christel Juchniewicz

MERIAN-TopTen

Höhepunkte entlang der Strecke, die Sie unbedingt sehen sollten

1 Fondation Beyeler (Basel)
Ein spektakuläres Museum für Moderne Kunst, gegründet mithilfe einer Stiftung des Sammlerpaares Beyeler (→ S. 36).

2 Straßburger Münster
Mit seinem 142 Meter hohen Turm und der astronomischen Uhr ist das Münster ein Prunkstück der Gotik (→ S. 46).

3 St. Stephan (Mainz)
Neun Fenster mit biblischen Motiven schuf Marc Chagall als Symbol für die jüdisch-deutsche Aussöhnung (→ S. 70).

4 Gutenberg-Museum (Mainz)
Das Museum erzählt die ganze aufregende Geschichte des Buches und der Buchdruckerkunst (→ S. 70).

5 Oberes Mittelrheintal
Burgen, Mythen und exzellenter Wein – das UNESCO-Weltkulturerbe ist das Herzstück einer jeden Rheinreise (→ S. 76).

6 Loreley
Ein schlichter Felsen inspirierte die deutschen Romantiker zu einer mystischen Mär, die man weltweit kennt (→ S. 81).

7 Kölner Dom
Gotische Architektur in höchster Vollendung – gebaut wurde der Dom zu Ehren der Heiligen Drei Könige (→ S. 100).

8 Die »Kö« (Düsseldorf)
Geld und Glamour, Sehen und Gesehen werden – die Königsallee gehört zu den berühmtesten Prachtboulevards (→ S. 110).

9 Grachten (Amsterdam)
Eine Grachtenrundfahrt auf den von üppigem Grün gerahmten Stadtkanälen ist ein eindrucksvolles Erlebnis (→ S. 122).

10 Rijksmuseum (Amsterdam)
Hier haben die Rembrandtsche »Nachtwache« und unzählige andere Meisterwerke ihre Heimstatt gefunden (→ S. 126).

MERIAN-Tipps ···›
finden Sie auf Seite 128

Inhalt

MERIAN-TopTen
Höhepunkte am Rhein, die Sie unbedingt sehen sollten
⇠ Seite 1

MERIAN-Tipps
Tipps und Empfehlungen für Kenner und Individualisten
Seite 160 ⇢

Erläuterung der Symbole

Für Familien mit Kindern besonders geeignet

Preise für ein Menü mit Vorspeise und Dessert, ohne Getränke:

●●●●	*ab 25 €*	●●	*ab 13 €*
●●●	*ab 19 €*	●	*bis 13 €*

Karten und Pläne

Die Buchstaben-Zahlen-Kombinationen im Text verweisen auf die Planquadrate der Karten, z. B.
→ S. 63, b 2 Detailkarte innen

Mit Faltkarte

→ S. 19

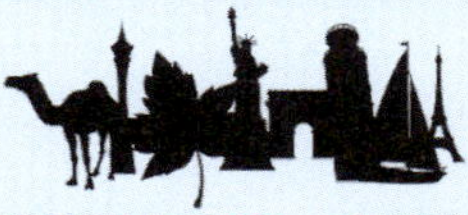

Der Rhein stellt sich vor

Steile Weinhänge säumen die Rheinufer bei Assmannshausen (→ S. 78). Der Ort ist heute ein Stadtteil von Rüdesheim und die wohl bekannteste Rotweinlage in Deutschland.

Romantische Flusslandschaft zwischen Alpen und Nordsee und seit Jahrhunderten wichtiger und geschichtsträchtiger Verkehrsweg – dem Rheinkreuzfahrer offenbart der mächtige Strom viele Gesichter.

Der Rhein – er steht gleichermaßen als Symbol für eine Brücke zwischen den Kulturen als auch für Grenzen zwischen ihnen, er hat sowohl die deutsche als auch die europäische Geschichte nachhaltig geprägt. Sein Name ist keltischen Ursprungs und kommt von »renos«, was so viel wie »fließendes Wasser« bedeutet. Er ist der längste Fluss Deutschlands, von seiner 1320 Kilometer zählenden Gesamtlänge legt er 865 Kilometer in Deutschland zurück, die allesamt schiffbar sind. Die Deutschen nennen ihn denn auch liebevoll ihren »Vater Rhein«. Aber andere Nationen identifizieren sich ebenfalls mit dieser wichtigsten europäischen Wasserstraße: In Basel blickt eine Helvetia-Statue, sich von einem langen Marsch ausruhend, nachdenklich rheinabwärts, und für die Franzosen bildete der Rhein über Jahrhunderte eine ihrer hart umkämpften Landesgrenzen. Sechs Länder durchfließt, begrenzt und grüßt der Rhein, bevor er als ihr größter Zufluss in die Nordsee mündet.

Die schönste Art, den Rhein kennenzulernen, ist zweifellos die, mit einem luxuriösen Schiff von Basel bis hinunter an die Nordsee zu fahren – oder umgekehrt. Dem Zauber der langsam vorübergleitenden Rheinlandschaft kann man sich nur schwer entziehen, und auch der Blick auf den Rhein als faszinierender Dreh- und Angelpunkt der europäischen Geschichte aus der Flussperspektive ist ein zeitloser: Es ist der Blick vieler Generationen von Flussfahrern.

Aber wo kommt er eigentlich her, nachdem ihn die Deutschen immer so selbstverständlich als »ihren« Fluss reklamieren? Seine Geschichte beginnt im ewigen Eis – als Schmelzwasser –, freigegeben vom Paradiesgletscher am Schweizer Rheinquellhorn, auf 3400 Metern Höhe. Hier, unweit des San-Bernardino-Passes, entsteht der **Hinterrhein**, einer der beiden Quellflüsse des Rheins, in einer einsamen und abweisenden Landschaft aus Eis und Stein. Noch sind es karge Wasserläufe, die sich ihren Weg durchs Geröll bahnen, noch ist der Hinterrhein auf der Suche nach einem Bett. Etwa 30 Kilometer

Grünes Idyll und eisige Landschaften an der Rheinquelle

Kurz vor der Oberkasseler Brücke in Düsseldorf (→ S. 109) wurde der Anker gesetzt.

Die allegorische Frauenfigur der Helvetia in Basel (→ S. 33). Sie sitzt am Kleinbasler Ufer bei der mittleren Rheinbrücke und blickt nachdenklich in Richtung Deutschland.

Luftlinie weiter, man könnte auch sagen vier Bergkämme entfernt, öffnet sich dem Betrachter ein völlig anderes Bild: der Tomasee. Er liegt auf 2345 Metern Höhe inmitten einer grünen Berglandschaft und ist die Wiege des **Vorderrheins**. Auch der See hat keine Quelle, er wird von zahlreichen Bächen und Rinnsalen aus den umliegenden Bergen gespeist. Dennoch, hier beginnt der Rhein ganz offiziell. Denn der Vorderrhein ist länger als sein kleiner Bruder, der Hinterrhein, und das Kriterium der Länge ist in diesem Fall das Entscheidende. Ein Schild markiert die Rheinquelle und verkündet, dass es 1320 Kilometer bis zur Mündung sind.

Begleiter alter Handelswege

Über den San-Bernardino-Pass und Splügenpass verliefen früher wichtige Handelswege, Nord-Süd-Verbindungen, die den Menschen in den Dörfern im Tal Arbeit und Brot gaben. Im 18. Jahrhundert quälten sich etwa 30 000 Reisende jährlich über diese Straßen, Richtung Norden nach Chur und dem Bodensee oder Richtung Süden nach Italien. Der gefährlichste Abschnitt ihres Weges führte sie entlang des Flusses nahe dem Ort Thusis. Dort schießt der Hinterrhein durch eine sechs Kilometer lange gewaltige Schlucht. Mythen und schaurige Geschichten über unheimliche Fabelwesen ranken sich um die Via-Mala-Schlucht, die sich in Millionen von Jahren in den Bündner Schiefer gegraben hat. Heute sind ihre Gefahren durch eine Autostraße gebannt, und die Funktion der Nord-Süd-Passage hat der Gotthardtunnel übernommen.

Damit hat auch das wunderschöne Chur am **Alpenrhein**, die älteste Stadt der Schweiz, seine Funktion als Verkehrsknotenpunkt verloren. In der ehemaligen Hauptstadt der römischen Provinz Rätien treffen elf Alpenpässe zusammen, und bei Reichenau vereinigen sich die beiden Quellflüsse: Von rechts fließt der Hinterrhein, von links der Vorderrhein hinzu. Das Binnendelta, in dem der Rhein in den Bodensee fließt, ist von einem weitläufigen Naturschutzgebiet umgeben.

Bei Konstanz beginnt dann die Zählung der Rheinkilometer mit dem Kilometer Null. Der Fluss verlässt den Bodensee nach Westen hin und mündet bei Stein am Rhein als **Hochrhein** in ein ruhiges Flussbett. Bei Schaffhausen kann man sich dann wieder von der brachialen Gewalt des Elementes Wasser überzeugen. Seit etwa 6000 Jahren brechen 700 Kubikmeter Wasser pro Sekunde die 23 Meter des Rheinfalls herunter und bilden den mächtigsten Wasserfall Europas.

An der deutsch-schweizerischen Grenze erreicht der Rhein seine erste Großstadt. Das »Rheinknie« bei Basel kennzeichnet den Übergang zum **Oberrhein** und damit zum für die Großschifffahrt passierbaren Teil des Rheins. Während seines Wegs durch die Oberrheinische Tiefebene bis nach Mainz fällt der Rhein von 252 Meter auf 76 Meter über dem Meeresspiegel, reguliert durch zehn Schleusen. Die Rheinbegradigung, die man im 19. Jahrhundert unter der Leitung des Ingenieurs Johann Gottfried Tulla unternahm, führte zu einer wesentlich schnelleren Fließgeschwindigkeit des Oberrheins, der einen Teil seiner Kraft für die Energieerzeugung liefert, aber auch zu verstärkter Hochwassergefahr für den Mittel- und Niederrhein. Durch die fehlenden Überflutungsgebiete fließt das Hochwasser aus den Alpen mit verstärktem Tempo zum Mittel- und Niederrhein hin, die extrem gefährdet sind, wenn auch die anderen großen Rheinzuflüsse wie Mosel und Main gleichzeitig Hochwasser führen. Daher kommt dem Oberrhein eine Schlüsselstellung für den Hochwasserschutz der flussabwärts liegenden Gebiete zu. Die anliegenden Länder Baden-Württemberg, Rheinland-Pfalz und Frankreich haben sich zu diesem Zweck vertraglich verpflichtet, Maßnahmen zur Hochwassersicherung zu realisieren.

Mit dem Zufluss des Mains erreicht der Rhein für kurze Zeit die beachtliche Breite von 518 Metern. Gleich nach dem Passieren des Mainzer Beckens beginnt der romantische **Mittelrhein**, er tritt beim Binger Loch in das Rheinische Schiefergebirge ein und gräbt sich seinen beengten Weg entlang von Hunsrück und Eifel auf der linken Seite und Taunus und Westerwald auf der rechten Seite. Die

Zwischen Bodensee und Basel gleicht der Rhein bisweilen einem Gebirgsfluss. Spektakulär stürzt er sich beim sogenannten Rheinfall von Schaffhausen 23 Meter in die Tiefe.

steilen Hänge des Mittelrheintals gehören zu den schönsten landschaftlichen Gebieten am Rhein.

Von der über die Jahrtausende gewachsenen strategischen und verkehrstechnischen Bedeutung dieses Flussabschnitts zeugen heute noch zahlreiche Burgen und historische Orte. Im Jahr 2002 würdigte die UNESCO die einzigartige Dichte kultureller Zeugnisse auf dem Rhein zwischen Bingen und Koblenz mit dem Titel UNESCO Weltkulturerbe Oberes Mittelrheintal. Dazu kommt noch: Die Schieferböden und das milde Klima bringen hervorragende Weine hervor und machen das Mittelrheintal gemeinsam mit Landschaft und Architektur zu dem touristischen Magneten schlechthin am Rhein.

In Koblenz trifft der Rhein auf seinen größten Zufluss, die Mosel. Indem er sich zum Neuwieder Becken weitet, macht er Platz für Industrieansiedlungen, die nun immer häufiger mit dem Anblick der pittoresken Burgen und Ortschaften abwechseln. Im Siebengebirge bei Bonn endet der Weinbau, der Übergang vom Mittelrhein zum **Niederrhein** wird durch die Kölner Bucht markiert, einem dicht besiedelten Gebiet zwischen den Städten Köln/Bonn, Aachen und Düsseldorf/Neuss. Die pulsierende Metropolenregion wird sowohl industriell als auch intensiv landwirtschaftlich genutzt. Hier überspannen auch zahlreiche Brücken den Fluss. Der größte Binnenhafen Europas befindet sich am Niederrhein in Duisburg. Ähnlich dem Oberrhein hat man auch dem Niederrhein durch Baumaßnahmen ein festes Flussbett verschafft. Die zum Teil weit vom Ufer zurückliegenden Deiche lassen dem Fluss bei Hochwasser größtmögliche Ausdehnungsflächen und bieten dem Flussreisenden eine schöne Sicht auf Windmühlen, Weiden und Backsteinhäuser.

Pulsierende Ufermetropolen

Am Übergang des Niederrheins in das **Rhein-Maas-Delta** bei Emmerich ist er so breit wie sonst nirgends. Ganze 915 Meter misst sein Flussbett von einem Ufer zum anderen, bevor er sich teilt und in einem System aus natürlichen Flussarmen und Kanälen der Nordsee zustrebt. Auch hier machten weitreichende Baumaßnahmen erst möglich, dass diese unter dem Meeresspiegel liegende Landschaft heute zu einer der wirtschaftlich wichtigsten Gegenden Europas aufsteigen konnte.

Für die Römer waren die Völker, die im ersten Jahrhundert vor Christus am Rhein siedelten, allesamt »Germanen«. So hieß zwar nur einer der vielen Stämme, aber Cäsar nannte kurzerhand alle seine Feinde im Rheinland so. In den Jahren 58 bis 51 v. Chr. gelang es ihm, die linksrheinischen Gebiete zu erobern. Der Rhein war wichtige Handelsroute und Transportweg für seine Legionen und bildete 400 Jahre lang die Trennungslinie zwischen Römern und Germanen. Die Römer brachten den Weinbau mit und bauten Wasserleitungen, es entstanden Häfen, Brücken, Straßen, Bergwerke und Legionslager wie die bei Xanten und Neuss. Aus Siedlungen wie Koblenz, Mainz oder Köln entwickelten sich unter römischer Herrschaft große Städte, und der Handel der römischen Rheinflotte blühte, denn die wachsenden Städte am Ufer wollten versorgt werden. Ein von zahlreichen Wehr- und Wachttürmen gesicherter riesiger Grenzwall sollte die Römer vor den Angriffen der Feinde schützen.

Überreste des »Limes« sind heute noch an vielen Stellen zu sehen und wurden auch zum Teil restauriert. Doch genützt haben weder die Schutzmauern des Limes noch der Rhein als Grenzfluss: Immer wieder fielen die germanischen Stämme am Rhein in römisches Gebiet ein, bis das Reich im 5. Jahrhundert zerfiel.

Kaum ein Felsen an diesem Fluss, der nicht mit einer geheimnisvollen Begebenheit verbunden ist – am bekanntesten wohl die 123 Meter hoch aufragende Loreley (→ S. 81).

Im Mittelalter erstarkten die bischöflichen Machtzentren in Mainz, Trier und Köln. In ihrem Gefolge befanden sich Heerscharen mehr oder minder mächtiger Adelsgeschlechter, die vor allem eines taten: Burgen bauen entlang des Rheins, zur Verteidigung ihrer eigenen Länder oder als Raubritternest, um andere ihres Besitzes zu entheben. In dieser Zeit war an vergnügliche Rheinreisen noch nicht zu denken, aber der Rhein war damals schon der bedeutendste Handelsweg in Nord-Süd-Richtung. Zu Hansezeiten gelangten Seeschiffe sogar bis nach Köln hinauf, bevor ihre Fracht für den Weitertransport auf kleinere Boote umgeladen wurde.

Bis zum Ende des 18. Jahrhunderts bestanden die Rheinanlieger aus vielen unabhängigen deutschen Herrschaftsgebieten. Die napoleonischen Eroberungen machten der Kleinstaaterei am Rhein schließlich ein Ende. Ab 1798 bildete der Rhein die Grenze zwischen Frankreich und dem rheinischen Herzogtum Berg, von 1815 an, nach dem Ende der napoleonischen Herrschaft und der Umstrukturierung durch den Wiener Kongress, floss der Rhein von Koblenz bis zur niederländischen Grenze durch die Rheinprovinz des Königreichs Preußen. Seitdem haben auch französische Worte in den deutschen Sprachschatz Einzug gehalten, die man besonders häufig und gerne im Rheinland benutzt. So ist man nicht etwa krank, sondern »malad« und benutzt einen umgedrehten »Parraplü« statt einen Regenschirm, um beim Rosenmontagszug die »Kammelle« (von »caramel«) aufzufangen.

In den Zeiten der Kleinstaaterei hatte die Handelsschifffahrt auf dem Rhein unter unzähligen Zollschranken zu leiden gehabt. 1868 endlich regelten die Anliegerstaaten mit der Mannheimer-Rheinschiffahrtsakte den freien Verkehr auf dem Rhein. Zu dieser Zeit war eine Schifffahrt auf dem Rhein unter europäischen Bildungsbürgern bereits Mode, inspiriert von der Rheinromantik der Poeten und Maler (→ MERIAN-Spezial, S. 86). Gemeinsam mit dem Entdecken der romantischen Schönheit des Rheins erstarkte auf einmal ein »deutscher Anspruch« auf den Rhein. Die preußischen Prinzen begannen, die alten Burgen als Denkmäler einer einstmals ruhmvollen Vergangenheit zu beleben.

Symbol des Nationalstolzes

Der deutsch-französische Krieg von 1870/1871 löste in Preußen eine nationale Euphorie aus, und der Rhein wurde zum Symbol eines übersteigerten deutschen Nationalismus. »Sie sollen ihn nicht haben, den freien deutschen Rhein«; diese Worte von Nikolaus Becker wurden den Franzosen als Parole entgegengeschleudert, als sie Anspruch auf die Rheingrenze erhoben. Steinerner Ausdruck dieses Nationalismus ist das Niederwald-Denkmal in Rüdesheim. Nur zu gerne waren die Menschen denn auch bereit, im Ersten Weltkrieg wieder gegen den Feind Frankreich, der ihnen den Rhein so oft streitig gemacht hatte, ins Feld zu ziehen. Dass der große Strom erneut zur deutsch-französischen Grenze wurde, verhinderten die Siegermächte, aber Elsass-Lothringen musste an die Franzosen zurückgegeben werden. Heute wird die deutsch-französische Freundschaft großgeschrieben, und der Rhein bietet keinen Anlass mehr für Differenzen.

Schon aus der späten Eiszeit gibt es Belege für eine Binnenschifffahrt am Rhein. Julius Cäsar beschrieb in seinem Werk »Der gallische Krieg« erstmals die traditionell als Einbäume konstruierten Fahrzeuge, mit der die am Rhein siedelnden Stämme den Fluss befuhren. Die Römer selbst verhalfen dem Schiffsverkehr auf dem Rhein zu einer ersten Blüte und machten ihn zur florierenden Handelsstraße. Vor der Erfindung der Dampfmaschine unterschieden sich die Antriebsarten der Schiffe nach der Richtung, in der sie fuhren. Stromabwärts wurden sie von der Strömung getrieben und allenfalls durch zusätzliches Rudern oder mit einem Segel beschleunigt. Flussaufwärts unterstützte neben Segeln und Rudern das »Staken«, das Abstoßen mit einer langen Stange vom Flussgrund, und vor allem das »Treideln«, bei dem Lastkähne auf Treidelpfaden am Ufer von Pferden flussaufwärts gezogen werden.

Daran änderte sich jahrhundertelang nichts – bis zur revolutionären Erfindung der Dampfmaschine. Am 12. Juni 1816 erreichte das erste Dampfschiff Köln, aus England kommend. Die Fahrt von Köln nach Mainz verkürzte sich von zwei Wochen auf einen Tag. Dabei waren die Dampfmaschinen zuerst so groß, dass sie eigene Schiffe beanspruchten und für andere Schiffe, auch für mehrere auf einmal, als Schlepper dienten. Mit der Dampfschifffahrt wurde auch der Weg für den Tourismus frei. Die Burgenromantik zog erste Besucher, insbesondere Briten, in ihren Bann. An den Rheinufern entstand eine Infrastruktur mit ausgebauten Straßen und Eisenbahnlinien. Schiffe mit Dieselmotoren lösten die dampfmaschinenbetriebenen Schiffe im 20. Jahrhundert ab, neben solchen »Selbstfahrern« reisten viele Transportschiffe auch im »Schubverband«, bei dem ein »Schubschiff« bis zu sechs beladene »Leichter« vor sich herschiebt.

Der Rhein ist heute für Massengüter und Container der beliebteste Transportweg, er gehört zu den meistbefahrenen Wasserstraßen der Welt und hat über diverse Kanäle Verbindung zu anderen Flüssen. Wichtige Kanäle sind der Rhein-Main-Donau-Kanal, der Rhein-Herne-Kanal, der die Verbindung zu den norddeutschen Flüssen herstellt, der Wesel-Datteln-Kanal und der Amsterdam-Rhein-Kanal.

Beinahe könnte man meinen, der Mensch hat sich den Fluss untertan gemacht. Aber ab und zu belehrt der Rhein uns eines Besseren. Immer dann, wenn er über die Ufer tritt oder besonders wenig Wasser führt, drohen der Schifffahrt massive Einschränkungen. Der Rheinpegel informiert die Schiffer regelmäßig über die aktuellen Wasserstände. 31 solcher Anzeigen gibt es am Rhein, bekannt ist z. B. der in der Kölner Altstadt, die für die Schifffahrt wichtigsten aber befinden sich in Duisburg-Ruhrort und in Kaub. Bei Niedrigwasser führen die Schiffe weniger Ladung mit sich, um ihren Tiefgang zu reduzieren. Das verteuert den Transport erheblich.

Zwei Hochwassermarken sind für den Rhein festgelegt: Wird Hochwassermarke I erreicht, sind Geschwindigkeitsbeschränkungen vorgeschrieben, damit die vom Schiff verursachten Wellen keinen Schaden am Ufer anrichten. Nach Überschreiten von Hochwassermarke II wird der betreffende Flussabschnitt gesperrt. Das letzte »Jahrhunderthochwasser« auf dem Rhein wurde im Jahr 1993 verzeichnet, als nach lang anhaltenden Niederschlägen Oberrhein und Neckar Hochwasser führten und die Mosel ebenfalls mit einem bisher unbekannten Ausmaß an Wassermassen in den Rhein floss. Daraufhin stand in Koblenz ein Viertel des Stadtgebiets unter Wasser, und in Bonn wurde mit 10,12 Meter der höchste Pegelstand des 20. Jahrhunderts gemessen.

Das Wasser vom Vater Rhein ...

Das rasante Wachstum der Industrie und die damit ständig steigende Bedeutung des Rheins hatte eine Kehrseite: Je mehr es mit internationalem Handel und Verkehr am Strom bergauf ging, desto mehr musste der Fluss leiden. Seit Mitte des 19. Jahrhunderts bereits nahm sein Fischbestand ab, und 1904 erhielt er von Hygieneforschern den Titel »Größte Kloake Europas«. Allzu selbstverständlich hatten die Anrainerstaaten auf die Selbstreinigungskraft des mächtigen Gewässers vertraut und unbekümmert alle ihre Abwässer eingeleitet. Nach dem Zweiten Weltkrieg barg er auch noch die gesamte Rheinflotte auf seinem Grund. In der Wirtschaftswunderzeit tönte es aus den Lautsprechern der Ausflugsdampfer »Warum ist es am Rhein so schön ...«, während gleichzeitig zehn Tonnen Öl täglich von den fahrenden Schiffen in den Rhein ausgeschieden wurden, ganz zu schweigen von den gefährlichen Stoffen, die durch Havarien oder von den anliegenden Industriebetrieben in den Fluss gelangten. Seit den Sechzigerjahren bemühen sich moderne Kläranlagen um eine verbesserte Wasserqualität. Ein Tropfen auf den heißen Stein. Noch in den Siebzigern galt der Rhein zwischen Ludwigshafen und Köln als totes Gewässer.

Ein wirkliches Umdenken begann schließlich nach einem Vorfall im November 1986, als giftiges Löschwasser nach einem Brand beim Chemieriesen Sandoz in Basel in den Rhein geriet und auf einer Länge von etwa 400 Kilometern beinahe jedes Leben im Rhein zerstörte. Noch im Jahr 1987 wurde eine Million Tonnen Chemikalien über den Rhein ins Meer transportiert. Erst danach wurden die Vorschriften für Abwässer und die Richtlinien für Störfälle wesentlich verschärft und auch endlich befolgt. Heute befinden sich 14 nationale und internationale Wasserkontrollstationen am Rhein, sie entnehmen und prüfen rund um die Uhr das Wasser.

Auch die Hochwasser der Neunzigerjahre, ausgelöst auch durch Flussbegradigung und -verbauung, regten zum Umdenken an. Man ist dazu übergegangen, dem Rhein seinen Raum zu lassen und die ursprüngliche Flusslandschaft durch Überflutungsgebiete und Renaturierung so weit wie möglich wiederzubeleben. Das internationale Maßnahmenpaket war erfolgreich: Seit der Jahrtausendwende lassen sich sogar Lachse im Rhein sehen. 1969 waren nur noch 23 Fischarten im Wasserlauf heimisch, heute sind es 63, nur der empfindsame Stör fehlt noch. Alle Fische sind essbar. Auch als Überwinterungsgebiet vieler Vogelarten konnte der Rhein gestärkt werden. Nicht zuletzt ist der Gewässerschutz am Rhein auch für die Menschen unabdingbar, denn vielerorts wird Wasser aus dem Fluss zur Trinkwassergewinnung entnommen.

Gibt es »den« Rheinländer?

Dem Rheinländer an sich sagt man so einige Besonderheiten nach. So soll er beispielsweise weniger von Selbstzweifeln geplagt sein als die Menschen anderer Landstriche. Feierfreudig und trinkfest sei er, allem Neuem gegenüber sehr aufgeschlossen und auch überaus mitteilsam. Dies träfe vor auf die Menschen zu, die zwischen Koblenz und Düsseldorf am Rhein leben. Weiter der holländischen Grenze zu verflüchtigt sich das Leichtlebige immer mehr, die Leute werden ernster, gelten aber als weltoffener, toleranter und umgänglicher Menschenschlag, der sich dank des rheinischen Platts auch bestens mit seinem holländischen Nachbarn austauschen kann. Während man also in der ehemaligen preußischen Rheinprovinz noch »das typisch Rheinische« bei den Menschen ausmachen kann, ist es am Ober- und Mittelrhein schon weitaus schwieriger. Da gibt es die Badenser mit ihrer unermüdlichen Leistungsbereitschaft, die Pfälzer, die bedächtig den gesunden Menschenverstand pflegen, oder die bescheidenen Odenwälder. Alle haben sie gleichermaßen Teil am milden Klima und am guten Wein. Aber letztendlich kommt man doch zu dem Schluss: Das, was sie wirklich verbindet, ist der Fluss selbst, die Magie, die von ihm ausgeht und der sich keiner seiner Anwohner entziehen kann, egal ob er am Rhein geboren wurde oder an seinem Ufer angespült wurde und blieb. Es ist der gleiche Zauber, der auf den Rheinkreuzfahrer manchmal so stark wirkt, dass er wiederkommen muss.

Der 1916 fertiggestellte Rhein-Herne-Kanal verbindet auf seinen knapp 46 Kilometern Länge den Rhein mit dem Dortmund-Ems-Kanal. Auf seinem Weg liegen fünf Schleusen.

Praktische Infos zur Rheinkreuzfahrt

Einige Informationen, die das Leben an Bord erleichtern und ein sicheres Auftreten versprechen.

Ein in jeder Hinsicht aufmerksamer und zuvorkommender Service ist Standard auf den Rheinkreuzfahrtschiffen. Genießen Sie Ihre Zeit an Bord!

Kreuzfahrten liegen zweifellos im Trend. Bereits 1,1 Mio. deutsche Bundesbürger genießen jährlich die Annehmlichkeiten einer Schiffsreise, Tendenz steigend. Wer dabei aber nur an Karibikkreuzfahrten und Ozeanriesen denkt, liegt falsch. Ein großer Teil dieser Reisen führt nicht »auf große Fahrt« über den Ozean, sondern eröffnet neue Perspektiven auf die Sehenswürdigkeiten direkt vor der Haustür. Eine Flusskreuzfahrt durch europäische Kulturlandschaften verbindet – ohne lange Anfahrtszeit – auf ausgewogene Weise Natur-, Städte- und Erholungsreise auf hohem Niveau. Neben Donau und Rhône/Saone ist auch die Rheinkreuzfahrt ein Flussreiseklassiker. Schließlich gehörte eine Dampferfahrt auf dem Rhein schon seit Beginn des 19. Jahrhunderts zu den am häufigsten gewählten touristischen Vergnügungen. Genau aus diesem Grund ist eine Fahrt auf dem Rhein aber auch mit vielen Klischees behaftet. Als Ziel weinseliger Kegelausflüge haftet dem Tourismus auf dem Rhein das Vorurteil an, lärmend, wenig individuell und relativ unkomfortabel zu sein, vom Naturerlebnis ganz zu schweigen.

Trendziel Flusskreuzfahrt

Diese Zeiten sind jedoch gänzlich vorbei. Flusskreuzfahrtschiffe sind Verkehrsmittel, schwimmendes Hotel und Salon in einem. Weit herumzukommen, ohne zwischendurch den Koffer packen zu müssen und das eigene Bett in jeder Stadt dabeizuhaben, ist ein entscheidendes Plus für die Erholung. Wer perfekt organisiertes Reisen schätzt und nicht so sehr Wert darauf legt, alles auf eigene Faust zu entdecken, ist auf einem Kreuzfahrtschiff bestens aufgehoben.

Sie wissen nicht, ob Sie sich auf einem Kreuzfahrtschiff wohlfühlen? Als Probelauf für die eigene Kreuzfahrttauglichkeit bietet sich z. B. eine Rheinreise an. Die Touren dauern im Schnitt drei bis fünf Tage. Seekrankheit muss auf dem Rhein niemand befürchten, lediglich das Gefühl, keinen festen Boden unter den Füssen zu haben, mag mancher Landratte noch kurzzeitig zu denken geben, wenn das Schiff ablegt. Aber wirklich nur kurz, dann lenkt einen die ungewöhnliche Perspektive auf die Landschaft ab. Ein sanftes Vibrieren des Motors begleitet das Gleiten des Schiffes, oftmals nicht wahrnehmbar. Und: Flusskreuzfahrten auf dem Rhein bieten täglich die Möglichkeit zum Landgang.

Luxus und maximaler Komfort

Eine Kreuzfahrt ist Luxus, meist sind die angebotenen Reisen auch nicht ganz billig. Obwohl kleiner, stehen die Rheinkreuzfahrtschiffe ihren großen Schwestern auf den Ozeanen an Komfort in nichts nach. Der Kreuzfahrt-Trend auf dem Rhein ist noch jung, die Konkurrenz ist groß, und der Reisende kann von den jährlich neu vom Stapel laufenden Kreuzfahrtschiffen profitieren. So verkehrt seit 2008 die luxuriöse »Premicon Queen«, ein Twin Cruiser – bestehend aus zwei separaten Schiffskörpern, die durch eine spezielle Kupplung miteinander verbunden sind. Dadurch wird die Übertragung von Geräuschen und Vibrationen weitestgehend vermieden. 2009 kommen das Kreuzfahrtschiff »A-Rosa Aqua« und die diesel-elektrisch betriebene »Viking Legend« hinzu, die nicht nur leiser, sondern auch noch umweltverträglicher fährt als ihre Schwestern. Auf den maximal auf dem Rhein möglichen 135 Meter Länge für ein Kreuzfahrtschiff bieten die Kreuzfahrtschiffe allen nur erdenklichen Komfort und eine maximale Flexibilität (zum Vergleich: Die Queen Mary 2, das längste Passagierschiff der Welt, bringt es auf 345 Meter Länge). Für das Passieren niedriger Brücken wie in Basel wird dann die Reling auf dem Oberdeck abgebaut.

Dass die Flusskreuzfahrtschiffe jeden Millimeter Platz nutzen, offenbart sich auch, wenn das Schiff eine der vielen Schleusen passieren muss, von denen es auf der Strecke zwischen Iffezheim und Basel zehn an der Zahl gibt. Nur wenige Zentimeter von der Wehrmauer entfernt steuert der Kapitän das Schiff mit maximaler Präzision durch die engen Schleusen, ohne dass es anstößt – jedesmal eine kleine Meisterleistung.

Perfekte Organisation

Warum überhaupt eine Kreuzfahrt buchen, wenn es entlang des Rheins eine wunderbare Zugstrecke gibt und wenn man mit dem Auto viel schneller unterwegs ist? Bei einer Kreuzfahrt ist der Weg das Ziel, da gehört die Fahrt zum nächsten kulturellen Ausflugsziel mit zum Urlaub – und der beginnt spätestens mit dem Einchecken an Bord. Langsames Reisen ist auch Luxus und ein Statement gegen den hektischen Alltag. Lästige organisatorische Fragen wie Parkplatzsuche und Gepäcktransport fallen gar nicht erst an, den Rest kann man getrost dem engagierten Personal überlassen. Und die Reiseperspektive ist geradezu eine historische. Große Teile der vorüberziehenden Landschaft

Das Obere Mittelrheintal – hier bei Boppard – gehört zu den Höhepunkten einer Rheinkreuzfahrt. Nicht umsonst rechnet die UNESCO diesen Landstrich zum Weltkulturerbe.

sind seit Jahrhunderten unverändert, der Blick auf die fantastischen Sehenswürdigkeiten entlang des Mittelrheintals ist nirgendwo besser als vom Wasser aus. Schon die Nibelungen mögen Teile des Rheins genauso gesehen haben wie der heutige Kreuzfahrtpassagier.

Doch worauf sollte man bei der Buchung einer Rheinkreuzfahrt achten? Da wäre zunächst die Wahl der Route. Manche Rheintour wird mit einem Abstecher in die Mosel bis nach Trier angeboten, andere Schiffe wiederum fahren bis ins Ijsselmeer und nach Belgien, nachdem sie das Rhein-

Wahl der geeigneten Reiseroute

Maas-Delta hinter sich gelassen haben. Ein großer Teil der Rheinkreuzfahrten macht in Amsterdam Station, das streng genommen keine Rheinanliegerstadt ist. Auch die Anlegestellen innerhalb der einzelnen Städte sind je nach Anbieter unterschiedlich. Einige Reedereien verfügen über eigene Anleger. Achten Sie bei Ihrer Reiseplanung auf die An- und Ablegezeiten in den einzelnen Orten, nicht in jedem Fall ist ein Landgang mit Stadtbesichtigung möglich. Flussabwärts geht die Fahrt naturgemäß schneller als in die Gegenrichtung, deshalb werden bei Kreuzfahrten den Fluss hinab meist auch ein oder zwei Landgänge mehr angeboten, bei gleicher Reisestrecke und -länge.

Die schwimmenden Luxushotels bieten fast alle eine gediegene Atmosphäre und eine geschmackvolle Einrichtung. Kleidungsvorschriften gibt es so gut wie keine mehr, sieht man einmal davon ab, dass Shorts und allzu luftige Freizeit- und Badekleidung in den Gesellschaftsräumen der Schiffe nicht erwünscht sind. Bei Herren wird zum Dinner gerne ein Jackett gesehen, das anlässlich des auf jeder Reise einmal stattfindenden Galadinners auch etwas eleganter und mit Krawatte kombiniert sein darf. Wer auf einem Flusskreuzfahrtschiff reist, wird sich sicher dem Ambiente an Bord verpflichtet fühlen und seine Kleidung entsprechend anpassen.

Jackett und Krawatte oder doch lieber leger?

Es gibt auch noch ein paar feine Abstufungen, den Service betreffend. Das Verhältnis von Bordpersonal zu Passagierzahl reicht von 1 zu 1,5 bis zu ca. 1 zu 4 Personen und gibt Aufschluss über den Service an Bord. Hervorragend versorgt wird man überall, einige Schiffe bieten eben noch das entscheidende Quäntchen Luxus und Individualität zusätzlich, das die Flusskreuzfahrt dann endgültig zur Traumreise werden lässt.

Die Oberklasse für Individualisten sind die sogenannten Premium-Flusskreuzfahrtschiffe oder Fünf-Sterne-Schiffe, von denen nun das erste auf Rhein und Donau unterwegs ist. Die Sterne-Klassifizierung, wie man sie von Hotels kennt, gibt es zwar bei Kreuzfahrtschiffen nicht, sie wird aber dennoch manchmal genutzt, um einen Standard zu illustrieren. Premium-Kreuzfahrtschiffe kombinieren höchsten technischen Standard mit maximalem Komfort und größtmöglicher Individualität. Da gibt es Suiten von bis zu 30 qm, Bäder mit Fußbodenheizung, einen großen Spa- und Wellnessbereich, Sportmöglichkeiten und einen Concierge, der für die Landausflüge auch die exotischsten persönlichen Wünsche organisiert, bis hin zum Hubschrauberflug.

Ein wichtiger Wohlfühlfaktor an Bord ist die Wahl der Kabine. Dabei gilt die Faustregel: Je weiter weg vom Motor und je höher das Deck, an dem die Kabine liegt, desto weniger wird man beeinträchtigt vom (ohnehin kaum wahrnehmbaren) Motorengeräusch. Die Kabinen an den oberen Decks sind meist größer, haben oft Panoramafenster, manchmal einen kleinen Balkon und sind entsprechend teurer, während die Fenster der Kabinen auf den niedrigeren Decks sich manchmal gar nicht öffnen lassen.

Wohlfühlfaktor Kabinenwahl

Deshalb gilt: Bei der Buchung sollte man nicht nur auf den Preis schauen, denn die Kabine bietet auch die einzige Rückzugsmöglichkeit aus dem sonst eher geselligen Bordleben. Mit Blick aus dem geöffneten Panoramafenster oder vom Balkon der eigenen vier Wände aus ganz nah am Ufer entlangzufahren ist ein besonderer Genuss und in den meisten Fällen sicher sein Geld wert.

Das Programm bei einer Rheinkreuzfahrt ist dicht gedrängt. Ausführliche Mahlzeiten und Landausflüge werden ergänzt durch tägliche Bordunterhaltung in Form von

MERIAN-Tipp

1 Früh morgens an Deck!

Morgennebel auf dem Fluss, und die Mitreisenden liegen noch im tiefen Schlaf – im Morgengrauen hat man das Oberdeck für sich allein. Nur der Kapitän und die kleine Mannschaft gehen ruhig und präzise ihren Aufgaben nach. Bis sich der Nebel lichtet und die Sonne aufgeht und die ersten verschlafenen Gesichter der Mitreisenden an Deck erscheinen, herrscht eine verwunschene Stimmung. Werfen Sie einen Blick auf den Abfahrtsplan Ihres Schiffes. Sicher liegt es auf Ihrer Rheintour auch einmal nachts vor Anker und verlässt dann früh morgens seinen Anleger. Starten Sie mit dem sanften Anspringen des Motors Ihren Tag.

Vorträgen, kulinarischen Vorführungen oder Verkostungen und durch musikalische Events. Manchmal beschleicht einen schon ein wenig das Gefühl, es bleibt zu wenig Zeit zum Schauen, was rechts und links am Ufer zu sehen ist: eine landschaftlich besondere Stelle, ein malerischer Ort oder ein sehenswertes Bauwerk, dessen Anblick man einfach gerne festgehalten hätte, weil er so schön war.

Der Tagesablauf an Bord

Das Oberdeck kann bei fast jedem Wetter für einen Aufenthalt genutzt werden und bietet die schönste Aussichtsperspektive. Bei angenehmen Temperaturen sitzt oder steht man gerne vorne auf Deck und lässt sich den Fahrtwind um die Nase wehen, bei rauerem Klima sucht man Schutz hinter großen Plexiglaswänden und genießt im Liegestuhl unter einer Decke trotzdem noch die frische Luft und die Aussicht, selbstverständlich vom zuvorkommenden Service allzeit versorgt mit einem zur Tageszeit passenden Getränk.

Die Alternative ist der Aufenthalt im geschützten Panoramasalon darunter: Bar, Lounge, Café und Veranstaltungsraum in einem. Hier findet die Abendunterhaltung statt, man besucht Vorträge und die tägliche Infoveranstaltung, die über das Programm und die Besonderheiten des Tages Auskunft gibt. Das aktuelle Tagesprogramm, das jeden Tag an die Gäste in gedruckter Form verteilt wird, stellt die Reiseleitung hier täglich noch einmal in allen Einzelheiten vor. Wichtig sind dabei vor allem die Informationen zu den Landausflügen, was Dauer, Uhrzeiten und – besonders wichtig für ältere Passagiere – die Länge der Fußwege betrifft.

Geführte Landausflüge können normalerweise gleich mit der Kreuzfahrtpassage gebucht werden. An Bord besteht die Möglichkeit der Nachbuchung, jedoch kann es passieren, dass das gewünschte Ziel dann »ausgebucht« ist, weil nicht mehr genug Busplätze oder lokale Führer zur Verfügung stehen. Bei Ausflügen auf eigene Faust steht das Schiffspersonal mit Rat und Tat gerne zur Seite, besorgt Taxis zum Anleger und gibt Tipps für Besichtigungen. Nicht vergessen: Rechtzeitig zum Ablegen – am besten eine halbe Stunde vorher – sollte man wieder zurück an Bord sein.

Strukturiert wird der Kreuzfahrttag durch die Mahlzeiten. Er beginnt mit dem üppigen Frühstücksbuffet morgens, gefolgt von Menü oder Snacks zur Mittagszeit, Kaffee und Kuchen nachmittags und dem festlichen Dinner am Abend. Passagiere, die das Bedürfnis haben, den vielen Mahlzeiten ein gerüttelt Maß an Bewegung entgegenzusetzen, tun gut daran, sich vorher über die Fitnessmöglichkeiten an Bord zu informieren. Denn die sind noch nicht auf jedem Schiff selbstverständlich. Ein strammer Rundgang auf dem Oberdeck ist aber immer möglich.

Am Ende der Fahrt verlassen wir das schwimmende Zuhause, das uns für einige Tage wohlige Geborgenheit und Sicherheit vermittelt hat, und treten wieder in den komplizierten und komplexen Alltag hinaus.

Wiederholungstäter Kreuzfahrer

Kreuzfahrer sind oft Wiederholungstäter, für die meisten bleibt es nicht bei einer Fahrt. Nicht selten wird auch zweimal die gleiche Route befahren, denn es gibt so vieles rechts und links der Strecke, das man noch nicht gesehen hat. Viele Gäste bleiben »ihrem« Anbieter treu. Wird die erste Kreuzfahrt meist nach dem Zielgebiet ausgesucht, wählen erfahrene Kreuzfahrer nach Schiff und Reederei aus. Für Einsteiger ist die Rheinkreuzfahrt jedoch ein optimaler Testlauf.

MERIAN *live!*-QUIZ

GEWINNSPIEL: Monat für Monat eine Reise und weitere attraktive Preise zu gewinnen!

Um wen, was oder welchen Ort geht es hier?

»Frauen und ihre Haarpracht. Gepaart mit Gesang und Gefallsucht, lauert darin für so manchen Mann größte Gefahr. Auf einem vertrackten Abschnitt des deutschesten aller Binnengewässer musste sich daher einst jeder Schiffer vorkommen wie Odysseus im Sirenengebiet.

Die gesuchte Sirene verdankt ihren größten Ruhm einem, der über sie sein berühmtestes Poem schrieb. Der jüdische Dichter taufte es auf sie, vertont hat es ein anderer. Als Volkslied wurde es ein solcher Hit, dass es während der NS-Diktatur zu keinem Verbot, nur zur Unterschlagung des Autors kam.

Eine der schlüssigsten Deutungen der Verse besagt, der Dichter geißle damit den gefühlsduseligen Teil deutscher Romantik. Jedenfalls stufte er so eine der romantischsten Figuren (zu finden an einer über und über mit Ruinen bestückten Flusspassage) als abgründig ein. Die letzten Gedichtzeilen lauten: *die Wellen verschlingen / Am Ende Schiffer und Kahn / Und das hat mit ihrem Singen / Die ... getan*. Eine Odyssee ist auch die folgende Episode.

Zum 100. Geburtstag des Dichters schuf ein Berliner Bildhauer ein Brunnendenkmal aus Tiroler Marmor, benannt nach der Gesuchten. Sie sitzt obenauf, beschäftigt mit ihrer Frisur. Da des Dichters niederrheinische Geburtsstadt das Denkmal ablehnte, ging es quasi ins Exil. Aberwitzig scheint noch heute der Standort: die New Yorker Bronx. Diese Ironie der Geschichte hätte den Dichter gewiss amüsiert.«

Felix Woerther

Wenn Sie die Lösung wissen, besuchen Sie uns doch im Internet unter **www.merian.de/quiz** oder senden Sie uns eine E-Mail an **quiz@travel-house-media.de**

Unter den Einsendern verlosen wir Monat für Monat attraktive Preise. Viel Glück!

Gewusst wo ...

Eines der farbenprächtigsten Düsseldorfer Events ist der jährliche Japantag im Juni mit mehr als einer Million Zuschauer und einem kunstvollen Feuerwerk (→ S. 28). Wer es sich einrichten kann, steht dann am Ufer oder – noch besser – auf einem der Rheinschiffe.

Fröhliche Feste, stilvolles Shopping und kreative Küchenrezepte – entlang des Rheins gibt es von Basel bis Amsterdam viel zu entdecken. Gut, wenn man die richtigen Adressen kennt ...

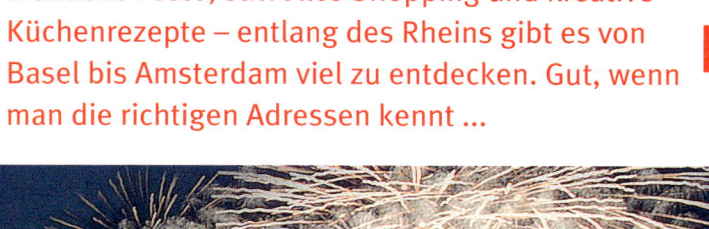

Essen und Trinken

Baseler Läckerli, Flammekueche, Handkäs mit Musik – ein Streifzug durch mehrere Länderküchen.

Der Flammkuchen ist eine typische oberrheinische Spezialität aus Hefeteig, die man im Elsass wie auch in der benachbarten Pfalz und in Baden schätzt. Der traditionelle Belag besteht aus rohen Zwiebeln, Speck und einer leicht gewürzten Sauerrahmcreme.

Die Küche an Bord reist mit. Je nach gewählter Schiffskategorie dürfen Sie durchaus mit einer guten bis sehr guten Verpflegung rechnen. Die Veranstalter tragen den hohen Ansprüchen ihrer Klientel Rechnung und vollbringen logistische Meisterleistungen, um die kulinarischen Genüsse an Bord so abwechslungsreich wie möglich zu gestalten.

Beim Landgang besteht die Chance, die Ess- und Trinkkultur von vier verschiedenen Ländern kennenzulernen. Die Schiffsroute führt durch europäische Genießerlandschaften par excellence. Traditionell ist die Küche entlang des Rheins eher deftig, aber besonders in Baden und im Elsass mit seiner hohen Dichte an besternten und ausgezeichneten Lokalen ist auch die feine Gourmetküche zu Hause.

Egal ob edel oder rustikal, die Speisen passen immer zu einem guten einheimischen Wein. Und der kommt in **Basel** selbstverständlich aus der Schweiz, aus dem Wallis oder dem Tessin. Dazu serviert man gerne Rösti aus gebratenen Kartoffeln, das Nationalgericht der deutschsprachigen Schweiz. Andere Klassiker wie das »Zürcher Geschnetzelte« werden in Basel in einer lokalen Variante serviert. Bekannteste Süßspeise sind die »Baseler Läckerli«, ein Gebäck mit Nüssen und kandierten Früchten, das an Weihnachten Hochsaison hat. Die salzigen »Wähen« mit Gemüse und Käse können ihre Verwandtschaft mit der französischen Quiche nicht leugnen. Auch ihre süßen Varianten mit Obst und Zuckerguss sind köstlich, man kann sie in den zahlreichen Basler Cafés und Konditoreien probieren.

Im **Elsass** gelten französische Sitten: Ein typisches Essen mit drei Gängen plus Aperitif und Digestif dauert einige Stunden, die Essenszeiten in den Restaurants mittags und abends sind relativ festgelegt, dazwischen ist oft geschlossen. Wer beim Landgang die elsässische Küche testen möchte, kann dies ganz zwanglos in den Weinstuben tun. Köstlich sind die »flammekueche«, dünne, krosse Fladen mit Speck und Crème fraîche gebacken, »choucroute«, Sauerkraut in allen Varianten, »baeckeoffe«, ein Eintopf aus Kartoffeln und Fleisch, und die »pâtes« aus Enten- oder Gänseleber. Auf die Schnelle kann man sich an den Fruchtsorbets laben, die in Straßburg wie Eis in Cafés und auf der Straße verkauft werden. Die badische und die elsässische Küche sind verwandt, Sauerkraut, Flammkuchen und den »Bibbeleskäs«, einen gewürzten Kräuterquark, bereitet man hüben wie drüben zu.

Die bekannteste Spezialität der **rheinhessischen Küche** ist sicher der »Handkäs mit Musik«, ein Sauermilchkäse. Ein Gericht, das zwischen Koblenz und Bonn je nach Örtlichkeit einen anderen Namen trägt, ist der »Dibbekooche«, auch »Dibbedotz« oder »Potthucke« genannt, ein deftiger Kartoffelauflauf mit Fleisch.

Hinter Bonn werden die Weinstuben von den Brauhäusern abgelöst. Deftig gegessen wird hier auch, aber man tut es in **Köln** bei einem hellen Kölsch und in **Düsseldorf** bei einem dunklen Altbier. Rheinische Spezialitäten sind süß-saurer Sauerbraten mit Klößen als Beilage, Sauerkraut mit Kartoffelpüree und Kasseler oder die auf rheinische Art zubereiteten Miesmuscheln. Und natürlich die aus rohen, geriebenen Kartoffeln hergestellten Reibekuchen, die traditionell mit Apfelmus und Rübensirup verspeist werden.

Kulinarische Landgänge

In **Amsterdam** setzen exotische Länderküchen vielfältige Akzente. Karibische, chinesische, japanische oder indonesische Küche wird hier in oft herausragender Qualität serviert. Ende Mai/Anfang Juni gibt es frischen Matjes, am liebsten aus einer der Heringsbuden.

Einkaufen

Genießen Sie Ihre Shoppingtour – ob in Amsterdamer »Winkeln« oder auf der Düsseldorfer »Kö«.

Diese zeitlos eleganten und so wertvollen »Steine« bekommt man wohl nur selten so nah zu Gesicht wie bei einer Besichtigung im Coster Diamonds (→ S. 127).

Entlang des Rheins laden kleine wie große Anliegerstädte zur Shoppingtour ein. **Basels** Reichtum zeigt sich schon in seinen eleganten Geschäften. Ein gutes Beispiel ist das Globus-Warenhaus am Marktplatz, ein Lifestyle-Kaufhaus mit edlem Ambiente. Die Feinkostabteilung ist eine Fundgrube für Mitbringsel, hier werden lauter Köstlichkeiten aus exklusiven Produktionen angeboten, von der Pasta über luftgetrockneten Schinken bis hin zu feinen Spirituosen. Berühmtestes Souvenir ist die Schweizer »Schoggi«, von der in Basel sowohl Supermärkte als auch Confiserien unzählige Sorten führen, die in Deutschland nicht vertreten sind. Zum Mitnehmen nur am Ende der Kreuzfahrt zu empfehlen: der köstliche Schweizer Käse, den man auf dem Markt oder im Spezialitätengeschäft am Spalenberg bekommt. Basel ist auch ein vorzügliches Pflaster für Bio-Lebensmittel.

Im Elsass hat die Herstellung hochwertiger Keramik Tradition, Schalen, Krüge und Becher aus Betschdorf und Soufflenheim sind auch in **Straßburg** rund um das Münster zu kaufen. Man sollte auf das Gütesiegel »Souvenir de France Alsace Authentique« achten, das einheimische Qualitätsprodukte kennzeichnet. Antike Stücke lassen sich in »La Petite France« finden, wenn man für den Bummel durch die kleinen Antiquitätenläden etwas Zeit mitbringt. Viele Spezialitäten der elsässischen Küche gibt es als handliche Konserven: Fleisch- und Wurstpasteten, Käse und vorzügliche Obstbrände, wie man sie auch in Baden erwerben kann. Weniger bekannt als Schweizer Schokolade ist die französische, im »Au Doux Pays de France« in der Rue du Dôme gilt es noch echte (Geschmacks-)Entdeckungen zu machen, die man nostalgisch verpackt mit nach Hause nehmen kann.

In **Köln** ist die deutsche Traditionsmarke für Parfum beheimatet: 4711. Im Stammhaus in der Glockengasse, das zur Zeit der Französischen Revolution die Hausnummer 4711 getragen haben soll, erfährt man allerlei Wissenswertes über Geschichte und Inhaltsstoffe des Duftes mit der sorgsam gehüteten Rezeptur, der als moderner Klassiker gerade eine Renaissance erlebt. Im Shop kann man gleich das passende Mitbringsel rund um diesen und andere Düfte erstehen. Stilvolle Souvenirs führen auch die Museumsshops rund um den Dom.

Das schärfste Souvenir kommt aus **Düsseldorf**: der »Aechte Düsseldorfer Mostert« im Steinguttopf, den schon van Gogh auf einem seiner Stillleben verewigte. Zu erstehen ist er im Gewürzhaus Vogel in der Mertensgasse oder im Senfmuseum in der Bergerstraße, beide in der Altstadt in Rheinnähe. Rheinkreuzfahrer mit etwas mehr Zeit sollten einen Bummel über Düsseldorfs Prachtmeile Königsallee einplanen, die Auswahl an nobler Kleidung, Taschen und Juwelen sucht ihresgleichen in Deutschland und auch anderswo.

»Schoggi« oder scharfer Senf?

Amsterdam ist von allen Städten am Rhein vielleicht das aufregendste Shopping-Pflaster. Die kleinen »Winkel«, wie man die Geschäfte nennt, fordern die Entdeckerlust heraus, vor allem in den Gässchen, die im Viereck zwischen Singel, Prinsengracht, Radhius- und Leidesestraat liegen. Antiquitäten wie Delfter Porzellan oder Gemälde findet man rund um Rokin und Spiegelstraat. Oder man nutzt die Chance, einem Diamantschleifer über die Schulter zu schauen und ein »unvergängliches« Souvenir zu erwerben. Das geht etwa bei »Coster Diamonds« in der Paulus Potterstraat.

Die angenehmste Art zu shoppen ist vielleicht die, sich während des Besuchs eines der vielen Weingüter am Rhein durch das Angebot zu trinken und sich dann eine Auswahl nach Hause schicken zu lassen. Zum Wohl!

Feste und Events

Rheinischer Karneval, Koninginnedag oder Nibelungenfestspiele – stets ist irgendwo etwas los ...

Seit vier Uhr in der Früh auf den Beinen: Die Basler Fasnacht beginnt mitten in der Nacht und begrüßt mit schrillen Pfyffertönen die ersten Sonnenstrahlen.

Die Bewohner links und rechts des Rheins sind als feierfreudiges Volk bekannt. Eine Hochburg ist das Rheinland. Hier startet das Jahr mit der mehrere Monate dauernden Karnevalssitzungs-Session und setzt sich dann mit Bürgerschützenfesten fort. Gleich anschließend an das Rheinland, ein kleines Stückchen weiter rheinaufwärts, beginnt im Mittelrheintal bereits ab Mitte August die Zeit der Weinfeste, Weinmärkte und Weinwanderungen. Bis Mitte November vergeht dann kaum ein Tag, an dem nicht ein Ort, ein Weingut oder ein Lokal zur festlichen Verkostung der heimischen Tropfen einlädt. Krönung der Weinkönigin, Hoffest, Erntedank oder die Ankunft des neuen Federweißen, die Anlässe zum Feiern sind schier unendlich. Einen Überblick gibt es unter www.mittelrheinwein.com/veranstaltungen.

Das Feierjahr schließt ab mit malerischen Weihnachtsmärkten in den kleinen und großen Städten entlang des Rheins. Besondere Erlebnisse vom Schiff aus versprechen die »Rhein in Flammen«-Spektakel, vielerorts von Volksfesten begleitet.

Januar

Boot Düsseldorf

Internationale Bootsausstellung und weltgrößte Wassersportmesse.

Ende Januar; Messegelände; www.boot.de

Februar

Karneval

In **Köln**, **Düsseldorf** und **Mainz** wird von Weiberfastnacht bis Aschermittwoch durchgefeiert. Höhepunkte der »fünften Jahreszeit« sind jeweils die Rosenmontagsumzüge, die auch im Fernsehen übertragen werden. In Köln ziehen sonntags zusätzlich die »Schull- und Veedelszöch«, in Düsseldorf tobt an diesem Tag der Straßenkarneval auf der Königsallee.

Do vor Aschermittwoch bis Aschermittwoch; www.koelner-karneval.de; www.karneval-in-duesseldorf.de; www.mainzer-fastnacht.de

Basler Fasnacht

Beginn ist am Montag nach Aschermittwoch um vier Uhr morgens mit dem »Morgestraich«, einem mystisch-schaurigen Spektakel der maskierten Gestalten und der Tambourcorps in der vollständig verdunkelten Basler Innenstadt.

Mo nach Aschermittwoch bis Do; www.fasnacht.ch

März

Rheingau Gourmet & Wein Festival

13 Tage lang treffen sich die besten Köche und Winzer im Rheingau und servieren Raritäten aus Küche und Keller. Nur mit Reservierung!

www.rheingau-gourmet-festival.de

April

Koninginnedag in Amsterdam

Der 30. April ist Geburtstag der Königinmutter Juliana, da feiern die Niederländer ihre Monarchie. Mützen, Schals und Kleidung in der königlichen Farbe Orange dominieren an diesem Tag das Stadtbild. Die Amsterdamer City wird zu einer Open-Air-Festmeile mit Musikkapellen und einem großen Flohmarkt.

30. April

Mai

Rhein in Flammen

Feuerwerk zwischen **Linz** und **Bonn**, begleitet von einem Fest auf den Bonner Rheinauen.

1. Sa im Mai

Mai/Juni

Mülheimer Gottestracht in Köln

Fronleichnam einmal anders: Auf dem Rhein findet an diesem Tag eine der größten Schiffsprozessionen statt, die Mülheimer Gottestracht. Große und kleine Boote flankieren das Sakramentsschiff, vom Ufer begleiten Böllerschüsse den Konvoi.

Fronleichnam

JUNI

Art Basel

International die bedeutendste Kunstmesse. Über 300 Galeristen, hauptsächlich aus Deutschland und den USA, zeigen Kunst des 20. und 21. Jh.
Messehallen/Messeplatz; www.artbasel.ch

Japantag in Düsseldorf

Farbenprächtiges Event mit vielen Mitmachständen, einer zehnstündigen Bühnenshow und mehr als einer Million Zuschauern. Höhepunkt ist das kunstvolle Bilderfeuerwerk über dem Rhein, das größte außerhalb Japans.
www.japantag-duesseldorf-nrw.de

Mittelrhein Musik Momente

Klassik, Jazz und Lesungen, openair und in den geschichtsträchtigen Bauwerken entlang des Mittelrheintals zwischen Mainz und Koblenz. Lokale Talente gesellen sich zu internationalen Stars von Comedy bis Klassik.
Juni bis September; www.mittelrheinmusikmomente.de

JULI

Kölner Lichter

Großfeuerwerk mit musikalischer Untermalung zwischen der Hohenzollernbrücke und der Deutzer Brücke vor der Kulisse der Altstadt.
www.koelner-lichter.de

Rhein in Flammen

Feuerwerk zwischen **Niederheimbach** und **Bingen/Rüdesheim**.
1. Sa im Juli

Französischer Nationalfeiertag in Straßburg

Straßburg feiert den französischen Nationalfeiertag tagsüber mit einer Militärparade, abends mit Feuerwerk im Stadtviertel La Petite France.
14. Juli

Kirmes am Rhein in Düsseldorf

Das viertgrößte Volksfest in Deutschland findet auf den Rheinwiesen statt und ist Bürgerschützenfest und Jahrmarkt zugleich. Neun Tage dauert das Spektakel, es endet am Freitagabend mit einem Feuerwerk.
Dritte Woche im Juli

AUGUST

Rhein in Flammen

Feuerwerk zwischen **Spay** und **Koblenz**, begleitet von bengalisch erleuchteten Schlössern und Burgen.
2. Sa im August

Die Szenerie der Nibelungenfestspiele ist eine Freiluftbühne direkt vor dem Wormser Dom.

Grachtenfestival in Amsterdam
Überall erklingt Musik: über 160 festliche Konzerte mit einheimischen und internationalen Künstlern – auf den Grachten und drumherum.
www.grachtenfestival.nl

Im Fluss in Basel
Ein Floß im Rhein dient als Bühne, die Uferpromenade als Zuschauertribüne: Rock-, Blues- und Jazzkonzerte an der »Basler Riviera«.
Ende Juli bis Mitte August; Oberer Rheinweg; www.imfluss.ch

Nibelungenfestspiele in Worms
Freiluft-Theaterfestival direkt vor dem Wormser Dom. Prominent besetzt und inszeniert gehören die ungefähr 14 Tage dauernden Nibelungenfestspiele zu den Höhepunkten des »Kultursommers Rheinland-Pfalz«.
www.nibelungenfestspiele.de

Basler Rheinschwimmen
Kurz, aber spektakulär: 1200 Mutige stürzen sich um 18 Uhr auf der Höhe der Münsterfähre in den Rhein und schwimmen den Fluss hinunter bis zum Unteren Rheinweg.
2. oder 3. Di im August

September

Blumenkorso in Amsterdam
Am ersten Sonntag im September zieht ein Blumenumzug von Nordwijk nach Haarlem.

Rhein in Flammen
Zwischen der **Loreley** und **Oberwesel**. Dank der fantastischen Akustik des engen Tals ertönen die Böllerschüsse in geradezu überirdischer Lautstärke. Zwischen St. Goar und St. Goarshausen wird das Feuerwerk am dritten Samstag im September gezündet.
2. bzw. 3. Sa im September

Wormser Backfischfest
Neun Tage langes Wein- und Volksfest am Rhein rund um die Wormser Fischerzunft.
Letzter Sa im August; www.worms.de/deutsch/kultur/highlights/backfischfest

Düsseldorfer Altstadtherbst
Buntes Kulturfestival mit Musik-, Tanz- und Akrobatikdarbietungen in der Altstadt und drumherum.
www.altstadtherbst.de

Photokina/Internationale Photoszene Köln
Weltmesse rund um Film, Foto, Video und Multimedia in den Kölner Messehallen. Alle zwei Jahre (2010, 2012).
www.photokina.de

Rheingau Literaturfestival:
Lesungen und Gespräche in Weingütern, Klöstern und Schlössern.
www.rheingau-literatur-festival.de

Oktober

Basler Herbstmesse
Großes traditionelles Volksfest auf vielen Straßen und Plätzen der Stadt. Klassische Jahrmarktattraktionen, unzählige Verkaufsstände und hochwertige kulinarische Angebote.
Ab dem letzten Sa im Oktober 15 Tage

Dezember

Weihnachtsmärkte
Vier Wochen vor Weihnachten beginnen die Weihnachtsmärkte. Der größte entlang des Rheins befindet sich in **Köln** mit verschiedenen kleinen Themenmärkten, meistbesucht sind die Stände auf der Domplatte. In **Basel** sind die Einkaufsstraßen vorweihnachtlich von hohen, erleuchteten Tannen gesäumt, der Weihnachtsmarkt findet auf dem Barfüsserplatz statt.

Der **Straßburger** »Christkindelsmärik« (vom 1. bis zum 31. Dez.), einer der ältesten Weihnachtsmärkte überhaupt, ist eine Fundgrube für hochwertiges Handwerk und ungewöhnliche Souvenirs.

Beim **Rüdesheimer** »Weihnachtsmarkt der Nationen« sind Gastronomie, Bräuche und Produkte aus zwölf Nationen vertreten.

Unterwegs auf dem Rhein

Wenige Kilometer vor Koblenz erhebt sich gegenüber der Lahnmündung die Burg Stolzenfels (→ S. 84). Errichtet im 13. Jahrhundert und nach dem Pfälzischen Erbfolgekrieg dem Verfall preisgegeben, wurde sie 1836 bis 1842 im neugotischen Stil wieder aufgebaut.

In besinnlichem Tempo entlang an Weiden und Weinbergen, romantischen Burgen und rauen Felsen. Die quirligen Metropolen atmen Geschichte, der Menschenschlag besticht durch rheinischen Humor.

Basel

Stadt, Land, Fluss – Basel verwöhnt: mit einer malerischen Altstadt und einer lebendigen Kulturszene.

Altstadt und Neuzeit: Blick vom Münsterturm (→ S. 34) rheinabwärts auf mittelalterliche Häuser und die High-Tech-Schmieden der Gegenwart am Horizont.

Basel

Einwohner: 164 000
Stadtplan → S. 40/41

Basel, das Zentrum der Nordwestschweiz, hat etwas überaus Erstaunliches und schafft scheinbar mühelos den Spagat zwischen mittelalterlicher Idylle und boomendem High-Tech-Standort. Menschen aus 150 Ländern leben oder arbeiten hier. Doch trotz aller Weltoffenheit treffen Animositäten in geradezu skurriler Weise aufeinander. Am Rheinknie, wo sich der Strom in einer 90-Grad-Kurve nach Norden windet, um entlang der französisch-deutschen Grenze zur Nordsee zu fließen, breitet sich die Stadt beiderseits des großen Flusses aus. Linksrheinisch liegt Grossbasel, auf der anderen Seite Kleinbasel, das im 13. Jh. gegründet wurde, um als Puffer für Grossbasel zu dienen, das durch den Bau einer Brücke seinen natürlichen Schutz – den Rhein – verloren hatte. Von Anfang an galt Kleinbasel als »mindere Stadt«, und selbst nach ihrem Kauf Ende des 14. Jh. kam keine emotionale Nähe auf. In Grossbasel wohnt das gut situierte Bürgertum, finden sich Nobelboutiquen sowie die meisten Museen. Kleinbasel dagegen ist multikulturell, das Angebot in den Geschäften einfacher und die Kleidung der Passanten nicht so edel wie links des Rheins.

Basel ist eine Kulturmetropole – wohl nirgendwo sonst findet man in einer Stadt dieser Größenordnung an die 40 Museen und ebenso viele Galerien, ein Drei-Sparten-Schauspielhaus mit zwei Spielstätten, etwa 20 Kleintheater sowie zahlreiche Festivals klassischer und moderner Musik. Museen, Sehenswürdigkeiten und Einkehrmöglichkeiten liegen oft nur einen Steinwurf auseinander – wie am Barfüsserplatz, der typisch ist für die Vielfältigkeit und Kompaktheit dieser Stadt und viel zur Lebensqualität beiträgt. Im Radius von 600 m finden sich hier Cafés, Bars, Restaurants, Museen, Brunnen, Kirchen, Theater und Kunst im öffentlichen Raum.

Spaziergang

Wir starten unseren Spaziergang in der Grossbasler Altstadt an der gotischen **Peterskirche** und folgen der Petersgasse bis zum Nadelberg. Hier stehen einige Basler Adelssitze, wie etwa das Schöne Haus (Nr. 6), das als ältester Profanbau der Schweiz gilt, oder der stattliche Zerkindenhof mit einer Schaufront aus dem 18. Jh. Den Spalenberg und anschließend die Hutgasse hinab – vorbei an gepflegten Wohnhäusern, kleinen Läden und dem Fauteuil-Theater – gelangen wir zum Marktplatz, wo werktags ein Blumen- und Gemüsemarkt stattfindet. Der Platz wird beherrscht vom scharlachroten **Rathaus**. Wir verlassen ihn über die Freie Straße, biegen links in Richtung Schlüsselberg ab und gelangen – vorbei am Naturhistorischen Museum – auf den Münsterplatz.

Da, wo heute das Herz der Stadt schlägt, befand sich einst ein Turnier- und Festplatz. Das von Kaiser Heinrich II. gestiftete **Münster** über dem Rhein war nach dem Basler Erdbeben (1356) gotisch erneuert worden. Die Plattform direkt hinter dem Münster nennt sich **Pfalz** und bietet eine schöne Aussicht auf den Rhein. Von dort aus verkehrt die **Münsterfähre**.

Wir steigen die Pfalz-Treppe hinab und setzen mit der »Fähri« nach Kleinbasel über (ca. 2 CHF). Die Rheinpromenade auf der Kleinbasler Seite besticht durch ihre Straßencafés, pittoreske Altstadtfassaden und die »**Basler Riviera**« an der Mittleren Rheinbrücke: eine lang gezogene Steintreppe, auf deren Stufen Eis gelutscht, geplaudert oder sich einfach nur gesonnt wird. Bei schönem Wetter trifft sich halb Basel auf der Sonnenseite der Stadt. Wir überqueren die Mittlere Rheinbrücke und folgen anschließend der Eisengasse, bis wir wieder am Marktplatz angelangt sind.

Dauer: 1–2 Std.; Länge: ca. 2 km

Sehenswertes

Botanischer Garten der Universität

⇢ S. 40, b3/4

Dieser Garten wurde bereits 1589 gegründet und ist damit der siebtälteste der Welt. Er liegt am Spalentor und bietet auf etwa 7500 qm einen Nährboden für 8000 Pflanzen. Neben den Orchideen im Tropenhaus zählt die Amazonas-Seerose zu den Höhepunkten: Ihre Blätter erreichen einen Durchmesser von bis zu 2 m.

Schönbeinstr. 6; Tel. 0 61/2 67 35 19 und 2 67 35 05; www.unibas.ch/botgarten; Tram, Bus: Spalentor; Garten April–Okt. 8–18, Nov.–März 8–17 Uhr, Gewächshäuser tgl. 9–17 Uhr; Eintritt frei

Mittlere Rheinbrücke/Käppelijoch

⇢ S. 40, c 3

Die Brücke wurde Anfang des 20. Jh. errichtet; ihr Vorläufer bildete jedoch 1225 wohl die erste Landverbindung zwischen Klein- und Grossbasel. In ihrer Mitte steht das Käppelijoch, eine winzige Kapelle für die kurze Andacht. Im 14. Jh. diente sie zugleich als Vollstreckungsort der Exekutive: Frauen, die des Ehebruchs, schweren Diebstahls, Kindesmords oder der Kuppelei bezichtigt wurden, Männer, die der Bigamie und der Elternmisshandlung überführt schienen, wurden gefesselt und mit Gewichten beschwert in den Rhein gestoßen und ihrem Schicksal überlassen. Im nächsten Quartier zogen Fischer die Körper aus dem Wasser. Wer überlebte, bekam sein Leben geschenkt.

Das Standbild im Relief zeigt übrigens Bischof Heinrich von Thun, den Initiator der ersten Brücke.

Mittlere Rheinbrücke; Tram, Bus: Schifflände oder Rheingasse

Münster

⇢ S. 40, c 4

Schon die Kelten besiedelten im 1. Jh. v. Chr. den strategisch günstig gelegenen Münsterhügel: Hoch über dem Rhein errichtet, waren mögliche Feinde zu Land und zu Wasser früh zu erkennen. Gestiftet wurde der romanisch-gotische Bau (1119–1500) von Kaiser Heinrich II. und seiner Frau Kunigunde. Bis zum Erdbeben 1356 besaß das Münster noch fünf Türme. Zwischen 1431 und 1449 tagte hier das Basler Konzil und wählte 1439 Felix V. als Gegenpapst zu Eugen IV. Charakteristisch sind heute der Martins- und Georgturm mit 62,7 bzw. 64,2 m. Die Türme sind über 115 Stu-

Der berühmte Tinguely-Brunnen vor dem Baseler Theater ist ein attraktiver Blickfang.

fen zu erklimmen. Samstags um 17 Uhr bläst der Stadtposaunenchor zur Sonntagsruhe und erinnert damit an eine alte Tradition: Nach 1360 achteten Turmwächter auf die Stadt und bliesen zu jeder vollen Stunde ins Horn.
Münsterplatz; Tel. 0 61/2 72 91 57; www.muensterbasel.ch; Tram: Kunstmuseum; Sommer Mo–Fr 10–17, Sa 10–16, So 11.30–17, Winter Mo–Sa 11–16, So 11.30–16 Uhr; Eintritt 4 CHF (nur Turm)

Pfalz S. 40, c 4
Die Plattform direkt hinter dem Münster nennt sich Pfalz. Der Begriff leitet sich aus dem Lateinischen von »palatium«, »Palast«, ab. Wahrscheinlich befand sich hier der Sitz des Bischofs Haito, der im 9. Jh. den Vorläuferbau der heutigen Kathedrale, das Haito-Münster, errichten ließ. Diese etwa 20 m aufgeschüttete Terrasse grenzt an den Chor des Münsters und bietet einen wunderbaren Blick auf den Rhein und den Stadtteil Kleinbasel am gegenüberliegenden Ufer.
Münsterplatz; Tram: Kunstmuseum

Rathaus S. 40, c 4
Stolz auf den Eintritt in die Eidgenossenschaft begann das Bürgertum 1501 mit dem Bau des scharlachroten Rathauses. 1514 nach Entwürfen von Ruman Faesch fertiggestellt, dominieren außen die drei Eingangsbögen und das goldene Türmchen mit Elementen aus Gotik und Renaissance. Der mächtige Ostturm und der Westtrakt kamen erst zwischen 1898 und 1904 hinzu. Im Innenhof fallen das Standbild und die prächtigen Fresken auf, die größtenteils von Hans Bock aus der Mitte des 16. Jh. stammen. Die Statue ist dem römischen Feldherrn Lucius Munatius Plancus gewidmet, der 44 v. Chr. die Kolonie Augusta Raurica gründete und somit die Besiedlung Basels einleitete.

Nur keine Scheu: Die Empore im Innenhof steht Besuchern offen.
Marktplatz 9; Tram: Marktplatz; Mo–Fr 7–12, 13.30–18 Uhr

Rheinfähren S. 40/41, b 1–e 4
Die vier Rheinfähren, die Klein- und Grossbasel verbinden, gehören zu den vielen Basler Attraktionen. 1854, damals existierte allein die Mittlere Rheinbrücke als Passage, wurde die erste »Fähri« in Betrieb genommen. Heute, da sieben Brücken den Rhein überqueren und jeder ohne große Mühen in den anderen Teil der Stadt gelangen kann, sichert eine Stiftung die Existenz der Fähren. Sie gelten als das umweltfreundlichste öffentliche Verkehrsmittel, weil sie – an einem Stahlseil befestigt – allein von der Strömung angetrieben werden.
Wilde Maa (St.-Alban-Fähre); zwischen Wettstein- und Schwarzwaldbrücke; April–Okt. 7–19*, Nov.–März 11–17 Uhr
Leu (Münsterfähre); zwischen Mittlerer Rhein- und Wettsteinbrücke; April–Okt. 9–19*, Nov.–März 11–17 Uhr
Vogel Gryff (Klingental-Fähre); zwischen Johanniter- und Mittl. Rheinbrücke; April–Okt. 9–19*, Nov.–März 11–17 Uhr
Ueli (St. Johann-Fähre); zwischen Dreirosen- und Johanniterbrücke; April–Okt. 11–19 Uhr*; Nov.–März 11–17 Uhr
*** bei schönem Wetter bis 20 Uhr; www.faehri.ch; Fahrpreis 1,60 CHF**

Tinguely-Brunnen S. 40, c 5
Jean Tinguely wuchs in Basel auf und lebte lange Zeit in Paris. Berühmt wurde der Künstler durch seine Maschinenskulpturen. Seine bekannteste Arbeit ist neben dem Strawinsky-Brunnen vor dem Centre Pompidou in Paris – den er mit seiner Frau Niki de Saint Phalle schuf – der Fasnachtsbrunnen, auch Theater- oder Tinguely-Brunnen genannt, vor dem Theater in Basel, nahe des Barfüsserplatzes. 1977 eingeweiht, ist das Arrangement der mit dem Wasser spielenden Masken ein Anziehungspunkt für Einheimische und Touristen. Notabene: Nicht wundern, wenn der Theaterplatz nicht im Stadtplan auftaucht. Offiziell gibt es ihn gar nicht, aber jeder nennt das ungetaufte Areal vor dem Theater so.
Theaterplatz; Tram: Barfüsserplatz

Museen

Fondation Beyeler

S. 41, nordöstl. f 1

Zehn Jahre lang waren Werke von Anselm Kiefer nicht im deutschsprachigen Raum zu sehen. Den Bann brach als erstes Museum die Fondation Beyeler, 1997 eröffnet und konstruiert von niemand Geringerem als Renzo Piano (Centre Pompidou). 2001 holte die Direktion die Arbeiten des kontrovers diskutierten Malers nach Riehen bei Basel und sorgte für Publicity in den Feuilletons. Dies ist nur ein Beispiel für das publikumswirksame Engagement der Kuratoren. Aber auch in der Standardausstellung dürften selbst mäßig Kunstinteressierte über die Ansammlung berühmter Namen der klassischen Moderne staunen: Max Ernst, Joan Miró, Piet Mondrian, Jackson Pollock.

Die Stiftung wurde von dem berühmten Basler Galeristenpaar Hildy und Ernst Beyeler initiiert; den Grundstock bilden die Kunstwerke ihrer fast 50-jährigen Sammlertätigkeit. Nebenbei bemerkt: In dem kleinen Park des Museums steht eine Skulptur der Architekten Herzog & de Meuron. Montags sowie am Mittwoch ab 17 Uhr sind die Eintrittspreise vergünstigt.

Baselstr. 101, Riehen; Tel. 0 61/6 45 97 00; www.beyeler.com; Tram: Fondation Beyeler; Mi 10–20, Do–Di 10–18 Uhr; Eintritt 23 CHF

Kunsthalle Basel

S. 40, c 4

Einer der bedeutendsten Basler Architekten seiner Zeit war Johann Jakob Stehlin d. J. (1826–1894). Er baute die Merian-Villa in Brüglingen um und konstruierte neben der Hauptpost (1853) in der Nähe des Marktplatzes das universitäre Institut Bernoullianum sowie die Kunsthalle, deren Grundstein 1869 gelegt wurde. Bis zum Neubau des Theaters bildete die Kunsthalle eine Einheit mit dem alten Stadttheater. 2004 renoviert, bietet sie den Rahmen für aktuelle Strömungen zeitgenössischer Kunst sowie Performances, Lesungen und Multimedia-Installationen. Im Eintrittspreis ist der Besuch des Architekturmuseums inbegriffen.

Steinenberg 7; Tel. 0 61/2 06 99 00; www.kunsthallebasel.ch; Tram: Barfüsserplatz; Di, Mi 11–18, Do 11–20.30, Fr 11–18, Sa, So 11–17 Uhr; Eintritt 10 CHF

Kunstmuseum Basel

S. 41, d 5

Das Kunstmuseum zählt zu den bedeutendsten Ausstellungsstätten der Schweiz und genießt eine internationale Reputation. Das Konzept spannt einen weiten Bogen, angefangen mit Gemälden oberrheinischer Künstler vom 15. bis 17. Jh., darunter Lucas Cranach d. Ä., Matthias Grünewald, Konrad Witz, Martin Schongauer, über die Arbeiten der Holbein-Familie bis hin zu Werken aus dem 19. und 20. Jh. Darunter finden sich der Basler Arnold Böcklin, Edgar Degas oder Anselm Feuerbach sowie kubistische Werke von Pablo Picasso, Fernand Léger oder Georges Braque. Der deutsche Expressionismus ist mit Wassily Kandinsky, Franz Marc oder Ernst Ludwig Kirchner vertreten, der abstrakte Expressionismus z. B. mit Robert Motherwell oder Mark Tobey.

St. Alban-Graben 16; Tel. 0 61/2 06 62 62; www.kunstmuseumbasel.ch; Tram: Kunstmuseum; Di–So 10–17 Uhr; Eintritt 12 CHF (1. So im Monat frei)

Museum Tinguely

S. 41, f 3

»Hier rattert, quietscht, kracht und pufft es. Bunter Schrott rotiert, Lampen in allen Farben blinken. Lebendigkeit, Lachen, Staunen, Entdecken ...« beschreibt das Tinguely-Museum lautmalerisch die Maschinen des Künstlers Jean Tinguely (1925–1991), der von Basel aus Paris und Niki de Saint Phalle eroberte, mit der er seit 1961 verheiratet war. In den Sechziger- und Siebzigerjahren bildeten sie eine der kreativsten Partnerschaften dieser Epoche. Tinguelys Maschinenskulpturen aus Plastik, Schrott oder Knochen symbolisieren für den frühen Begleiter des Basler Antiquars (und Anarchisten) Heiner Koechlin und Freund des Aktionskünstlers Yves Klein jedoch mehr als Rattern, Quietschen, Krachen und Puffen: »Ich baue in sich freie Maschinen, die ihre eigene anarchistische Freiheit, ihr eigenes Chaos, ihre Unordnung und Ordnung haben und auf ihre eigene Weise ihren Zufall erzeugen.«

Paul Sacher-Anlage 1; Tel. 0 61/6 81 93 20; www.tinguely.ch; Bus: Tinguely Museum; Di–So 11–19 Uhr; Eintritt 15 CHF

Essen und Trinken

Les Quatre Saisons → S. 41, d 3

Auch wenn man nicht im Hotel Europe wohnt, lohnt – für Feinschmecker – ein Besuch im Hotel Mercure. Im ersten Stock beweist Küchenchef Peter Moser, warum ihm der Gault Millau 18 Punkte verlieh und auch der Guide Michelin einen Stern aufsteigen sah. Wer sich nicht entscheiden kann und viel Zeit mitbringt, wählt die große Variante mit dem Menu Surprise für zwei Personen. Das Portemonnaie wird um 180 CHF leichter – pro Person.

Clarastr. 43; Tel. 0 61/6 90 87 20; www.balehotels.ch; Tram: Claraplatz; Mo–Sa 11.30–15, 18.30–24 Uhr ●●●●

MERIAN-Tipp

2 Restaurant Kunsthalle

Die imposanten Wandgemälde und die warmherzige Atmosphäre der Brasserie ziehen seit mehr als einem Jahrhundert Künstler, Prominente und alteingesessene Basler an. Wer die anspruchsvollere Küche bevorzugt, nimmt im sogenannten weißen Teil Platz und freut sich über ein Chateaubriand garni mit Sauce béarnaise. Im Sommer ist der Biergarten am Tinguely-Brunnen Pflicht.

Steinenberg 7; Tel. 0 61/2 72 42 33; www.restaurant-kunsthalle.ch; Tram: Barfüsserplatz; Mo–So 11.30–0.30 Uhr ●● (Brasserie) ●●● (Restaurant)

→ S. 40, c 4

Hasenburg → S. 40, c 4

Die besten »Rösti« der Stadt? Selbst die Basler sind sich hierbei nicht ganz einig. Die meisten nennen allerdings die Hasenburg, das »Château Lapin«, eine ebenso typische wie einfache wie urige Beiz mit Kultstatus, bei der die Kalbsbratwurst an Zwiebelsauce mit Rösti über den Tellerrand ragt.

Ein Haus für die Klassiker der Moderne: Fondation Beyeler – konstruiert von Renzo Piano.

Treffpunkt für den Kaffee am Nachmittag, den Apéro nach Dienstschluss oder den Longdrink nach einem Theaterbesuch: die Campari Bar an der Kunsthalle.

Schneidergasse 20; Tel. 061/2613258; Tram: Marktplatz bzw. Tram, Bus: Schifflände; Mo–Sa 10–24 Uhr ●●

Safran Zunft
S. 40, c 4

Im größten Zunfthaus Basels zieren Geschirr und Gewichte aus der fast 700 Jahre alten Geschichte der Safran-Zunft, einer Gilde von Gewürzhändlern und Krämern, die Räume. Spezialität ist das »Fondue Bacchus« auf Basis einer Roséwein-Bouillon.

Gerbergasse 11; Tel. 061/2699494; www.safran-zunft.ch; Tram: Marktplatz; Sept.–Juni Mo–Sa 10–24, Juli–Aug. Mo–Fr 10–14, 17.30–24 Uhr ●●

Zum Isaak
S. 40, c 4

Cuisine surprise am Münsterplatz: jeden Abend ein Überraschungsmenü, mal vegetarisch, mal Fleisch oder Fisch. Sehr schön: die Außenplätze mit Münsteransicht, noch schöner der Hinterhof mit Blick aufs Gymnasium.

Münsterplatz 16; Tel. 061/2614712; www.zum-isaak.ch; Tram: Kunstmuseum; tgl. 11–23.30 Uhr ●●

Confiserie Tea Room Schiesser
S. 40, c 4

1870 gegründet, befindet sich die berühmte Basler Confiserie seit der vierten Generation in der Hand der Familie Schiesser. Das Café im ersten Stockwerk erlaubt einen herrlichen Blick auf das scharlachrote Rathaus.

Marktplatz 19; Tel. 061/2616077; www.confiserie-schiesser.ch; Tram: Marktplatz; Mo–Fr 8–18.30, Sa 8–17 Uhr

Einkaufen

Confiserie Beschle
S. 40, b 5

Die stadtbekannte Confiserie existiert seit dem Jahr 1898. Der Ruf ihrer Spezialitäten geht jedoch weit über Basel hinaus, beliebt ist beispielsweise der berühmte »Beschle-Ring«, eine karamellisierte Biskuittorte, oder der »Gâteau St-Honoré«, eine karamellisierte Creme, sowie das »Pain des Seigles«, ein gefülltes Brot.

Holbeinstr. 49; www.beschle.ch; Tram: Holbeinstrasse; Cafés: Aeschenvorstadt 56; Tram, Bus: Aeschenplatz; und St.-Alban-Graben 16; Tram: Kunstmuseum

Daniela Spillmann Moden → S. 40, c 3
Die Frau hat einen Ruf zu vertreten: Sie ist die Nichte von Fred Spillmann, dem berühmtesten Basler Modedesigner. Er war mit seiner Lebensart das Enfant terrible der bürgerlichen Gesellschaft und entwarf die Bühnenkostüme für Josefine Baker und Marlene Dietrich, selbst Grace Kelly trug seine Kreationen.
Rheinsprung 1; www.danielaspillmann.ch; Tram, Bus: Schifflände

Johann Wanner Weihnachtshaus → S. 40, c 4
Dieses Geschäft ist wirklich einmalig: Auf über 500 qm und zur Musik von Bach oder Henry Purcell gibt es das ganze Jahr über Weihnachtskugeln, pausbäckige Engelsfiguren und Lametta für das heilige Fest.
Spalenberg 14 und Schneidergasse 7; Tram: Marktplatz

Am Abend

Campari Bar → S. 40, c 5
Zeitlose und ungezwungene Bar an der Kunsthalle. Vorne klassischer Barbetrieb, hinten sorgt das sanfte Licht eines Jugendstilkronleuchters für relaxte Lounge-Atmosphäre. Außen wartet ein schöner Garten mit Blick auf den Tinguely-Brunnen.
Steinenberg 7; Tel. 0 61/2 72 83 83; www.restaurant-kunsthalle.ch; Tram: Barfüsserplatz; So–Do 9–24 Uhr

Eo Ipso → S. 41, südl. d 6
Der Laufkran an der Decke weist auf die industrielle Vorgeschichte hin: In der Produktionshalle einer ehemaligen Maschinenfabrik vereint das Eo Ipso Restaurant, Bar und Lounge. Durch die hohen Räume bedingt etwas laut, dafür aber absolut zwanglos, Paare, Cliquen, aber auch Einzelgänger tauchen hier problemlos ein.
Dornacherstr. 192; Tel. 0 61/3 33 14 90; www.eoipso.ch; Tram: Tellplatz, Bus: Bruderholzstrasse; Mo 11–24, Di–Do 11–1, Fr 11–2, Sa 17–2 Uhr

Fauteuil → S. 40, c 4
Das Fauteuil gilt als das erste Kleinkunsttheater der Schweiz, und die Liste der Künstler, die hier auftraten, liest sich wie ein »Wer ist wer?« der Szene: Emil, Hanns Dieter Hüsch, Dieter Hildebrandt, Georg Kreisler, Milva, Gert Fröbe usw. Gegründet 1957 von Roland Rasser, wird es heute von seinen Kindern weitergeführt. Das Fauteuil bietet 221 Zuschauern Platz, das **Neue Tabourettli**, erbaut von Santiago Calatrava, fasst 180 Gäste.
Spalenberg 12; Tel. 0 61/2 61 26 10 und 2 61 33 19; www.fauteuil.ch; Tram: Marktplatz

Musical Theater Basel → S. 41, d 1
Ein Muss für Musical-Fans: 1557 Sitzplätze, davon 455 auf dem Balkon. Das Theater spielt die Welterfolge des Genres, »Cats« oder »Aida« von Elton John und Tim Rice; außerdem Gastspiele wie z. B. »Stomp«.
Feldbergstr. 151; Tel. 0 61/6 99 88 99; www.musicaltheaterbasel.ch; Tram: Musical Theater

Theater Basel → S. 40, c 5
Renommiertes, 1999 von Kritikern zur besten deutschsprachigen Bühne erklärtes Theater mit drei Spielstätten: Die **Große Bühne** mit 1000 Plätzen präsentiert hauptsächlich Opern- und Ballettproduktionen, die **Kleine Bühne** (320 Plätze) – ebenfalls im Stadttheater am Tinguely-Brunnen – dient allen drei Sparten. Dritter Aufführungsort ist das **Schauspielhaus** an der Steinentorstrasse mit 480 Plätzen und geleitet von Georges Delnon.
Theaterplatz, Steinentorstr. 7; Tel. 0 61/ 2 95 11 33 (Kartenverkauf); www.theater basel.ch; Tram: Barfüsserplatz

Service

Auskunft

Basel Tourismus → S. 40, c 5
Im Stadt-Casino am Barfüsserplatz; Steinenberg 14, 4010 Basel; Tel. 0 61/ 2 68 68 68; www.basel.com; Mo–Fr 8.30–18.30, Sa 9–17, So, Fei 10–16 Uhr

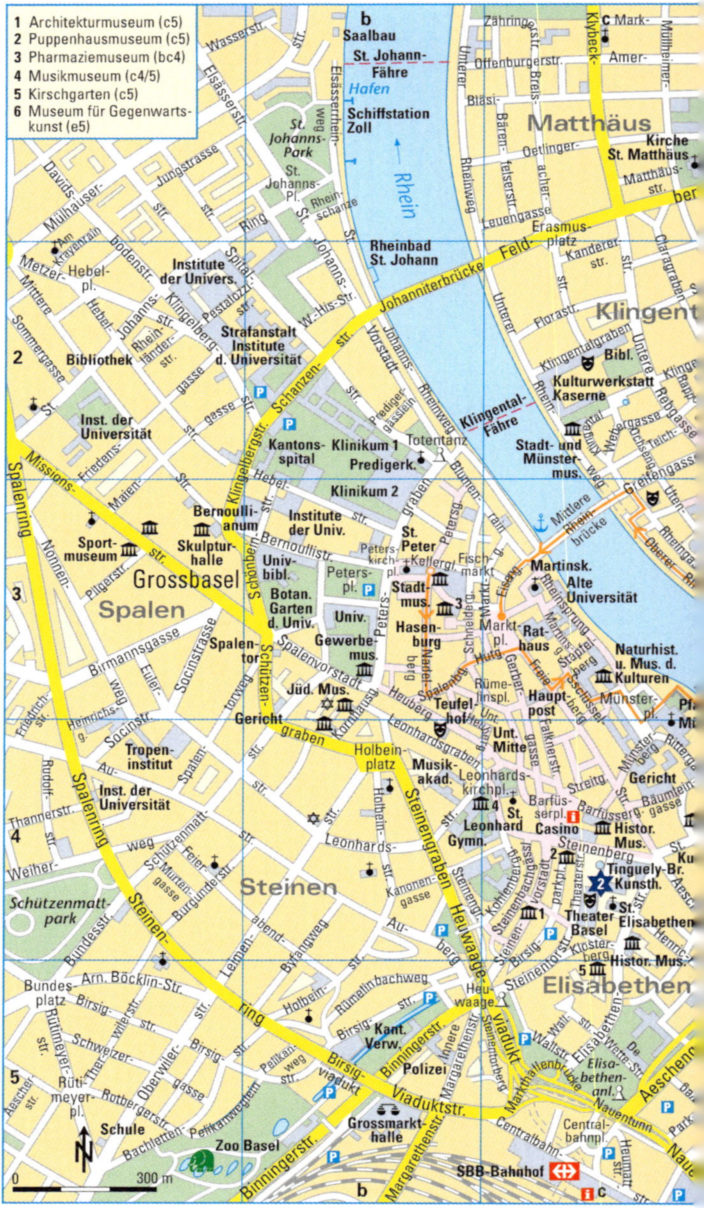
1 Architekturmuseum (c5)
2 Puppenhausmuseum (c5)
3 Pharmaziemuseum (bc4)
4 Musikmuseum (c4/5)
5 Kirschgarten (c5)
6 Museum für Gegenwartskunst (e5)
Saalbau
St. Johann-Fähre
Hafen
Schiffstation Zoll
Rhein
Matthäus
Kirche St. Matthäus
St. Johanns-Park
Rheinbad St. Johann
Johanniterbrücke
Institute der Univers.
Strafanstalt
Institute d. Universität
Bibliothek
Klingental
Bibl.
Kulturwerkstatt Kaserne
Klingental-Fähre
Stadt- und Münstermus.
Inst. der Universität
Kantonsspital
Klinikum 1
Predigerk.
Totentanz
Klinikum 2
Bernoullianum
Skulpturhalle
Sportmuseum
Institute der Univ.
St. Peter
Mittlere Rheinbrücke
Martinsk.
Alte Universität
Grossbasel
Spalen
Univ. bibl.
Botan. Garten d. Univ.
Stadt-mus.
Hasenburg
Marktpl.
Rathaus
Naturhist. u. Mus. d. Kulturen
Univ.
Gewerbemus.
Spalentor
Jüd. Mus.
Gericht
Teufelhof
Hauptpost
Münsterpl.
Tropeninstitut
Holbeinplatz
Musikakad.
Unt. Mitte
Leonhardskirchpl.
Inst. der Universität
St. Leonhard
Gymn.
Barfüsserpl.
Casino
Histor. Mus.
Gericht
Steinen
Tinguely-Br.
Kunsth.
Theater Basel
St. Elisabethen
Schützenmattpark
Histor. Mus.
Elisabethen
Heuwaage
Kant. Verw.
Polizei
Grossmarkthalle
Zoo Basel
Schule
SBB-Bahnhof
Centralbahnpl.
Spalenring
Steinenring
Viaduktstr.
Binningerstr.
Margarethenstr.
Steinengraben
Heuwaage-Viadukt
Schanzenstr.
Klingelbergstr.
Missionsstr.
Elsässerstr.
Feldbergstr.
Aeschengraben
0
300 m

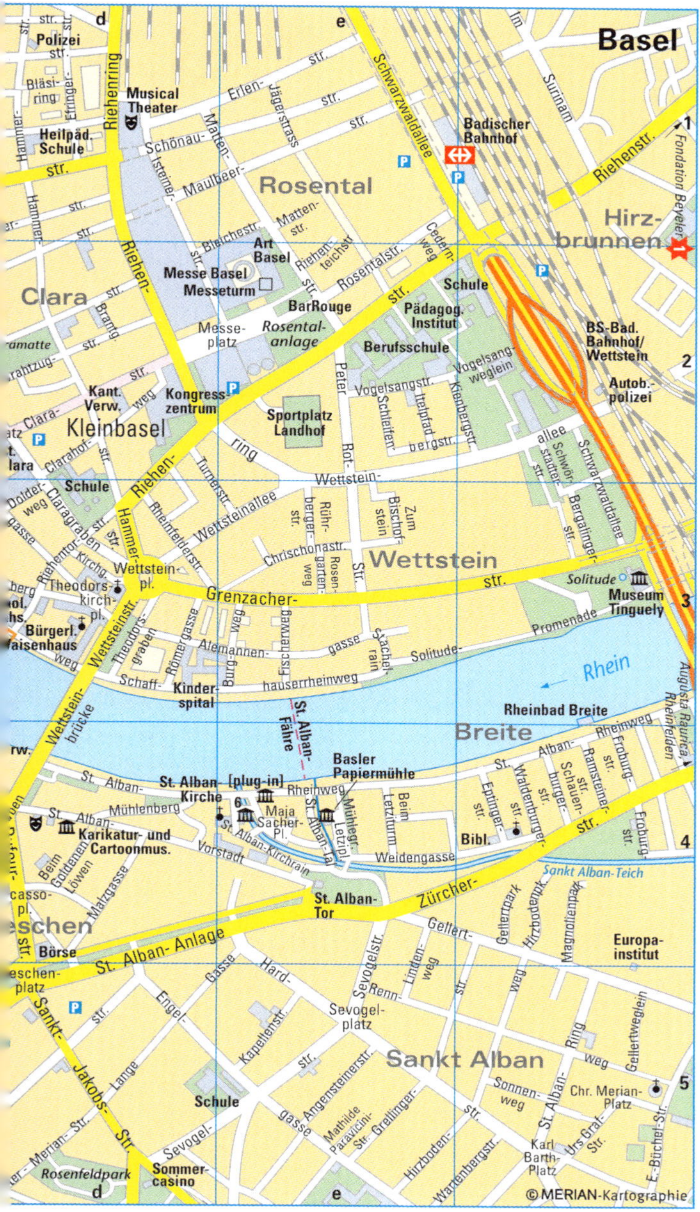
Basel
Rosental
Clara
Kleinbasel
Hirzbrunnen
Wettstein
Breite
Sankt Alban
Musical Theater
Badischer Bahnhof
Messe Basel Messeturm
Art Basel
BarRouge
Kongresszentrum
Sportplatz Landhof
Pädagog. Institut
Berufsschule
Schule
BS-Bad. Bahnhof/ Wettstein
Autob.-polizei
Museum Tinguely
Solitude
Rhein
Rheinbad Breite
Basler Papiermühle
St. Alban-Kirche
[plug-in]
Maja Sacher-Pl.
Karikatur- und Cartoonmus.
St. Alban-Tor
Europainstitut
Börse
Sommer-casino
Rosenfeldpark
Kinderspital
Bürgerl. Waisenhaus
Fondation Beyeler
Wettsteinbrücke
St. Alban-Fähre
St. Alban-Anlage
Sankt Alban-Teich
Chr. Merian-Platz
Karl Barth-Platz
©MERIAN-Kartographie

Von Basel nach Straßburg

Die Schifffahrt auf dem sonnigen Oberrhein wird durch moderne Technik erst möglich gemacht.

Weinreben umgeben das Städtchen Breisach nahe des Kaiserstuhls mit seinem romanischen St.-Stephans-Münster.

Basel ist Start- und Endpunkt des Kreuzfahrttourismus auf dem Rhein. Die Stadt liegt im Rheinknie und markiert sowohl das Ende des Hochrheins, der fast auf seiner gesamten Strecke die Grenze zwischen Baden und der Schweiz bildet, als auch den Beginn des Oberrheins. Ab hier ist der Rhein auch für die großen Kreuzfahrtschiffe befahrbar. Das war nicht immer so. Noch im 19. Jh. wurde an den Rheinufern nördlich von Basel Gold gesucht. 3 bis 4 km breit war der Fluss damals, eine hochwassergefährdete, mückengeplagte Sumpflandschaft. Das war, bevor im Jahr 1879 die Regulierung des Flusslaufs unter dem Ingenieur Johann Gottfried Tulla fertiggestellt wurde. Seither ist aus der ehemals kilometerbreiten Auenlandschaft eine Großschifffahrtsstraße geworden: der **Grand Canal d'Alsace**, der den Schifffahrtsweg am Oberrhein um ganze 81 km verkürzte.

Schleusen ...
Durch Begradigung im 19. Jahrhundert wurde der Oberrhein schiffbar. Schlange stehen vor der Schleuse gehört seitdem zum Alltag der Schiffer.

Teile der Auenlandschaft blieben als Altrheinarme erhalten, aber der Landgewinn hatte seinen Preis: 80 %

der Auenwälder wurden zerstört, und zwischen Basel und Karlsruhe verläuft der Rhein durch die Regulierung fast schnurgerade und ist als Fluss landschaftlich eher reizlos. Zusätzlich wurde der Rhein durch Wasserkraftwerke als unerschöpfliche Energiequelle für die »Bequemlichkeiten« des Fortschritts nutzbar gemacht, deshalb »zieren« vielerorts Strommasten das Ufer, statt Gold heißt der Schatz des Rheins nun Energie.

Die **Schleuse bei Kembs** wurde von Le Corbusier geplant. Sie ist eine von zehn Schleusen zwischen Basel und Iffezheim, die auf einer Strecke von ca. 180 km einen Höhenunterschied von 150 m ausgleichen. Rund 70 000 Kubikmeter Wasser werden bei einem Schleusenzyklus bewegt, pro Schiff dauert ein Schleusenvorgang weniger als eine Viertelstunde, ohne Wartezeiten. Kurz hinter Basel flankiert ein kleines Felsmassiv den Rhein. Der **Isteiner Klotz** ist ein 150 m hoher Ausläufer des Juragebirges.

... und Kanäle
Bei Basel und Straßburg zweigen Kanäle ins französische Binnenland ab, der Rhein-Marne-Kanal und der Rhein-Seine-Kanal. Die Rheinschifffahrt zwischen Weil am Rhein und Breisach verläuft durch den Rheinseitenkanal (frz.: Grand Canal d'Alsace)

Ursprüngliche Paradiese

Der Erfinder des Wortes »Genusslandschaft« hat womöglich an den heiteren und sonnenverwöhnten Oberrhein gedacht, es gibt kaum eine Gegend, auf die der Begriff mehr zutrifft. Rechtsrheinisch erheben sich hinter der Ebene des **Markgräfler Landes** und des **Breisgaus** die Hügel des **Südschwarzwalds**, dazwischen liegt Freiburg. Linksrheinisch erstreckt sich das **Elsass** mit der elsässischen Weinstraße und stimmungsvollen Orten wie Riquewihr, Ribeauvillé, Eguisheim, Obernai oder Colmar am Eingang des Münstertals in die Vogesen.

In **Breisach**, hoch über dem Rhein, befand sich während des Dreißigjährigen Krieges eine der größten Festungen Europas, heute ist das romantische Städtchen Sitz der größten Winzergenossenschaft Europas. 557 m über der Rheinebene erhebt sich der **Kaiserstuhl**, das sonnenreichste und wärmste deutsche Rebengebiet.

Wein und Sekt
In Breisach ist neben dem badischen Winzerkeller auch die Sektkellerei Deutz und Geldermann beheimatet, die zur Rotkäppchen-Firmengruppe gehört.

Nördlich von Breisach leuchtet im **Naturschutzgebiet Taubergiessen** eine geheimnisvolle smaragdgrüne Pflanzenwelt und vermittelt noch eine Ahnung vom ehemals mäandernden Rheinverlauf und seiner Vegetation vor seiner Begradigung. Hier singen Rohrpfeiffer und Pirole und sind viele seltene Vogel- und Pflanzenarten beheimatet. »Giessen« nennt man die Irrläufer des Rheins, die als Grundwasserquellen hier mit glasklarem Wasser aus der Tiefe sprudeln. Das nährstoffarme Wasser nannte man in früherer Zeit »taub«, so kam der ungewöhnliche Name zustande.

Straßburg

Vertraut und fremd zugleich – die elsässische Kunstmetropole steckt voller charmanter Kontraste.

Das Straßburger Münster (→ S. 46) mit seiner grandiosen Fensterrose ist ein Schmuckstück der Baukunst aus drei Jahrhunderten. Der vollendete Turm misst stolze 142 Meter.

Straßburg

Einwohner: 273 000
Stadtplan → S. 52/53

Der Charme der elsässischen Hauptstadt offenbart sich ganz von selbst. Hier, 5 km hinter der Rheingrenze, wird das französische Laisser-faire durch die alemannische Mentalität der Elsässer beeinflusst. Das Straßenbild ist ordentlich und sauber, Geranienkästen hängen an den schmiedeeisernen Balkonen der Fachwerkhäuser mit gerade gezupften Gardinen in den Fenstern. Nicht zuletzt wegen des properen Eindrucks der liebevoll restaurierten Fassaden halten Vollblutfranzosen Straßburg bisweilen für eine deutsche Stadt. Das ist eine verzeihliche Bildungslücke. Seit 1870 wurde Straßburg viermal zwischen den streitenden Nachbarländern hin- und hergerissen. Die Hauptstadt des Reichslandes Elsass-Lothringen kehrte 1918 zu Frankreich zurück, bis 1940 deutsche Truppen einmarschierten. Die Zwangsrekrutierung der Elsässer in die deutsche Wehrmacht brachte die Bevölkerung so gegen die Deutschen auf, dass nach 1945 im wieder französischen Elsass der Deutschunterricht an den Schulen verboten wurde. Inzwischen lernt jedoch über die Hälfte der Schüler wieder Deutsch.

Die Straßburger Innenstadt wird von der Ill und ihren Kanälen eingerahmt. Sie ist geprägt von gut erhaltenen mittelalterlichen Häuserfassaden und wird beherrscht vom alles überragenden **Münster**. Schmuckstück der Stadt und Besuchermagnet ist das Gerberviertel **La Petite France**. Das Quartier Krutenau dagegen liegt eher am Rande des Besucherstroms. Straßburg ist Bischofssitz, es hat die wichtigste Universität Ostfrankreichs, zahlreiche Fach- und Hochschulen und wissenschaftliche Einrichtungen. Zur Europastadt wurde Straßburg 1949 durch die Gründung des Europarats. Eine Woche im Monat tagt das Europaparlament der 27 EU-Länder.

Spaziergang

Unser Spaziergang führt uns in das ehemalige Gerberviertel **La Petite France**. Das Areal verdankt seinen Namen der Tatsache, dass hier Anfang des 16. Jh. ein Krankenhaus stand, in dem französische Soldaten, die aus dem Krieg in Italien mit Syphilis zurückgekehrt waren, untergebracht wurden. Südlich der Alpen nannte man diese Geschlechtskrankheit die »französische Krankheit«. Später wurde der Name auf das ganze Viertel »Klein-Frankreich« übertragen.

Wir starten an der **Place Gutenberg**, folgen der Rue des Serruriers über die dreispurige Rue de la Division Leclerc hinüber und kommen zur **Place Saint-Thomas** mit der gleichnamigen, heute protestantischen Kirche aus dem 13. Jh. Im Inneren des Gotteshauses befindet sich das berühmte Grabmal des Marschalls Moritz von Sachsen aus dem 18. Jh.

Wir spazieren nun in die Rue de la Monnaie, wo anschließend in der **Rue des Dentelles** die Fußgängerzone beginnt. Antiquitätengeschäfte, Restaurants und sehenswerte Hausfassaden säumen diese Straße, die auf den Hauptplatz der Altstadt, die **Place Benjamin Zix**, mündet. Hier, am Wasserrand unter schattigen Bäumen, können wir eine Pause einlegen. Der Gang durch die Rue du Bain-aux-Plantes versetzt uns mit ein wenig Fantasie in frühere Jahrhunderte zurück. Wir biegen links in die Rue des Moulins, wo vielleicht gerade die kleine Drehbrücke in Fließrichtung gewendet wird. Wir kehren um, biegen nach links wieder in die Rue du Bain-aux-Plantes, die uns in einem weitläufigen Bogen, später am Kanal entlang, zu den **Ponts-Couverts** führt. Hier teilt sich die Ill in vier Kanäle. Die schönste Aussicht über das Altstadtviertel bis zum Münster hat man, wenn man hinter der Brücke einen Abstecher nach rechts zur Panoramaterrasse unternimmt.

Dauer: 30–60 Min.; Länge: ca. 1 km

SEHENSWERTES

La Cathédrale Notre-Dame (Münster)

→ S. 53, e 3/4

Das Straßburger Münster (Liebfrauenmünster) gehört zu Recht zu den bedeutendsten Kathedralen Europas. Gerühmt werden die Hauptfassade mit den Portalstatuen, der Fensterrose (15 m Durchmesser) und dem 142 m hohen Turm, der bis zum 19. Jh. höchster Kirchturm Europas war. Im Inneren können Sie die Astronomische Uhr, den Engelspfeiler, die Kanzel und die Orgel bewundern. Die Kirche, 1015 von Bischof Wernher von Habsburg als romanischer Bau begonnen, umfasst gotische (1235–1275) und hochgotische (1276–1330) Elemente. Hauptbaumeister ab 1284 war Erwin von Steinbach. Seit dem Mittelalter kümmert sich **L'Œuvre Notre-Dame**, die Münsterbauhütte, um die laufende Restaurierung, was sie zur ältesten und einzigen Institution des Kathedralbaus in Frankreich macht.

Die **Astronomische Uhr** (»Horloge Astronomique«) im südlichen Querschiff zeigt zum einen die Bahnverläufe von Erde und Mond sowie Merkur und Saturn. In der Silvesternacht setzt sich ein Räderwerk in Bewegung, welches die beweglichen Feiertage des Jahres errechnet. Eine weitere Besonderheit ist das extrem langsam laufende Zahnrad. Es rekonstruiert die Präzession der Erdachse und dreht sich in 25 800 Jahren genau einmal im Kreis! Der **Engelspfeiler** (»Pilier des Anges«) wird auch Weltgerichtspfeiler genannt und stützt das Gewölbe des südlichen Querschiffes. Er entstand zwischen 1220 und 1230, und seine Skulpturen gehören zu den Meisterwerken der Bildhauerei des 13. Jh. Thema sind auf drei Etagen das Weltgericht und der Jüngste Tag, oben thront Christus auf dem Richterstuhl. Die **Kanzel** aus weißem Sandstein ist ein Prunkstück der spätgotischen Steinmetzkunst und wurde von Johannes Hammer 1486 für den freimütigen Prediger Geiler von Kaysersberg (1510) geschaffen. Die **Orgel** wurde 1716 von Andreas Silbermann gefertigt, der gemeinsam mit seinem Bruder Gottfried der bedeutendste Orgelbauer seiner Zeit war. 1981 wurde die Orgel umfassend restauriert. 300 Silbermann-Pfeifen konnten erhalten werden. Das 20 m hohe, geschnitzte und vergoldete Gehäuse stammt von 1489.

Ungeklärt ist, warum der zweite Turm niemals gebaut wurde. Den unvollendeten **Südturm** besteigt man über 332 Stufen bis zu einer Plattform auf 66 m Höhe. Der Abstieg erfolgt über eine zweite Treppe. Doch die Mühe lohnt sich. Der Blick reicht weit über die Rheinebene, westlich und nördlich bis zu den Vogesen, östlich bis zum Schwarzwald und südlich bis zu Kaiserstuhl und Jura. Der neben der Plattform aufragende, 142 m hohe Nordturm ist nicht zugänglich.

Münsterplatz; Tram: Langstross Grand Rue; tgl. 7–11.20 und 12.40–19 Uhr; Besteigung der Plattform April–Sept. tgl. 9–19.15, Okt.–März 10–17.15 Uhr; 4,60 €, erm. 2,30 €; www.cathedrale-strasbourg.fr

Conseil de l'Europe (Europarat)

→ S. 53, nordöstl. f 1

Die älteste und größte Staatenorganisation Europas (1949 gegründet) hat ihren Sitz in dem wuchtigen Bau am nordöstlichen Stadtrand. Das **Palais de l'Europe** wurde 1972 bis 1977 von Henry Bernard für 50 Mio. € erbaut. Beeindruckend wirken die 38 m hohen Schrägwände aus Aluminium und Glas auf einem Fundament aus rotem Vogesensandstein. Der Runderker rechts vom Haupteingang ist der Sitzungssaal der Außenminister der Staatenorganisation. Über 1800 Beamte aus 47 Mitgliedsländern sind hier tätig, zu deren wichtigsten Aufgaben der Schutz der Menschenrechte und die Ausarbeitung europäischer Konventionen zur Sozial- und Kulturpolitik zählen.

Palais de l'Europe, Avenue de l'Europe; Tram: Droits de l'Homme

La Petite France ⟶ S. 52, b 3/4
Das ehemalige Handwerkerviertel mit Gerbereien und Färbereien ist das Schönste, was die Straßburger Altstadt zu bieten hat. Früher war es ein recht anrüchiges, finsteres Quartier. Die zum Trocknen aufgehängten Felle und Häute der Gerber verbreiteten einen üblen Gestank, den feinere Leute mieden. Heute ist davon nichts mehr zu merken. Da das gesamte Viertel Fußgängerzone ist, sollte man sich die Spaziergänge durch die kleinen Gassen mit den Fachwerkhäusern, Cafés, Restaurants und Antiquitätenläden nicht entgehen lassen. Die **Rue du Bain-aux-Plantes**, die Hauptstraße des Altstadtviertels La Petite France, war 1279 aus nicht überliefertem Grund als »Glanzhof« bekannt. Im 15. Jh. wurde daraus Pflanzhof, später Pflanzbad. Dieser Name bezog sich auf eine öffentliche Badestube für Frauen (Nr. 22). Das auffälligste Haus direkt an der Ill ist das **Gerberhaus**, Maison des Tanneurs, in dem die Sauerkrautgerichte ausgezeichnet schmecken. Schräg gegenüber steht die ehemalige Taverne der Gerber, **Lohkäs**, aus dem Jahr 1651. Der Name des heutigen Restaurants erinnert an die Herstellung von Heizbriketts aus Eichenrinde, mit der man die Tierfelle gegerbt hatte.
Tram: Alt Winmärik

Münsterviertel ⟶ S. 52/53, b/f 2/4
Das Altstadtviertel rings um das Münster ist das Zentrum und die wichtigste Einkaufsgegend der Stadt, mit zahlreichen Fußgängerzonen. Das Viertel erstreckt sich in dem Dreieck zwischen der Place Broglie, der Place Gutenberg und der Place Kléber.

Die **Place Broglie**, der ehemalige Rossmarkt und Paradeplatz, wurde nach dem Gouverneur Maréchal de Broglie benannt. Zur Zeit des Weihnachtsmarktes herrscht hier Höchstbetrieb. An der nördlichen Längsseite hat in dem klotzigen Bau der Banque de France der junge Offizier Rouget de Lisle Im April 1792 erstmals die von ihm komponierte Marseillaise gesungen. Gegenüber liegt das **Alte Rathaus** im Stil des 18. Jh. An der Frontseite stadtauswärts befindet sich das klassizistische **Théâtre Municipal**, das Stadttheater aus dem Jahr 1804. Die wuchtige Säulenvorhalle mit den Statuen der sechs Musen wurde von Landolin Ohnmacht 1821 geschaffen.

Die von Leben erfüllten Cafés und Restaurants auf dem Münsterplatz laden zum Verweilen ein – mit Blick auf das schöne Fachwerkhaus Maison Kammerzell (→ S. 50).

Am Platz mit dem **Gutenberg-Denkmal** liegt die **Handelskammer**, der wichtigste Renaissancebau der Stadt, den Hans Schoch 1582 als Rathaus errichtete. Die Arkaden des Erdgeschosses haben dorische, die Pilaster des ersten Stocks ionische und die des zweiten korinthische Kapitelle. Vom Platz hat man eine schöne Sicht auf die Hauptfassade des **Münsters**.

Der Hauptplatz der Stadt mit dem **Kléber-Denkmal** war während der Französischen Revolution Standort der Guillotine. Er ist von prächtigen Gründerzeitbauten umgeben. An der Nordseite steht die **Aubette**, die einstige Hauptwache, in der sich heute ein Café und ein Restaurant befinden.

Tram: Homme de Fer/Broglie/Langstross Grand Rue

Parlement Européen (Europäisches Parlament)

→ S. 53, nordöstl. f 1

Eine Woche pro Monat (außer im August) tagt das Europäische Parlament der 27 EU-Länder im Glaspalast am Ill-Ufer. 785 Abgeordnete, ihre Mitarbeiter, Dolmetscher, Beamte und Journalisten lassen die Einwohnerzahl der Stadt in den Sitzungswochen um etwa 3000 Personen anwachsen, was für Straßburg einen enormen Wirtschaftsfaktor darstellt. Seit 1999 tagen die auf fünf Jahre gewählten Vertreter von etwa 490 Mio. Europäern in einem vom Pariser Architektenteam »Architecture Studio« entworfenen futuristischen Neubau. Wie ein gewaltiger gläserner Schiffsbug mit Aussichtsplattform liegt Europas flächenmäßig größtes Bauwerk an der Ill.

Quai du Chanoine Winterer; Tram: Parlament Européen; Besichtigung für Gruppen ab 15 Personen nach Anmeldung unter: Informationsbüro Straßburg, BP 1024 F, 67070 Strasbourg-Cedex oder Fax 00 33/ 3 88 17 51 84; www.europarl.eu.int

Palais Rohan

→ S. 53, e 4

Das einstige Schloss der Fürstbischöfe von Straßburg ist nach der Kathedrale die wichtigste Station für Kunstinteressierte. Joseph Massol hat nach Entwürfen von Robert de Cotte diesen klassizistischen Dreiflügelbau 1730 bis 1742 erbaut. Wegen des abfallenden Geländes hat der Prachtbau an der Ill-Seite eine Etage mehr. Drei Museen (→ S. 49) sind heute in dem Schloss untergebracht.

2, pl. du Château; Tram: Langstross Grand Rue/Porte de l'Hôpital

Die mittelalterlichen Verteidigungsanlagen der Ponts-Couverts (→ S. 49). Von der Panoramaterrasse auf der Ill-Brücke gegenüber hat man einen schönen Blick auf die Altstadt.

Ponts-Couverts (Gedeckte Brücken) ⇢ S. 52, a/b 4
Überreste der Stadtmauer aus dem 14. Jh. spannen sich über die Ill-Arme. Früher versperrten sie mit Fallgattern den Eingang von Straßburg. Die vier ursprünglich gedeckten Holzbrücken wurden im 19. Jh. aus Stein neu gebaut. Die vier Türme dienten bis 1832 als Gefängnis, die Öffnungen für die Kanonen sind noch zu sehen.
Pl. Henri Dunant, La Petite France; Tram: Alt Winmärik/Faubourg National

Wasserwege
Die Altstadt Straßburgs ist auf der Südseite von der Ill und auf der Nordseite von dem künstlich angelegten **Fossé du faux Rempart** (Falschwallkanal) umgeben. Am Stadteingang bei den Gedeckten Brücken teilt sich die Ill in mehrere Arme. Das größere Stadtgebiet wird im Westen hinter dem Bahnhof von dem **Fossé des Remparts** (Wallgraben) begrenzt, im Süden und Osten vom Hafen und dem Rhein-Rhône-Kanal. Im Norden schließt sich der Kreis durch den **Canal de la Marne au Rhin** (Rhein-Marne-Kanal). Die Besichtigung Straßburgs vom Wasser aus ist sehr empfehlenswert:

– Visite de la Ville auf der Ill rund um die Altstadt
Dauer: 1 Std. 10 Min.; ganzjährig Rundfahrten, April–Okt. tgl. halbstündlich 9.30–21 Uhr; Preis: 7,40 €, Kinder 3,70 €
– Nächtliche Fahrt auf der Ill (»flâneries nocturnes«)
Dauer: 1 Std. 10 Min.; Mai–Sept. tgl. 21.30 und 22 Uhr; Preis: 7,40 €, Kinder 3,70 €; Kartenverkauf und Treffpunkt: Anleger am Palais des Rohan (⇢ S. 53, e 4); Info-Tel. 03 88 32 75 25
– Rundfahrt durch die Altstadt und das Hafenbecken im Restaurant-Boot (»promenade gastro-nautique«)
Dauer: 2,5 Std.; tgl. 12 und 18.30 Uhr am Quai des Pêcheurs (⇢ S. 53, f 3); 12.45 und 18.45 Uhr am Quai Finkenwiller (⇢ S. 52, c 4/5); Menüs 27–42 €; www.bateauxstrasbourgeois.com

MUSEEN
Eine Tageskarte, die zum Eintritt in alle städtischen Museen berechtigt, kostet 6 €, ermäßigt 3 €. Weitere Infos:

Direction des Musées ⇢ S. 53, e 4
2, pl. du Château; Tram: Broglie/Langstross Grand Rue; Tel. 03 88 52 50 00; www.musees-strasbourg.org

Musée d'Art Moderne et Contemporain ⇢ S. 52, a 4
Im Museum für moderne Kunst ist ein Großteil der 1500 Werke zu sehen, die bisher aus Platzmangel eingelagert waren. Ein Saal des zweistöckigen Gebäudes ist dem Straßburger Hans Arp gewidmet. Auch für den Straßburger Illustrator Gustave Doré ist eine Sondergalerie reserviert. Die Auswahl aus der Zeit zwischen 1870 und heute umfasst Werke von Max Liebermann und Monet, Max Ernst und Man Ray ebenso wie Niki de Saint Phalle.
1, pl. Hans-Jean Arp; Tram: Musée d'Art Moderne; Di, Mi, Fr, Sa 11–19, Do 12–22, So 10–18 Uhr, Mo geschl.; Eintritt 5 €, erm. 2,50 €

MERIAN-Tipp

3 Musée Tomi Ungerer

Seit 2007 hat Straßburgs Museumslandschaft einen neuen Anziehungspunkt! Das Tomi Ungerer Museum – auch »Internationales Zentrum für Illustration« – präsentiert in einer Gründerzeitvilla Werke des wohl bekanntesten Straßburger Künstlers. Die Exponate sind Teil einer Schenkung, die der in Irland lebende Karikaturist und Kinderbuchautor seiner Heimatstadt machte. Dazu zählen 8000 Grafiken, 6000 Spielzeuge sowie Poster, Plastiken, Fotos und Zeitungsartikel. Wechselausstellungen mit Illustratoren des 20. und 21. Jh.

Villa Greiner, 2, av. de la Marseillaise; Tel. 03 69 06 37 27; Tram: République; Eintritt 4 €, erm. 2 € ⇢ S. 53, f 2

Musée du Palais des Rohan
⇢ S. 53, e 4

Drei Kunstmuseen sind in der Residenz der Fürstbischöfe von Straßburg aus dem 18. Jh. untergebracht.

2, pl. du Château; Tram: Broglie/Langstross Grand Rue; Mo, Mi, Do, Fr 12–18, Sa, So 10–18 Uhr, Di geschl.; Eintritt 4 €, erm. 2 €

Musée Archéologique

Dieses Museum ist nach Saint-Germain-en-Laye das wichtigste seiner Art in Frankreich. Die Sammlungen reichen von der Vorzeit über die Bronzezeit, den Beginn des Christentums bis hin zur Völkerwanderung.

Musée des Arts Décoratifs

Im Seitenflügel der einstigen Pferdeställe befindet sich die umfangreiche Sammlung Straßburger Fayencen aus der berühmten Hannong-Manufaktur (1721–1781). Ferner Möbel des 18. und 19. Jh. und Luxusartikel aus den Werkstätten der Uhrmacher, Glasbläser und Eisen- und Goldschmiede.

Musée des Beaux-Arts

Ein Großteil der Ankäufe der Gemäldesammlung wurde noch vom Deutschen Kaiserreich finanziert. Vertreten sind die französische, flämische, holländische, spanische und italienische Schule vom 14. bis 19. Jh.: Gemälde von Giotto, Botticelli, van Dyck, Rubens, Raffael, Tintoretto, El Greco (Mater Dolorosa, 1594–1597), Goya, Watteau, Fragonard und Delacroix.

Musée de l'Œuvre Notre-Dame (Frauenhausmuseum)
⇢ S. 53, e 4

Der Bau aus dem 14. bis 16. Jh. war früher Sitz der Münsterbauhütte. Seit 1931 sind hier Werke der elsässischen Kunst vom 12. bis 17. Jh. zu sehen. An erster Stelle stehen wertvolle Originale der Münsterskulpturen. Einzigartig ist die Sammlung von Originalrissen für den Bau des Münsters.

3, pl. du Château; Di–Fr 12–19, Sa, So 10–19 Uhr, Mo geschl.; Eintritt 4 €, erm. 2 €

Essen und Trinken

Au Crocodile
⇢ S. 53, d 3

Chefkoch Emile Jung steht seit 30 Jahren für exzellente französische Küche: leckere Köstlichkeiten der Nouvelle Cuisine in geschmackvollem Rahmen.

10, rue de l'Outre; Tel. 03 88 32 13 02; www.au-crocodile.com; Tram: Broglie; Di–Sa 12.30–13.30 und 19.30–21.30 Uhr ●●●●

Le Bürehiesel
⇢ S. 53, nordöstl. f 1

Dieses erlesene Restaurant in einem alten Bauernhaus liegt mitten im herrlichen Parc de l'Orangerie. Jeder Gast wird mit größter Aufmerksamkeit bedient und beraten. Serviert werden feinste Fisch- und Fleischspeisen.

4, parc de l'Orangerie; Tel. 03 88 45 56 65; www.buerehiesel.fr; Tram: Droits de l'Homme; Di–Sa 12–14 und 19–22 Uhr ●●●●

Maison Kammerzell
⇢ S. 53, d 3/4

Guy-Pierre Baumann hat dieses historische Schmuckstück zu einem besonderen Feinschmecker-Restaurant auf drei Etagen gemacht. Beliebt sind Sauerkraut mit Wurst- und Fleischbeilagen. Im Sommer genießt man auf der Terrasse den Blick aufs Münster.

16, pl. de la Cathédrale; Tel. 03 88 32 42 14; www.maison-kammerzell.com; Tram: Broglie/Langstross Grand Rue; tgl. 12–14 und 19.30–23 Uhr ●●●

La Maison des Tanneurs
⇢ S. 52, b 3/4

Die »Gerwerstub« ist die erste Adresse für Sauerkrautgerichte. Wenn man rechtzeitig am Fenster reserviert, hat man einen herrlichen Blick auf die Ill.

42, rue du Bain-aux-Plantes, La Petite France; Tel. 03 88 32 79 70; www.maison-des-tanneurs.com; Tram: Vieux Marché aux Vins; Di–Sa 12–14.15 und 19–22.45, im Dez. auch So 12–14 Uhr ●●●

Le Clou
⇢ S. 53, d 3

Noble Weinstube bei der Rue du Sanglier, die mit ihrer geschnitzten Holzverkleidung und rustikalen Inneneinrichtung neben dem Gaumen

auch dem Auge etwas bietet. Besonders zu empfehlen: der Riesling.
3, rue du Chaudron; Tel. 03 88 32 11 67; www.le-clou.com; Tram: Broglie/Langstross Grand Rue; So, Mi Mittag geschl. ●●

EINKAUFEN

Au Doux Pays de France ⇢ S. 53, d 3
Straßburger schwärmen von dieser Schokoladenhandlung im Schatten des Münsters. Die Köstlichkeiten werden auch als Geschenk verpackt.
5, rue du Dôme; Tram: Broglie

Au Millésime ⇢ S. 53, d 3
Umfassendes Angebot an Weinen und Likören in großzügig geschnittenen Verkaufsräumen.
7, rue du Temple Neuf; Tram: Broglie; Di–Sa 9.30–12.30 und 14–19 Uhr

Poteries d'Alsace ⇢ S. 53, e 3
Ein Spezialgeschäft (seit 1860) für handbemalte Keramik und Steingut nach elsässischer Tradition.
3, rue des Frères, links der Kathedrale; Tram: Langstross Grand Rue

Au Vieux Gourmet ⇢ S. 53, d 3
Bei rund 500 französischen Käsesorten hat man die Qual der Wahl. Spezielle Käsebouquets, etwa das »Petit Gourmet« oder das »Gout de Terroir«, erleichtern die Entscheidung.
3, rue des Orfèvres; Tram: Broglie/Langstross Grand Rue

MERIAN-Tipp

4 La Choucrouterie

Das kleine Theater, untergebracht in einer ausgedienten Sauerkrautfabrik, verdankt seinen Erfolg dem unermüdlichen Engagement des heiseren Lokalbarden Roger Siffer. Die Programme bestehen aus Chansons, Sketchen und Kabarett – auf Elsässisch, Deutsch oder Französisch. Nach der Vorstellung trifft man sich im Restaurant der Choucrouterie zur deftigen Mahlzeit in fröhlicher Runde.

20, rue Saint-Louis, Finkwiller; Info-Tel. 03 88 36 07 28; www.choucrouterie.com; Tram: Porte de l'Hôpital/Langstross Grand Rue ⇢ S. 52, c 5

AM ABEND

Au Camionneur ⇢ S. 52, a 1
Stimmung und gute Musik – ob an der stilvollen Bar oder auf gemütlichen Sofas im Salon. Der richtige Ort, um zu einem Bier Kleinkunst oder Konzerte auf der kleinen Bühne zu genießen.
14, rue Georges Wodli; Tram: Gare Centrale; Mo–Fr 11.30–15, Di–Do 19–1.30, Fr und Sa 19–4 Uhr

Le Perroquet Bleu ⇢ S. 53, e 3
Nette und immer gut besuchte Bar. In den Sommermonaten sitzt man gern auf der schönen Terrasse an der Place Marché Gayot und schlürft Cocktails.
13, rue des Sœurs; Tram: Broglie; tgl. 11–4 Uhr

L'Opéra Café ⇢ S. 53, e 2
Nachmittags und abends gleichermaßen interessant. Nach dem Theaterbesuch lässt es sich bei einem Glas Crémant besonders gut plaudern.
19, pl. Broglie; Tram: Broglie; Mo–Do 12–3, Fr, Sa 12–4, So 14–20 Uhr

L'Opéra national du Rhin ⇢ S. 53, e 2
Die Oper stellt seit 1972 das gemeinsame Ensemble der Städte Straßburg, Mülhausen und Colmar. Neben Opern stehen auch Ballett- und Gesangsabende sowie Kammermusik auf dem Spielplan, die zum Teil im Palais de la Musique dargeboten werden.
Théâtre Municipal, 19, pl. Broglie; Tel. 03 88 75 48 23; www.opera-national-du-rhin.com; Tram: Broglie; Kartenvorverkauf Mo–Fr 11–18, Sa 11–16 Uhr;

SERVICE

Office du Tourisme ⇢ S. 53, d 3/4
17, pl. de la Cathédrale, 67082 Strasbourg; Tel. 00 33/3 88 52 28 28; www.ot-strasbourg.fr; tgl. 9–19 Uhr

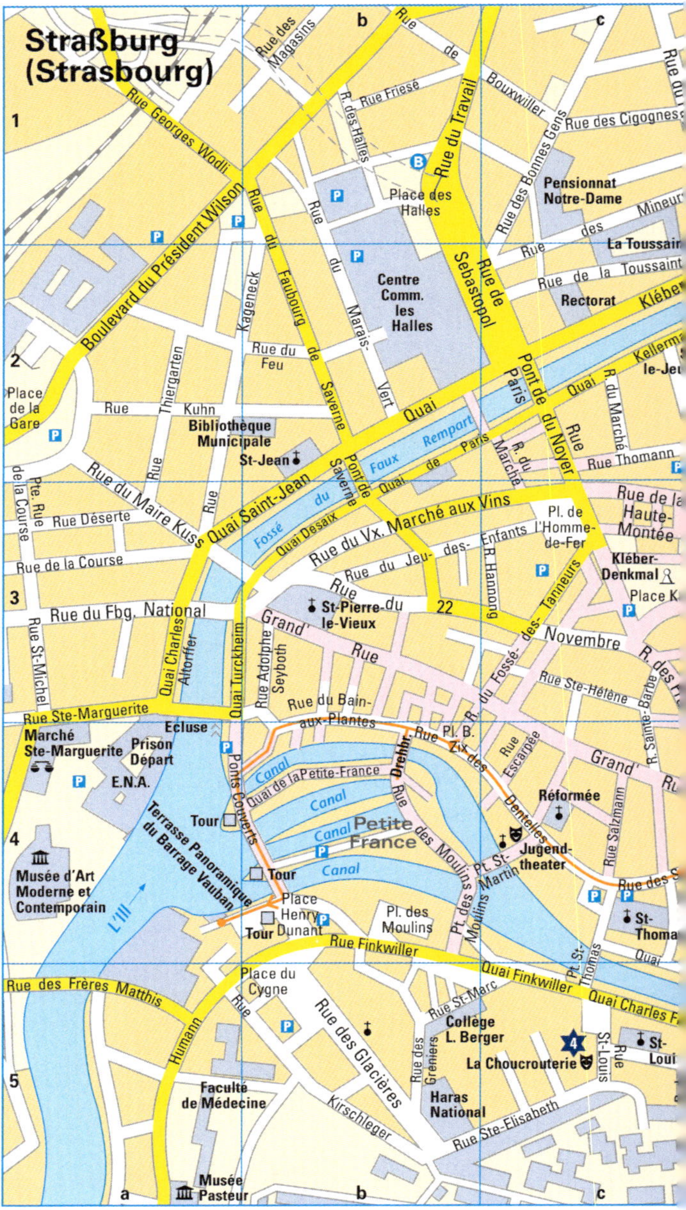
Straßburg (Strasbourg)
a
b
c
1
2
3
4
5
Rue des Magasins
Rue de Bouxwiller
Rue Georges Wodli
R. des Halles
Rue Friesé
Rue du Travail
Rue des Cigognes
Rue des Bonnes Gens
Place des Halles
Pensionnat Notre-Dame
Boulevard du Président Wilson
Rue du Faubourg de Saverne
Rue du Marais-Vert
Rue des Mineurs
La Toussaint
Rue de la Toussaint
Centre Comm. les Halles
Rue de Sebastopol
Rectorat
Kléber
Kageneck
Rue du Feu
Place de la Gare
Rue Kuhn
Rue Thiergarten
Pont de Paris
Quai Kellermann
le-Jeu
R. du Marché
Rue du Noyer
Bibliothèque Municipale
St-Jean
Pont de Saverne
Fossé du Faux Rempart
Quai de Paris
R. du Marché
Rue Thomann
Pte. Rue de la Course
Rue du Maire Kuss
Quai Saint-Jean
Quai Desaix
Rue du Vx. Marché aux Vins
Rue de la Haute-Montée
Rue Déserte
Pl. de l'Homme-de-Fer
Rue de la Course
Rue du Jeu-des-Enfants
R. Hannong
Kléber-Denkmal
Place K
Rue du Fbg. National
St-Pierre-le-Vieux
22
Rue des Tanneurs
Rue du 22 Novembre
Rue St-Michel
Quai Charles Altorffer
Quai Turckheim
Rue Adolphe Seyboth
Grand' Rue
R. du Fossé-des-Tanneurs
Rue Ste-Hélène
Rue Sainte-Barbe
Rue du Bain-aux-Plantes
Rue Ste-Marguerite
Ecluse
Marché Ste-Marguerite
Prison Départ
E.N.A.
Ponts Couverts
Canal
Quai de la Petite-France
Drehbr.
Pl. B. Zix
Rue des Dentelles
Rue Escarpée
Réformée
Terrasse Panoramique du Barrage Vauban
Tour
Petite France
Rue des Moulins
Jugend-theater
Rue Salzmann
Musée d'Art Moderne et Contemporain
L'Ill
Pt. St-Martin
Pt. des Moulins
Place Henry Dunant
Pl. des Moulins
St-Thomas
Rue Finkwiller
Quai Finkwiller
Pl. St-Thomas
Rue des Frères Matthis
Place du Cygne
Rue St-Marc
Quai Charles Frey
Rue Humann
Rue des Glacières
Collège L. Berger
Rue des Greniers
La Choucrouterie
4
Rue St-Louis
St-Louis
Faculté de Médecine
Haras National
Rue Kirschleger
Rue Ste-Elisabeth
Musée Pasteur

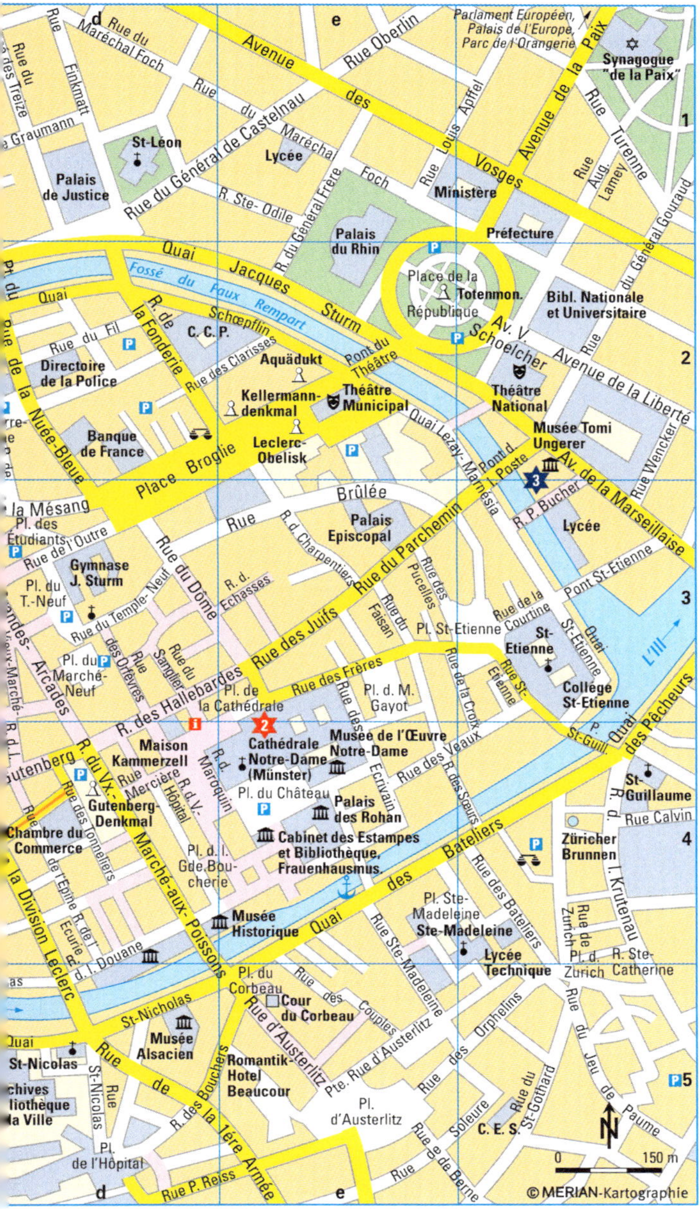

Parlament Européen, Palais de l'Europe, Parc de l'Orangerie
Synagogue "de la Paix"
Avenue des Vosges
Avenue de la Paix
Rue Oberlin
Rue du Maréchal Foch
Rue Finkmatt
Rue du Général de Castelnau
Rue Louis Apffel
Rue Turenne
Rue Aug. Lamey
Rue du Général Gouraud
St-Léon
Palais de Justice
Lycée
R. Ste-Odile
Ministère
Préfecture
Palais du Rhin
R. du Général Frère
Quai Jacques Sturm
Fossé du Faux Rempart
Place de la République
Totenmon.
Bibl. Nationale et Universitaire
Av. V. Schoelcher
Avenue de la Liberté
Théâtre National
Musée Tomi Ungerer
Pont du Théâtre
Théâtre Municipal
Quai Lezay-Marnésia
Pont d. l. Poste
Av. de la Marseillaise
Rue Wencker
R. P. Bucher
Lycée
Pont St-Etienne
Quai St-Etienne
R. de la Fonderie
C. C. P.
Rue des Clarisses
Schœpflin
Aquädukt
Kellermann-denkmal
Leclerc-Obelisk
Quai
Rue du Fil
Directoire de la Police
Banque de France
Place Broglie
Rue de la Nuée-Bleue
Rue Brûlée
Palais Episcopal
R. d. Charpentiers
Rue du Parchemin
Rue des Pucelles
Rue du Faisan
la Mésange
Pl. des Étudiants
Rue de l'Outre
Gymnase J. Sturm
Pl. du T.-Neuf
Rue du Temple-Neuf
Rue du Dôme
R. d. Echasses
Rue des Juifs
Pl. St-Etienne
Rue de la Courtine
St-Etienne
Collège St-Etienne
Rue St-Etienne
Pl. du Marché-Neuf
Rue des Orfèvres
Rue du Sanglier
R. des Hallebardes
Pl. de la Cathédrale
Rue des Frères
Pl. d. M. Gayot
Rue de la Croix
L'Ill
Quai des Pêcheurs
P. St-Guill.
Arcades
Maison Kammerzell
Rue Mercière
Cathédrale Notre-Dame (Münster)
Musée de l'Œuvre Notre-Dame
Rue des Veaux
R. des Sœurs
Rue des Écrivains
R. d. Maroquin
R. d. V.-Hôpital
Pl. du Château
Palais des Rohan
St-Guillaume
Rue Calvin
Gutenberg
R. du Vx.-Marché-aux-Poissons
Gutenberg-Denkmal
Chambre du Commerce
Rue des Tonneliers
Pl. d. l. Gde Boucherie
Cabinet des Estampes et Bibliothèque, Frauenhausmus.
Quai des Bateliers
Rue des Bateliers
Züricher Brunnen
R. d. l. Krutenau
Rue de Zurich
Pl. d. Zurich
R. Ste-Catherine
la Division Leclerc
Rue de l'Epine
R. de l'Ecurie
R. d. l. Douane
Musée Historique
Pl. Ste-Madeleine
Ste-Madeleine
Rue Ste-Madeleine
Lycée Technique
Pl. du Corbeau
Rue des Couples
Cour du Corbeau
Quai St-Nicholas
Musée Alsacien
Rue d'Austerlitz
Romantik-Hotel Beaucour
R. des Bouchers
Rue de la 1ère Armée
Quai St-Nicolas
Rue St-Nicolas
Pl. de l'Hôpital
Pte. Rue d'Austerlitz
Pl. d'Austerlitz
Rue des Orphelins
Rue de Soleure
Rue de Berne
Rue du St-Gothard
C. E. S.
Rue du Jeu de Paume
Rue P. Reiss
0 150 m
© MERIAN-Kartographie

Von Straßburg nach Mainz

Nibelungenland, Natur, barocke Stadtplanung und Wirtschaftskraft – hier sind die Gegensätze vereint.

In Nierstein ist der rheinhessische Riesling zu Hause. Bereits für das Jahr 742 ist die Schenkung eines Weinberges belegt.

Reger Verkehr

Rund 100 Schiffe passieren täglich die Schleusen und transportieren zusammen jährlich ungefähr 20 Mio. Tonnen Güter. Ein Schleusenvorgang dauert durchschnittlich weniger als eine Viertelstunde.

Kehl gewann seine historische Bedeutung vor allem als Brückenkopf zu den linksrheinischen Gebieten. 2004 wurde im Rahmen der Bundesgartenschau der Europabrücke noch eine Fußgänger- und Radfahrerbücke, auch Passerelle genannt, zugefügt, die Kehl und Straßburg näher aneinanderbinden soll. Bis kurz vor Karlsruhe bildet der Rhein noch die Grenze zwischen Frankreich und Deutschland, der Raum Straßburg-Kehl ist aber zusammengewachsen wie kaum ein anderer: Hier ist das Grenzgängertum weit verbreitet – man arbeitet in Straßburg, lebt und kauft ein im ländlicheren Kehl.

Die zehn Schleusen am Oberrhein bedeuten auch zehn Staustufen und damit zehn Barrieren für Fische, die früher zurück zum Laichen in den Rhein kamen. An den Schleusen Iffezheim und Gambsheim wurden aufwendig konstruierte Fischtreppen gebaut, um den Lebensraum für den einstmals üppig vorhandenen Bestand an Edelfischen, allen voran der Lachs, wiederherzustellen.

Rechtsrheinisch zieht sich eine Reihe barocker Residenzstädte den Oberrhein entlang, die imposanteste Schlossanlage von ihnen besitzt **Rastatt**, und in **Karlsruhe** wurde mit dem Schloss der Grundstein für eine planmäßig angelegte Garnisons- und Verwaltungsstadt gelegt, in der heute Bundesgerichtshof und Bundesverfassungsgericht ihren Sitz haben.

Der Name **Philippsburg** ist vor allem wegen des Atomkraftwerks bekannt, das die ENBW dort betreibt. Weniger bekannt sind die Altrheinmäander, die den Rhein mit einer besonders idyllischen Landschaft umgeben, insbesondere bei **Elisabethwörth** zwischen Germersheim und Philippsburg. Vorbei an **Speyer** mit seinem monumentalen mittelalterlichen Dom passieren wir **Mannheim** mit der Neckarmündung. Mannheim wird oftmals Unrecht getan, die barocken Sehenswürdigkeiten der Stadt sind einen Besuch wert, aber oft wird ein Stopp dort nur zum Umsteigen in einen Bus für einen Abstecher nach Heidelberg genutzt. Am anderen Ufer liegt **Ludwigshafen**. Allein die BASF säumt den Fluss auf 6 km Länge. So wenig Werksanlagen den Rhein auch in seiner Gesamtheit prägen, hier wird mit voller Wucht deutlich, wie sehr die Industrie auf den Fluss angewiesen ist und wie vielfältig die Verknüpfungen sind, vom Energielieferanten bis zur Transportstraße.

Stadtplanung
Die Innenstadt Mannheims ist schachbrettartig angelegt, die Straßen verlaufen rechtwinklig zueinander und tragen statt Straßennamen eine in Deutschland einzigartige Zahlen-Buchstaben-Kombination. 21 km den Neckar stromaufwärts liegt Heidelberg.

BASF-Zentrale
Ludwigshafen wird von den Badischen Anilin- und Sodafabriken geprägt, kurz BASF genannt. Noch heute bezeichnen sich die Mitarbeiter als »Aniliner«.

Danach ändert sich das Bild wieder. Die Nibelungenstadt **Worms** mit ihrer schönen altmodischen Uferpromenade liegt inmitten von Reben, sie ist die größte Weinbaugemeinde von Rheinhessen. Zum Weltkulturerbe am Rhein zählt auch das **Kloster Lorsch**, rechtsrheinisch an der hessischen Bergstraße gelegen. Hinter dem Kernkraftwerk Biblis passiert das Schiff das größte hessische Naturschutzgebiet, die **Kühkopfinsel**, mit dem ebenfalls mit UNESCO-Prädikat versehenen Europa-Reservat **Kühkopf-Knoblochsaue**. Das völlig sich selbst überlassene Ökosystem verfügt über zahllose fließende und stehende Gewässer, Sümpfe, Auenwiesen und Trockenzonen mit seltenen Vögeln und Pflanzen. Im Frühling duftet alles nach Bärlauch, hier findet der seltene Schwarzmilan einen Lebensraum.

Nierstein verfügt über die älteste urkundlich belegte Weinlage und bildet zusammen **Nackenheim** und **Oppenheim** das Zentrum des rheinhessischen Rieslinganbaus. Die Gegend gilt als die wärmste in ganz Deutschland, und von Juni bis Oktober reiht sich in diesem produktivsten aller deutschen Weinbaugebiete ein Winzerfest an das andere. Über der Stadt Oppenheim erhebt sich die mächtige gotische Katharinenkirche.

Speyer

Geschichte auf Schritt und Tritt: Frühe Bürgerrechte und kaiserliche Pracht prägen die 2000-jährige Stadt.

Der Kaiserdom ist die größte noch erhaltene romanische Kirche der Welt und erinnert an die Bedeutung Speyers als Freie Reichsstadt des Heiligen Römischen Reiches.

Speyer

Einwohner: 50 700
Stadtplan → S. 59

Speyer kann auf eine 2000-jährige bewegte Geschichte zurückblicken. Als römisches Militärlager um 10 v. Chr. gegründet, wird es im Mittelalter unter den salischen Kaisern zu einem der herrschaftlichen Zentren des Heiligen Römischen Reiches Deutscher Nation, später zu einer der wenigen Freien Reichsstädte. *Novimagus*, *Civitas Nemetum* und seit dem 6. Jh. *Spira* waren die Namen, unter denen der regionale Handels- und Verwaltungsplatz Speyer in den Quellen geführt wurde. Heinrich IV. tritt 1076 von hier aus seinen Gang nach Canossa an, und eine der bedeutendsten Judengemeinden Mitteleuropas war hier im 11. Jh. beheimatet. Das Stadtbild ist geprägt von gut erhaltenen Zeugnissen früherer Herrlichkeit, allen voran der Dom zu Speyer, seit 1981 auf der Liste des UNESCO-Weltkulturerbes.

Spaziergang

Schon von Weitem begrüßt der Anblick des mitten im Grünen liegenden **Kaiserdoms zu Speyer** die Reisenden, die vom Rhein her kommen. 1061 geweiht, sollte er die größte Kathedrale der Christenheit werden. Trotz zahlreicher Umbauten beeindruckt er bis heute durch monumentale Einfachheit und die natürliche Farbgebung des roten Sandsteins. In der Krypta befindet sich die Kaisergruft mit den Gräbern acht deutscher Kaiser und Könige und weiteren Würdenträgern. Umgeben vom Domgarten liegt der Dom zwischen Stadt und Rhein. Die Immunitätsgrenze zwischen Stadt und Bischof symbolisierte einst der **Domnapf** auf dem Domvorplatz. Wer diese Grenze passierte, befand sich im Schutz der Kirche und war vor dem Zugriff weltlicher Mächte geschützt.

Vom Dom aus gesehen linker Hand erstrecken sich stadteinwärts, entlang der Kleinen Pfaffengasse, das **Bischöfliche Palais** und das **Alte Rathaus**, ein spätbarocker Bau mit gut erhaltenem Historischen Ratssaal und Altem Stadtsaal. Der Gebäudekomplex des Rathauses wird auch für Kulturveranstaltungen genutzt und beherbergt u. a. die städtische Galerie sowie auf seiner Rückseite die **Touristeninformation**. Zwischen der Kleinen und der Großen Pfaffengasse liegt der **Judenhof** mit Überresten der mittelalterlichen Synagoge und der **Mikwe**, einem jüdischen Bad, das sowohl von Männern als auch von Frauen nach Zeiten der »Unreinheit« aufgesucht wurde, um sich rituell zu reinigen.

Die Maximilianstraße bildet die Achse zwischen Dom und Altpörtel, wie das alte Stadttor am Postplatz genannt wird. Unzählige Cafés, Restaurants und Weinstuben, viele mit Terrassen, liegen in dem Gassengeviert, das die Maximilianstraße umgibt und das von Dom, Altpörtel, Königsplatz und Fischmarkt begrenzt wird. Gegenüber dem Rathaus ist im ebenfalls spätbarocken **Hohenfeldschen Haus** (Maximilianstr. 99) der Schriftstellerin **Sophie LaRoche** eine Gedenkstätte gewidmet. Die Großmutter von Clemens und Bettina von Brentano gab die erste deutsche Frauenzeitschrift heraus. Auf der Maximilianstraße begegnen wir der schwarzen Jakobspilger-Skulptur von Martin Mayer. Sie steht symbolisch für den Beginn des pfälzischen Jakobswegs in Speyer.

Die barocke **Dreifaltigkeitskirche** an der Großen Himmelsgasse ist für die Öffentlichkeit nur mit Führung zugänglich, die üppigen Holzschnitzereien und das Deckengemälde sind aber durch eine Glastür zu bewundern. Der vorgelagerte Läutturm nah an der Maximilianstraße ist ein Überbleibsel einer Kirche aus dem 14. Jh., die zerstört wurde. Ein kleiner Abstecher zu den hinter der Dreifaltigkeitskirche gelegenen Plätzen Holzmarkt und Fischmarkt mit ihrer schön restaurierten Bebauung lohnt den Weg. Vorbei an der **Alten Münze** auf dem

Alten Marktplatz geht es weiter Richtung Postplatz. Der **Altpörtel** ist einer von ursprünglich über 60 Türmen der Stadtmauer. Das mühevolle Ersteigen der 154 Stufen bis zur Turmspitze wird belohnt durch einen fantastischen Blick auf die alten Häuser von Speyer, die sternförmige Anlage der historischen Innenstadt und darüber hinaus über die ganze Oberrheinebene.

Vom Postplatz ist es über die Gilgenstraße nicht mehr weit bis zur Gedächtniskirche. Auf dem Weg dorthin passieren wir das **Archäologische Schaufenster.** Mit einem 105 m hohen Turm hat die neugotische **Gedächtniskirche** den höchsten Kirchturm in Speyer und ist damit »Sieger« in der Konkurrenz unter Katholiken und Protestanten. Erbaut wurde sie Ende des 19. Jh. zur Erinnerung an die Protestation von 1529. Nicht nur das weithin leuchtende, glasierte bunte Ziegeldach zeichnet die Kirche aus, sondern auch der Glasfensterzyklus ist ein Meisterwerk der Neugotik.

Dauer: ca. 1–2 Std.; Länge: ca. 2 km

Museen

Historisches Museum der Pfalz

⇢ S. 59, c 3

Jeder Stein in Speyer atmet Geschichte. Baumaßnahmen unterhalb der Straßenkante sind eine Garantie für historische Funde. Auf diese Weise stieß man auf die älteste noch verschlossene Weinflasche Deutschlands. Dies und anderes ist in dem Museum am südlichen Zipfel des Domplatzes zu besichtigen, das historisches Wissen anschaulich und modern präsentiert und nebenbei auch mit spektakulären Themenausstellungen aufwartet. Man taucht ein in die Welt des Mittelalters, inklusive der Domschatzkammer. Besonders beliebt bei Jung und Alt sind die Sonderausstellungen zu Themen wie Wikinger, Leonardo da Vinci oder Napoleon.

Domplatz 4; www.museum.speyer.de; Di–So 10–18 Uhr; Eintritt 4 €, Sonderausstellungen 8–10 €

Archäologisches Schaufenster

⇢ S. 59, a 3

Pfälzische Vor- und Frühgeschichte mit einer »gläsernen Werkstatt«, die Einblick in die Restauratorenarbeit gibt.

Gilgenstr. 13; Tel. 0 62 32/67 06 57; www.archaeologie-speyer.de; Di–So 11–17 Uhr, Gläserne Werkstatt in der Regel Di und Do 11–16.30 Uhr; Eintritt frei

Technik-Museum ⇢ S. 59, südl. d 3

Exponate aus den Bereichen Luftfahrt, Eisenbahn, Feuerwehr und Schiffsbau sowie ein original russisches Space Shuttle im Freigelände und in den denkmalgeschützten Liller-Hallen. Im **Imax-Dome** werden Filme auf eine 1000 m hohe Kuppel projiziert.

Am Technik-Museum 1; www.technik-museum.de; tgl. 9–18 Uhr; Eintritt 12,50 €, inkl. Imax 17 €

Essen und Trinken

Entlang der Maximilianstraße reiht sich ein Straßencafé an das andere und lässt bei gutem Wetter einen Hauch von mediterranem Flair verspüren.

Backmulde ⇢ S. 59, a/b 3

Feinschmecker-Restaurant in einer ehemaligen Backstube mit rustikal-mediterraner Küche. Gute Weinkarte.

Karmeliterstr. 11–13; Tel. 0 62 32/7 15 77; www.backmulde.de; Di–So 11.30–14.30 und 19–23.30 Uhr ●●●

Weinstuben ⇢ S. 59, b 2

In der Korngasse laden Weinstuben zu original Pfälzer Spezialitäten ein, z. B.:

- **Klosterstübchen: Korngasse 31; Tel. 0 62 32/7 01 14; So–Fr ab 17 Uhr ●**
- **Weinstube Rabennest: Korngasse 5; Tel. 0 62 33/62 38 57; Mo–Sa 11.30–14 und ab 17.30 Uhr ●**

Service

Auskunft

Tourist-Information ⇢ S. 59, c 3

Maximilianstr. 13, 67346 Speyer; Tel. 0 62 32/14 23 93; www.speyer.de; Mo–Fr 9–17, April–Okt. Sa 10–15, So 10–14, Nov.–März Sa 10–12 Uhr

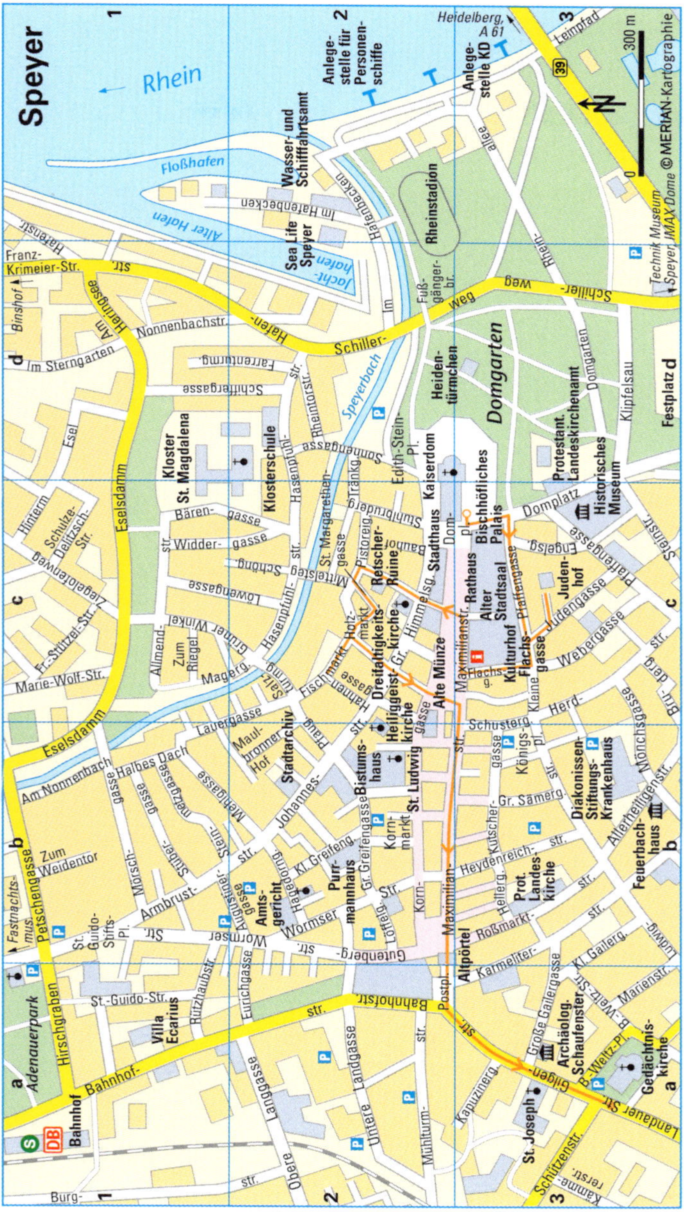
Speyer
Rhein
Floßhafen
Alter Hafen
Jachthafen
Wasser- und Schifffahrtsamt
Anlegestelle für Personenschiffe
Anlegestelle KD
Heidelberg, A 61
Leinpfad
39
300 m
0
© MERIAN-Kartographie
Technik Museum Speyer, IMAX Dome
Sea Life Speyer
Im Hafenbecken
Hafenbecken
Rheinstadion
Rheinallee
Schiller-weg
Hafenstr.
Franz-Kromeier-Str.
Binshof
Am Heringsee
Hafen-Schiller-weg
Fußgängerbr.
Heidentürmchen
Domgarten
Domgarten
Klipfelsau
Festplatz
Protestant. Landeskirchenamt
Historisches Museum
Domplatz
Kaiserdom
Edith-Stein-Pl.
Speyerbach
Nonnenbachstr.
Im Sterngarten
Farrenturmg.
Schiffergasse
Rheintorstr.
Kloster St. Magdalena
Klosterschule
Hasenpfuhl-str.
Sonnengasse
Esel
Eselsdamm
Hinterm
Schulze-Delitzsch-Str.
Ziegelofenweg
F.-Stützel-Str.
Marie-Wolf-Str.
Allmend-
Zum Riegel
Grüner Winkel
Löwengasse
Bären-gasse
Widder-gasse
Schlangeng.
Mittelsteg
St. Margarethengasse
Stuhlbrudergasse
Bauhof
Pistoreig.
Retscher-Ruine
Stadthaus
Dom-pl.
Bischhöfliches Palais
Rathaus
Alter Stadtsaal
Pfaffengasse
Engelsg.
Pfaffengasse
Judenhof
Judengasse
Steinstr.
Himmelsg.
Dreifaltigkeitskirche
Holzmarkt
Fischmarkt
Salzturm
Magerg.
Hahnengasse
Heiliggeist-kirche
Gr. Himmelsg.
Alte Münze
Maximilianstr.
Kulturhof Flachsgasse
Flachsg.
Kleine gasse
Webergasse
Burgstr.
Herdg.
Schusterg.
Königs-pl.
Mönchsgasse
Lauergasse
Maulbronner Hof
Stadtarchiv
Prangasse
Johannes-str.
Bistumshaus
St. Ludwig
Ludwigsgasse
Eselsdamm
Am Nonnenbach
Halbes Dach
Metzgergasse
Mehlgasse
Mörschgasse
Stuhlergasse
Stein-str.
Diakonissen-Stiftungs-Krankenhaus
Allerheiligenstr.
Gr. Sämerg.
Kutscher-gasse
Heydenreichstr.
Feuerbachhaus
Kornmarkt
Gr. Greifengasse
Kl. Greifeng.
Purrmannhaus
Hagedorng.
Amtsgericht
Augustiner-gasse
Wormser Str.
Armbrust-
Zum Weidentor
Petschengasse
Fastnachtsmus.
St.-Guido-Stifts-Pl.
Löffelg.
Korn-
Maximilian-
Helleng.
Prot. Landeskirche
Roßmarkt-str.
Kl. Gailerg.
Ludwigstr.
Altpörtel
Gutenbergstr.
Karmeliter-
Große Gailergasse
B.-Weltz-Str.
Marienstr.
Archäolog. Schaufenster
B.-Weltz-Pl.
Gedächtniskirche
Landauer Str.
Gilgenstr.
Kapuzinerg.
St. Joseph
Schützenstr.
Kammererstr.
Postpl.
Bahnhofstr.
St.-Guido-Str.
Rützhaubstr.
Eurichgasse
Villa Ecarius
Hirschgraben
Adenauerpark
Bahnhof
Bahnhof-str.
Langgasse
Landgasse
Untere
Obere
Mühlturm-str.
Burg-str.

Worms

Auf den Spuren der Nibelungen und des Reformators Martin Luther durch die alte Kaiserstadt.

Auf dem Reichstag zu Worms verteidigte Martin Luther gegenüber Kaiser Karl V. seine in Wittenberg veröffentlichten 95 Thesen. Die Stadt erinnert mit einem Bronzemonument an den denkwürdigen Besuch des großen Reformators im Jahr 1521.

Worms

Einwohner: 86 000
Stadtplan → S. 63

»Ze Wormze bî dem Rîne« – mit diesen Worten beginnt die mittelhochdeutsche Nibelungensage. Sie berichtet von Worms und seiner Umgebung als Zentrum des Burgunderreichs. Den Beweis bleiben uns die Historiker bis heute schuldig, aber viele Orte in und um Worms sind untrennbar mit Details der Nibelungensage verbunden: z. B. die Quelle, bei der Hagen von Tronje Siegfried erstochen haben soll, oder der Stein, den Siegfried vom Odenwald nach Worms geschleudert haben soll. Auch der Schatz der Nibelungen soll hier im Rhein versenkt worden sein. Im Wettstreit um den Titel der ältesten deutschen Stadt liegt das als keltische Siedlung *Borbetomagus* erstmals erwähnte Worms gemeinsam mit Augsburg, Regensburg, Trier und Kempten im Rennen. Für den Spitzenplatz fehlt auch hier der letzte Beweis. Tatsache ist aber, dass die Stadt Worms zu den wärmsten und trockensten Orten in Deutschland zählt und die größte Weinbaugemeinde in Rheinhessen ist. Eine wechselvolle Stadtgeschichte, architektonischer Reichtum und die Lebens- und Feierfreude der heutigen Bewohner machen zusammen das besondere Flair der Stadt aus.

Spaziergang

Vom Rhein aus gesehen grüßen als Erstes die Rheinbrücken. Die **Nibelungenbrücke** mit dem Brückenturm, eines der Wahrzeichen der Stadt, wird saniert, seit die neu errichtete Rheinbrücke gleich daneben dem Verkehr übergeben wurde und ihre ehrwürdige Schwester entlastet. Zu den bevorzugten Ausflugszielen der Wormser gehört die **Rheinpromenade**. Sie wurde in den Zwanzigerjahren gebaut und zeigt sich heute liebevoll restauriert mit altem Baumbestand, exotischen Pflanzen und originellen Lokalen – und mit dem Hagen-Denkmal, das Hagen von Tronje zeigt, wie er den Nibelungenschatz im Rhein versenkt.

Drei »Kaiserdome« liegen am Mittelrhein, in Speyer, Mainz und der jüngste von ihnen in Worms. Der **Dom St. Peter** wurde im 12. Jh. als spätromanischer Bau errichtet. Auch er zitiert, wie fast alle Bauwerke in Worms, die Nibelungen. An der Stelle, an der sich das Nordportal des Domes befindet, soll der berühmte Streit zwischen den Königinnen Kriemhild und Brunhild ausgetragen worden sein, und vor dem gotischen Südportal mit der steinernen Bilderbibel finden seit 2006 die **Nibelungenfestspiele** als Freilichtaufführung statt (→ S. 29). Interessant sind im Kircheninneren der Barockaltar von Balthasar Neumann und die gotische Nikolauskapelle. Unter dem Chor ruhen in einer Gruft Mitglieder der Königsfamilie der Salier.

Älter als der Dom ist die nahe gelegene **Magnuskirche**, ursprünglich eine karolingische Einraumkirche aus dem 8./9. Jh., die später erweitert wurde. Sie wurde 1521 das erste protestantische Gotteshaus der Stadt und damit Ausgangspunkt der Reformation in Worms. Im Schatten der südlichen Stadtmauer gruppiert sich das Gebäudeensemble des **Andreasstiftes** um einen malerischen Innenhof. Kirche, Stiftsgebäude und der dazugehörige Kreuzgang beherbergen heute das **Museum der Stadt Worms**.

Eine besonders eindrucksvolle Sicht auf den Dom hat man vom **Heiligen Sand** aus, dem ältesten erhaltenen Judenfriedhof in Europa. Über 2000 Grabsteine sind in der ruhigen und grünen Oase inmitten des städtischen Trubels erhalten, die ältesten aus dem Jahr 1076, darunter auch Grabsteine jüdischer Gelehrter und Rabbiner, die heute noch Pilgerziel sind. Der **Heylshof** ist eine weitere der zahlreichen städtischen Grünanlagen. Er umschließt das Kunsthaus Heylshof, eine Gründerzeitvilla mit exquisiter Kunstausstellung.

»Hier stehe ich und kann nicht anders. Gott helfe mir. Amen«. Das sollen 1521 die Schlussworte der Rede Martin Luthers vor Kaiser Karl V. auf dem Reichstag zu Worms gewesen sein, mit der die Spaltung der christlichen Kirche eingeleitet wurde. Das **Lutherdenkmal** stellt den Reformator wie einen Volkshelden auf einer Bühne dar, umringt von Mitstreitern und allegorisch repräsentierten bedeutsamen reformatorischen Ereignissen. Das größte aller Reformationsdenkmäler ist Anziehungspunkt für Besucher aus aller Welt. Vom Lutherplatz geht es über den **Obermarkt** hinein in die Fußgängerzone von Worms, entweder durch die schmale Hafergasse oder über die breitere Hardtgasse. Erreicht man den **Winzerbrunnen** am Ende der Hardtgasse, hat man die Wahl: Wendet man sich nach rechts, erreicht man durch die Kämmerstraße die evangelische Dreifaltigkeitskirche aus dem 18. Jh. mit dem sie umgebenden Marktplatz, auf dem dreimal wöchentlich ein lebhafter Wochenmarkt stattfindet.

Was die Dichte und Menge romanischer Kirchen betrifft, folgt Worms übrigens gleich hinter Köln. Liebhaber romanischer Architektur finden vom Winzerbrunnen aus geradeaus durch die Straße am Römischen Kaiser noch die **Stiftskirche St. Paulus** mit ihren orientalisch anmutenden Turmhelmen, die heute ein Dominikanerkloster beherbergt. Und wer am Winzerbrunnen nach links auf die Kämmererstraße einbiegt, stößt nach kurzem Weg auf die **St. Martinskirche** am **Ludwigsplatz**, eine dreischiffige romanische Pfeilerbasilika. Zwischen Martinstor und Judenpforte liegen an der Judengasse die Überreste des alten Jüdischen Viertels mit romanischer **Synagoge**, Mikwe und Jüdischem Museum im **Raschi-Haus**. Etwas außerhalb des Stadtkerns steht die **Liebfrauenkirche**, von Weingärten umgeben. Wein von hier hieß »Liebfrauenmilch«. Heute ist der Name weltbekannt und gilt als Synonym für lieblichen deutschen Weißwein.

Dauer: ca. 1–2 Std.; Länge: ca. 2 km

MERIAN-Tipp

5 Rheinpromenade

Entlang der Rheinpromenade liegen viele schöne Sommerlokale, z. B. das **Rheincafé Fürst**, ein schwimmendes Café in einem alten Strandbad, oder die **Strandbar 443**, stilecht mit Liegestühlen und feinem Sand, benannt nach dem hiesigen Rheinkilometer.

→ S. 63, e 1/3

Museen

Nibelungenmuseum → S. 63, c 2

Im Bürgerturm und im Torturm, beide Bestandteile der ehemaligen Stadtmauer, wird das Nibelungenlied multimedial und sinnlich lebendig.

Fischerpförtchen 10; www.nibelungenmuseum.de; Di–Fr 10–17, Sa, So bis 18 Uhr; Eintritt 5,50 €

Essen und Trinken

Weinhaus Weis → S. 63, c 2

Eine typische Weinstube mit Weinen aus Rheinhessen und aus der Pfalz. Dazu gibt es preiswertes »Worschtebrot« oder »ään nackische Kees«.

Färbergasse 19; Tel. 0 62 41/2 35 00; www.weinhausweis.de; Mo–Sa 15.30–24, Sa 9.30–14 Uhr •

Café Schmerker → S. 63, b 1

Das älteste Wormser Café ist eine Top-Adresse für feines Backwerk.

Wilhelm-Leuschner-Str. 9; Tel. 0 62 41/2 38 14; www.cafe-schmerker.de; Mo–Fr 8–18.30, Sa 8–18, So 13.30–18 Uhr

Service

Auskunft

Tourist-Info Worms → S. 63, b 2

Neumarkt 14; Tel. 0 62 41/2 50 45; www.worms.de; Nov.–März Mo–Fr 9–17, April–Okt. Mo–Fr 9–18, Sa 9.30–13.30, So 10–14 Uhr

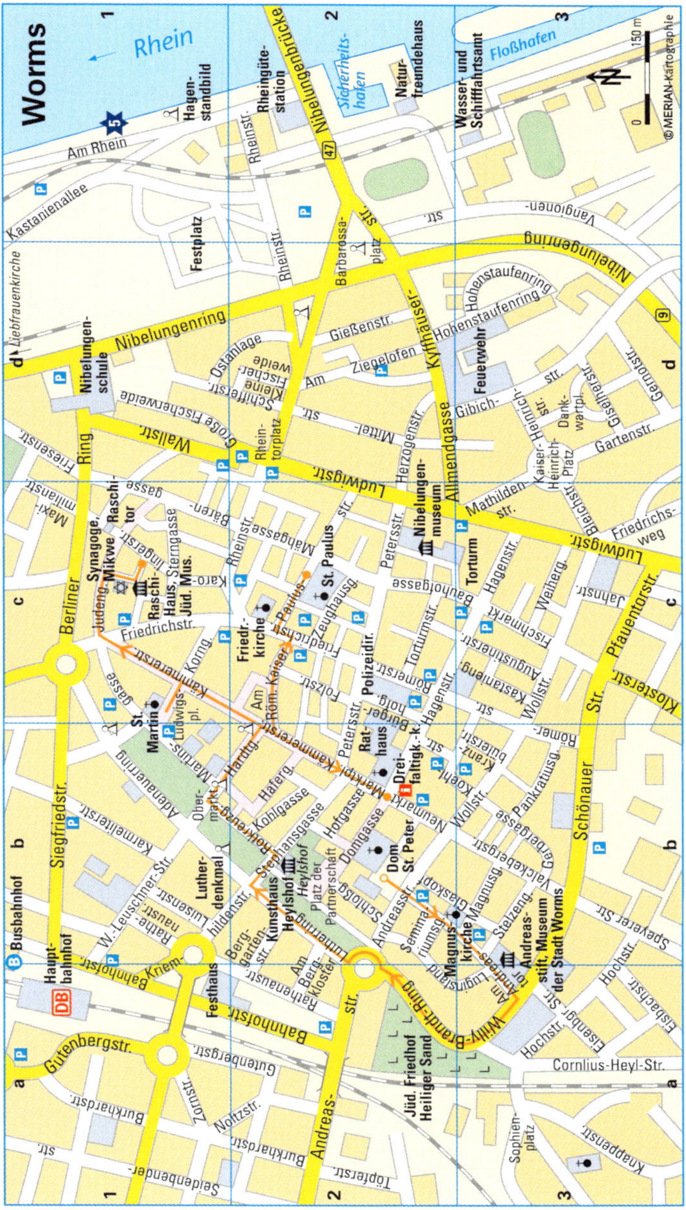
Worms
Rhein
Am Rhein
Hagen-standbild
Rheingüte-station
Sicherheits-hafen
Nibelungenbrücke
Natur-freundehaus
Floßhafen
Wasser- und Schifffahrtsamt
Kastanienallee
Festplatz
Liebfrauenkirche
Nibelungen-schule
Nibelungenring
Barbarossa-platz
Kyffhäuser-str.
Hohenstaufenring
Feuerwehr
Ludwigstr.
Allmendgasse
Nibelungen-museum
Torturm
Berliner Ring
Synagoge, Mikwe
Raschi-Haus, Jüd. Mus.
Raschi-tor
Friedr.-kirche
St. Paulus
St. Martin
Kämmererstr.
Rat-haus
Drei-faltigk.-K.
Dom St. Peter
Polizeidir.
Luther-denkmal
Kunsthaus Heylshof
Heylshof
Platz der Partnerschaft
Magnus-kirche
Andreas-stift, Museum der Stadt Worms
Willy-Brandt-Ring
Jüd. Friedhof Heiliger Sand
Schönauer Str.
Pfauentorstr.
Kaiser-Heinrich-Platz
Haupt-bahnhof
Busbahnhof
Festhaus
Siegfriedstr.
Bahnhofstr.
Gutenbergstr.
Andreas-str.
Speyerer Str.
Cornlius-Heyl-Str.
Sophien-platz
Knappenstr.
150 m
© MERIAN-Kartographie

Die Nibelungensage

Einer der wichtigsten Schauplätze des mittelalterlichen Heldenepos ist die Stadt Worms.

Das Nibelungenlied entstand um 1200 als mittelhochdeutsches Heldenepos. Es erzählt vom Untergang der Burgunder, die in Worms siedelten und im Jahr 436 von den Hunnen vernichtet wurden.

Die Nibelungensage ist auf vielfältige Weise mit dem Rhein verknüpft. Ihr Held, Siegfried von Xanten, reist aus seiner niederrheinischen Heimat nach Worms an den Hof der Burgunderkönige, um die schöne Königsschwester Kriemhild zu freien. Zuvor besiegt er den Drachen Fafnir und wird durch das Bad in seinem Blut unverwundbar, bis auf eine Stelle an seiner Schulter, die durch ein Lindenblatt verdeckt wurde. Der Kampf mit dem Drachen soll sich der Sage nach am Drachenfels im Siebengebirge zugetragen haben.

Auf dem Weg in die Stadt Worms kommt Siegfried durch den Sieg gegen eine 700-köpfige Zwergenarmee in den Besitz eines unermesslich großen Schatzes, den Hort des Königs Nibelung.

Siegfried wird am Hof in Worms Vertrauter des Königs Gunter, Kriemhilds Bruder. Mithilfe einer Tarnkappe und einer List gelingt es Siegfried, die starke Brunhild zu Gunters Gattin zu machen. Erst danach darf er seine angebetete Kriemhild heiraten. Als Königin beansprucht Brunhild die Privilegien der ersten Frau am Hofe. Kriemhild jedoch, die um die Umstände von Brunhilds und Gunters Vermählung weiß, nimmt diese Rechte ebenfalls für sich in Anspruch.

Es entbrennt ein eifersüchtiger Streit zwischen den beiden Frauen, während dem Kriemhild im Zorn den Betrug Siegfrieds an Brunhild preisgibt. Aus Wut und Scham über ihre Schmach lässt Brunhild Siegfried von Gunters mächtigstem Vasallen Hagen von Tronje auf der Jagd heimtückisch ermorden. Die arglose Kriemhild hatte ihm die einzige Stelle verraten, an der Siegfried verwundbar war. Sie ist nun Besitzerin des Nibelungenschatzes und verteilt ihn großzügig. Hagen trickst Kriemhild ein zweites Mal aus,

raubt ihr den Schatz und versenkt ihn im Rhein. Die genaue Stelle bleibt ein Geheimnis, das nur ihm und seinen Herren, den drei Burgunderkönigen, bekannt ist. Einsam und verbittert, sinnt Kriemhild nun umso mehr auf Rache an Hagen. Sie heiratet den Hunnenkönig Etzel und lädt die Burgunder zu einem Fest an dessen Hof. Es kommt zu einem blutigen Kampf, in dessen Verlauf Kriemhild nicht nur Hagen, sondern auch ihre Brüder, die Könige, ermordet. Das Geheimnis des Nibelungenschatzes ist nun jedoch auf immer verloren. Kriemhild selbst fällt zum Schluss dem Schwert eines Hunnen zum Opfer.

Ein versteckter Schatz?

Was das Nibelungenlied bis heute interessant macht, sind nicht nur die zeitlosen Themen Hass, Liebe, Treue und Intrige, sondern eine Zeile im Originalepos, in der es heißt »Er ließ ihn bei dem Loche versenken in den Rhein«. Immer wieder rätseln Forscher und Schatzsucher, an welcher Stelle die gigantischen Reichtümer versenkt sein könnten, deren Größe sich nur annähernd ermessen lässt und für die es angeblich zwölf Leiterwagen brauchte, die vier Tage lang dreimal hin und her fuhren, um all das Gold fortzuschaffen. Selbst moderne Technik hat bei der Schatzsuche im Rhein versagt. Ob es am Ende gar keinen Schatz gibt? Zumindest wurden Vermutungen laut, dass der Hort des Königs Nibelung an einem ganz anderen Ort versteckt sein könnte, vielleicht in einer Höhle bei Soest oder auf einem Acker bei Rheinbach. Auch der Drache, den Siegfried tötete, könnte ganz woanders als im Siebengebirge gehaust haben.

Wagners »Ring des Nibelungen«

Der Komponist Richard Wagner war ebenfalls vom Nibelungenstoff fasziniert. Über 30 Jahre lang beschäftigte er sich mit dem Mythos, bevor der dreiteilige »Ring des Nibelungen« 1876 in Bayreuth uraufgeführt werden konnte. Das Nibelungenlied wurde im Dritten Reich als Verkörperung des Deutschtums verehrt, in das man problemlos auch rassenpolitische Aussagen integrieren konnte. Umso mutiger die Initiative der Wormser, eine neue Festspielkultur rund um die Nibelungen zu etablieren, der es nun Jahr für Jahr gelingt, dem alten Sagenstoff neue Facetten abzugewinnen. In Worms wurde im Jahr 2001 auch das weltweit einzige **Nibelungenmuseum** (→ S. 62) eröffnet.

»Kriemhild an Siegfrieds Bahre«, Farblithografie nach einem Gemälde von Emil Lauffer von 1879.

Mainz

Mainz verführt nicht nur mit rheinischem Frohsinn, auch mit altem Fachwerk in verwinkelten Gassen.

Kopfsteinpflaster, enge, verwinkelte Gassen und dicht aneinandergedrängte Fachwerkhäuser: Am Kirschgarten (→ S. 69) zeigt sich Mainz von seiner romantischen Seite.

Mainz

Einwohner: 197 000
Stadtplan → S. 71

Die rheinland-pfälzische Landeshauptstadt ist eine der Hochburgen rheinischen Frohsinns. Wer die wechselvolle Mainzer Stadtgeschichte kennt, den wundert nicht, dass die Mainzer bei der »Määnzer Fassenacht« auch stets einen besonderen politischen Schwerpunkt pflegen, der Regierung und kirchlicher Obrigkeit mit ausgesuchter Respektlosigkeit begegnet.

Durch die zentrale Lage am Rhein war die Stadt immer wieder Schauplatz dramatischer geschichtlicher Ereignisse sowie der Ausübung geistlicher und politischer Macht. Mainz ist römischen Ursprungs, Spuren der ersten Besiedlung lassen sich jedoch bis in die letzte Eiszeit zurückverfolgen. Im 8. Jh. wurde die Stadt zum Erzbistum erhoben, und das Erzbistum Mainz war bald die größte Kirchenprovinz nördlich der Alpen. Im Hochmittelalter gehörte Mainz, fortan auch das »Goldene Mainz« genannt *(Aurea moguntia)*, zu den wichtigsten und reichsten deutschen Städten.

Von der Mitte des 13. bis zur Mitte des 15. Jh. war Mainz »Freie Stadt« und erlebte eine Blütezeit, die sie der Verleihung von Freiheitsprivilegien durch Bischof Siegfried III. von Eppstein zu verdanken hatte. In Mainz begann mit Gutenberg die Geschichte des modernen Buchdrucks, eine Erfindung, die von Europa aus die Kommunikation der ganzen Welt revolutionierte und die in ihrer Bedeutung kaum zu überschätzen ist. Das »Time Magazine« wählte Gutenberg gar zum »Mann des Jahrtausends«. Die französische Besatzung unter Napoleon, der Status als Festung des Deutschen Bundes im 19. Jh. und die fast 80%ige Zerstörung im Zweiten Weltkrieg waren einschneidende Ereignisse: Einem riesigen Aufbauprogramm ist es zu verdanken, dass Mainz heute wieder im alten Glanz erstrahlt. Heute präsentiert Mainz sich als erfolgreiche Medienstadt und Weinmetropole, die bereits 1477 gegründete Universität wurde nach dem Zweiten Weltkrieg als Johannes-Gutenberg-Universität wiedereröffnet. Neben der Besichtigung der unzähligen historischen Bauwerke und Sehenswürdigkeiten sollte man sich unbedingt Zeit nehmen für einen Bummel durch die romantische Altstadt mit ihren urigen Lokalen und kleinen Läden.

Spaziergang

Die Schiffsanlegestelle auf dem Rhein befindet sich in Höhe von Rheingoldhalle und Rathaus, beides Repräsentanten des modernen Mainz. Von dort aus bietet sich ein bequemer kleiner Rundgang durch die Mainzer Altstadt und zu den wichtigsten Sehenswürdigkeiten an. Start ist hinter der **Rheingoldhalle** auf der anderen Seite der großen Rheinstraße. Auf dem Weg zur Kirche **St. Christoph** über die Löhrstraße und die Hintere Christophsgasse passieren wir den **Algesheimer Hof**, in dem Gutenberg bis zu seinem Tod lebte. Die gotische Hallenkirche **St. Quintin** gilt es ein wenig versteckt hinter einer barocken Häuserzeile an der Schusterstaße zu entdecken, und vorbei am imposanten Bau der **Alten Universität** erreichen wir über die Schöfferstraße den Dom.

Wer nur wenig Zeit für einen Spaziergang durch Mainz mitgebracht hat, wirft an der Kreuzung Schöfferstraße/Höfchen noch einen kurzen Blick nach rechts auf den **Gutenberg-Platz** vor dem Theater mit dem Bronzestandbild des berühmtesten Sohns der Stadt und betritt dann links das **Höfchen**, den ersten der drei Domplätze und dahinter den lebhaften **Markt** mit der 1000 Jahre alten **Heunensäule**, umrahmt von Markt- und Domhäusern. Hinter dem **Dom St. Martin** befindet sich am Liebfrauenplatz das **Haus zum Römischen Kaiser**, ein Spätrenaissancepalast mit dem **Gutenberg-Museum**.

Der Tordurchgang Salmengässchen führt in die malerische Fischergasse und zum **Heilig-Geist-Spital** aus dem 13. Jh., heute ein historisches Gasthaus. Am **Eisenturm**, einem Überrest der ehemaligen Stadtmauer, endet der Rundgang. Zusammen mit dem **Brückenturm**, der die Tourismusinformation beherbergt, liegt er gleich gegenüber dem Rathaus am Rheinufer.

Wer Zeit für einen längeren Stadtrundgang hat, biegt auf der Schöfferstraße nicht zum Dom ab, sondern geht geradeaus über den Leichhof in die Altstadt zum **Kirschgarten**. Ausgesuchte kleine Läden, Weinlokale und Restaurants – der Kirschgarten und die anderen Altstadtgässchen sind der ideale Ort für einen Bummel. Von dort aus ist es über den Weihergarten und die Willigisstraße nicht mehr weit nach **St. Stephan**, der Kirche mit den von Marc Chagall gestalteten Glasfenstern. Auf dem Weg zum **Schillerplatz** begegnen uns Überreste alten Adelsglanzes in Gestalt einiger mächtiger barocker Adelspalais, die heute von Banken oder Behörden als repräsentative Adresse genutzt werden. **Osteiner Hof** und **Bassenheimer Hof** umgeben den **Fastnachtsbrunnen** auf dem Schillerplatz, an dem am 11. 11. jeden Jahres die närrische Jahreszeit eingeläutet wird. Die Ludwigstraße ist eine viel frequentierte Fußgängerzone und führt uns über den Gutenbergplatz geradewegs wieder auf den Dom zu, an dem der Rundgang dann wie oben beschrieben zu Ende geht.

Dauer: ca. 1–2 Std.; Länge: ca. 2 km

Sehenswertes

Alte Universität → S. 71, b 3

Die Mainzer Universität ist eine erzbischöfliche Gründung von 1477. Das imposante weiße Gebäude »Domus Universitatis« wurde 1615 bis 1618 errichtet und beherbergte ursprünglich die theologische und philosophische Fakultät. Es ist heute Sitz des Instituts für Europäische Geschichte.

Alte Universitätsstraße

Augustinerkirche → S. 71, b 3

Als besonderes Schmuckstück des Rokoko entfaltet die Kirche eine für den Mainzer Landstrich untypische Pracht: Die Augustinerkirche ist eine der wenigen vom Krieg verschonten Gotteshäuser. Sie ordnet sich unauffällig in die Häuserzeile an der Augustinerstraße ein, ein Blick in ihr Inneres ist durch eine Glastür möglich, die sich hinter dem Portal befindet. Versäumen Sie nicht einen Blick auf das Deckengemälde mit den Lebensstationen des hl. Augustinus.

Augustinerstr. 34; Mo–Fr 8–17 Uhr; Sa und So wechselnde Öffnungszeiten

Dom St. Martin → S. 71, b 3

Als Stellvertreter des Papstes nördlich der Alpen ließ Bischof Willigis um das Jahr 1000 herum ein Gotteshaus bauen, in dem die gesamte Christengemeinde der Stadt zugleich Platz finden sollte. Doch am Vorabend zu seiner Einweihung brannte der Bau ab, die Erste einer Reihe von Zerstörungen und Wiederaufbauten, die noch folgen sollten. Ganz wie sein Vorbild St. Peter in Rom wurde der Dom doppelchorig angelegt, der Westchor ist St. Martin gewidmet, der Ostchor St. Stephan. Hier fand übrigens auch die Krönung Kaiser Friedrichs II. statt.

Im Innern beeindrucken vor allem die Grabdenkmäler der Bischöfe aus verschiedenen Epochen, der spätgotische Kreuzgang und die romanische St. Gotthardkapelle.

Weitere Schätze birgt das angeschlossene **Dom- und Diözesanmuseum**. Einzigartig sind die in einem Stück gegossenen Bronzetüren des Marktportals, die noch aus der Zeit von Bischof Willigis stammen.

Marktplatz; www.mainzer-dom.de; Mo–Fr 9–18.30, Sa 9–16, So 12.45–15 und 16–18.30 Uhr

Eisenturm → S. 71, b 2

Der sechsgeschossige Eisenturm ist einer der drei von der ehemaligen Stadtmauer übrig gebliebenen Tor-

und Wachttürme, einstmals 34 an der Zahl. Seinen Namen verdankt er dem in früherer Zeit am Rheinufer abgehaltenen Eisenmarkt. Heute beherbergt er ein Künstlerzentrum.
Ecke Quintinstr./Rheinstr.

Karmeliterkirche → S. 71, b 2
Im Mittelalter als Kirche eines Bettelordens gebaut, wird sie heute auch wieder als Klosterkirche von Mönchen genutzt. Besonders sehenswert sind der Hochaltarschrein mit der »Weinrebenmadonna« aus dem 14. Jh. sowie die modernen Kirchenfenster von 1970, von denen eines neben dem Mainzer Stadtwappen auch zwei Mainzelmännchen zeigt.
Karmeliterstr. 7; tgl. 7–11.30, 14.30–19 Uhr

Kirschgarten → S. 71, b 3/4
Der Name bezeichnet sowohl eine Straße als auch einen Platz mit malerischen Fachwerkhäusern und dem Marienbrunnen. Die Altstadt von der Schöfferstraße über den Laichhof bis hin zu Kirschgarten und Augustinerstraße ist das »Wohnzimmer« von Mainz. Über 100 individuelle Geschäfte liegen dicht an dicht mit Restaurants, Bistros und Weinstuben.

St. Christoph → S. 71, b 2
Die Kirche stammt aus der Zeit um 1290 und wurde nicht, wie so vieles andere in Mainz, nach der Zerstörung im Zweiten Weltkrieg wieder aufgebaut, sondern als Ruine belassen. Sie dient heute als Mahnmal und Gedenkstätte. Johannes Gutenberg soll hier das Sakrament der Taufe empfangen haben.
Christofsstraße

St. Ignaz → S. 71, c 4
Die rote Sandsteinkirche in der Altstadt spielt mit Elementen von Barock und Klassizismus. Üppige Stuckarbeiten und Putten zieren strenge klassizistische Linien. Die Fassade ist mit Heiligenfiguren verziert, und im Pfarrgarten ist das Grabmal des Bildhauers Hans Backoffen zu sehen, eine große Kreuzigungsgruppe.
Kapuzinerstr. 36; tgl. 9.30–19 Uhr

St. Quintin → S. 71, b 2
Die perfekt restaurierte rote gotische Hallenkirche gilt als älteste Mainzer Kirche und ist trotz ihrer besonders schönen Raumgestaltung sogar Einheimischen unbekannt, weil sie eng von barocken Häuserzeilen umbaut ist.
Quintinsstr. 5; tgl. 10–18 Uhr

Neben zahlreichen Exponaten zur Geschichte der Drucktechnik und der Typografie verwahrt das Gutenberg-Museum (→ S. 70) auch zwei originale Gutenberg-Bibeln.

St. Stephan S. 71, a 4

200 000 Besucher bewundern jährlich die einmaligen, von Marc Chagall gestalteten Glasfenster, die einzigen, die der Meister auf deutschem Boden schuf. Die klaren Linien der gotischen Architektur werden durch die fast ausschließlich in lichten Blautönen gehaltenen Fenster beeindruckend in Szene gesetzt und verleihen ihr eine fast schwebende Leichtigkeit. Zu St. Stephan gehört auch ein sehenswerter spätgotischer Kreuzgang.

Weißgasse 12; Nov.–Feb. Mo–Do 10–12, 14–16.30, Fr, Sa 10–16.30, So 12–16.30, März–Okt. Mo–Sa 10–17, So 12–17 Uhr

Theatrum Mogontiacensium S. 71, c 4

In der Nähe des Mainzer Südbahnhofs wurde zu Beginn des 20. Jh. das größte antike Bühnentheater nördlich der Alpen entdeckt und Stück für Stück freigelegt. Die imposante Anlage ist täglich zu besichtigen.

Zitadellenweg, oberhalb des Bahnhofs Römisches Theater (ehem. Südbahnhof); www.theatrum-mainz.de; tgl. 10–17 Uhr

Museen

Dom- und Diözesanmuseum S. 71, b 3

Kunstschätze aus mehr als 1000 Jahren Geschichte des Mainzer Erzbistums, darunter frühgotische Plastiken, Buchmalereien und Bildteppiche.

Domstr. 3 (Eingang durch Dom und Kreuzgang); www.dommuseum-mainz.de; Di–So 10–17 Uhr; Eintritt 3,50 €

Gutenberg-Museum S. 71, b 3

Im **Haus zum Römischen Kaiser**, einem Spätrenaissancepalais mit einem Anbau am Liebfrauenplatz, präsentiert Mainz einen seiner größten Schätze: Hier liegen im **Gutenberg-Museum** zwei Exemplare der Gutenberg-Bibel sowie Meisterwerke der Buchdruckkunst Johannes Gutenbergs, der den Druck mit beweglichen Lettern erfand und damit erst der »Massenproduktion« von Büchern den Weg ebnete. Viele weitere bedeutende Dokumente der Schriftkultur und der Druckerkunst sind ausgestellt. Im »Druckladen« erproben die Besucher selbst die verschiedenen Satz- und Drucktechniken. Nicht zu vergessen: der Gutenberg-Shop mit originellen Souvenirs rund um Druck und Papier.

Liebfrauenplatz 5; www.gutenberg-museum.de; Di–Sa 9–17, So 11–15 Uhr; Eintritt 5 €

Römisch-Germanisches Zentralmuseum S. 71, a/b 1

Das Museum genießt einen hervorragenden internationalen Ruf als Forschungsstätte. Hier wurden etwa so prominente Funde wie die Habseligkeiten von »Ötzi« restauriert. Die Dauerausstellung präsentiert viele spektakuläre Exponate von der Steinzeit bis zum frühen Mittelalter.

Ernst-Ludwig-Platz 2; www.rgzm.de; Di–So 10–18 Uhr; Eintritt frei

Essen und Trinken

»Weck, Worscht und Woi« oder »Handkees mit Musik«, damit lassen sich die kulinarischen Vorlieben der Mainzer auf einen Nenner bringen. Zu Deutsch: Fleischwurst auf Brötchen und Wein oder in Essig und Öl eingelegter Sauermilchkäse. Dass der Wein dazu aus Rheinhessen stammt, versteht sich von selbst.

Weinhaus Wilhelmi S. 71, b 2

Gute Weine und gutbürgerliche Küche zu zivilen Preisen in einer gemütlichen, familiengeführten Weinstube.

Rheinstr. 53; Tel. 0 61 31/22 49 49; www.weinhaus-wilhelmi.de; tgl. 17–24 Uhr ●

Einkaufen

Schokoladenhaus Müller S. 71, b 3

Schokoladige Mainz-Souvenirs vom Mainzelmännchen bis hin zur Gutenberg-Büste im Traditionsgeschäft am Dom. Oder einfach nur die großartigen hausgemachten Pralinen …

Leichhofstr. 8; www.schokomueller.com

Weinhaus Horn ⇢ S. 71, b 4
Im Weinhaus Horn können edle Tropfen von 80 verschiedenen deutschen Winzern probiert und erworben werden, zu Preisen wie beim Winzer selbst. Eine gute Gelegenheit, die einheimischen Weine kennenzulernen – im Sommer gerne auch draußen vor dem Bistro, dann stehen Tische und Stühle in der Fußgängerzone.
Augustinerstr. 27; www.weinhaus-horn.de; Mo–Sa 10–20 Uhr

ZDF Shop ⇢ S. 71, b 3
Zu jedem Programm der passende Geschenkartikel, allen voran die Produkte zu Mainzelmännchen & Co.
Schöfferstr. 6; http://shop.zdf.de

Service

Auskunft

Touristik Centrale Mainz ⇢ S. 71, b 2
Brückenturm am Rathaus, 55116 Mainz; Tel. 0 61 31/28 62 10; www.mainz.de; Mo–Fr 9–18, Sa 10–16, So 11–15 Uhr

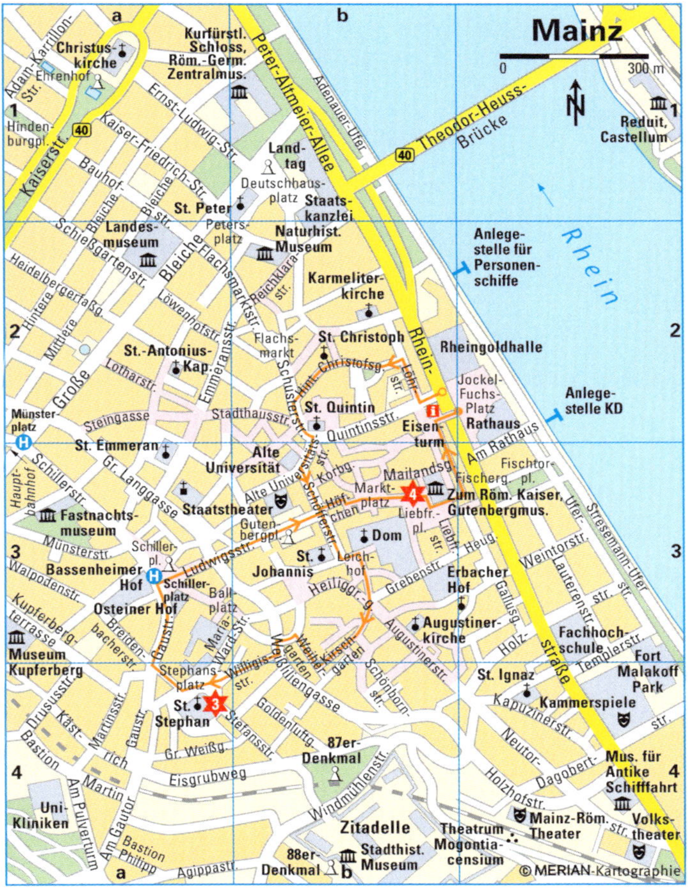

Von Mainz nach Rüdesheim

Die alte Kulturlandschaft des Rheingaus zeichnet sich durch erstklassige Weine und romantische Orte aus.

Das Biebricher Schloss, die barocke Residenz der Herzöge von Nassau, liegt am Rheinufer im Wiesbadener Stadtteil Biebrich.

Hohe Gäste

Nach der Eingliederung des Herzogtums Nassau in Preußen gab sich in der Hohenzollernresidenz Wiesbaden die internationale Prominenz ein Stelldichein, angezogen vom kaiserlichen Glanz.

Bei **Wiesbaden** erreicht der Rhein den Rheingau. Hier weitet er sich noch einmal, bevor er in die Engen des Binger Loches gezwängt wird. Fünf Brücken verbinden die hessische Landeshauptstadt Wiesbaden mit der rheinland-pfälzischen Landeshauptstadt **Mainz**. Wiesbaden war schon zu römischen Zeiten ein beliebter Erholungsort. Im 19. Jh. avancierte die nassauische Kur- und Residenzstadt zu einem der mondänsten Kurorte Europas. Die damals 27 heißen Quellen, in wunderschöner Landschaft gelegen, waren Anziehungspunkt für den internationalen Adel und für die Bohème der Belle Époque. Hier soll der russische Schriftsteller Fjodor Dostojewski sein Vermögen im Casino verspielt haben und sich gleichzeitig das nötige Wissen für seinen Roman »Der Spieler« verschafft haben. Direkt am Rhein erhebt sich das barocke **Biebricher Schloss** mit seiner symmetrischen rotweißen Fassade, die ehemalige Residenz der Herzöge von Nassau.

Der **Rheingau** wird von Weinpapst Hugh Johnson schlicht als das beste Weinbaugebiet am Rhein bezeichnet, die Rieslinge sind legendär, und so sind fast alle Ortsnamen, die uns entlang des Rheins begegnen, untrennbar mit dem Weinbau verbunden. Den entscheidenden Impuls für die Intensivierung des Weinbaus im Rheingau soll übrigens Karl der Große gegeben haben, dem bei Aufenthalten in seiner Ingelheimer Residenz auffiel, dass es an den Rheingauhängen extrem selten Schnee gab.

Eltville führt neben dem Beinamen Weinstadt auch noch den einer Sektstadt. Zu seinen Sehenswürdigkeiten gehören die Kurfürstliche Burg sowie das vom Zisterzienser Bernhard von Clairvaux 1136 gegründete Kloster Eberbach, dessen Innenausstattung einem Millionenpublikum bekannt wurde, nachdem dort die Aufnahmen für den Film »Der Name der Rose« gedreht worden waren. Heute ist Eberbach hessisches Staatsweingut.

Erbach ist geprägt von großen Adelshöfen, ebenso wie **Hattenheim**, das daneben auch noch stolz auf eine Reihe reich verzierter Fachwerkhäuser blickt. Wahrzeichen von **Oestrich** ist ein alter Weinverladekran aus dem 18. Jh. für das Be- und Entladen von Schiffen, der noch bis zum Jahr 1926 in Betrieb war.

Sonnige Lage
In den Ortslagen am Rhein gedeihen sogar mediterrane Gewächse wie Feigenbäume, Oliven, Aprikosen und Pfirsiche. Oberhalb von Eltville befindet sich das tausendjährige Weindorf Kiedrich.

Qualitätsweingut
Schloss Vollrads bei Oestrich-Winkel lohnt mit seinem Weingut, dem Schlosspark, Restaurant und Wasserturm einen Ausflug.

Goethe liebte Johannisberger Weine

In **Winkel am Rhein**, unterhalb des Johannisbergs, war Johann Wolfgang von Goethe ein gern gesehener Gast auf dem Gut der Familie Brentano. Die Brentanos gehörten zum Kreise der Romantiker, und bei seinen Besuchen schätzte Goethe vor allem die Weine des Rheingaus, denen er dort gerne und reichlich zusprach. Im Zentrum von Winkel befindet sich das Graue Haus, einer der ältesten erhaltenen Wohnbauten des Rheinlands aus der Zeit der Romanik.

Das »Herz« des Rheingaus ist der **Johannisberg**, der zu Geisenheim gehört und hoch über der Stadt thront. Er wurde 1106 als Benediktinerabtei gegründet und gilt heute als die Weinlage des Rheingau-Rieslings. Heinrich Heine sagte über den Johannisberg: »Mon Dieu! Wenn ich doch so viel Glauben in mir hätte, dass ich Berge versetzen könnte – der Johannisberg wäre just derjenige Berg, den ich mir überall nachkommen ließe.«

Wer die Chance hat, die Weine vor Ort zu probieren, sollte dies nicht versäumen, denn viele edle Tropfen verlassen erst gar nicht die Ortschaften, an denen sie gekeltert wurden, der Ertrag ist für den überregionalen Verkauf oftmals zu gering.

Weinlandschaft Rhein

Seit der Römerzeit wird die hohe Kunst des Weinbaus ständig verfeinert – der Ruf ist einmalig.

Mit den Römern kam der Weinbau an Rhein und Mosel, und ab dem 3. Jh. blühte der Weinbau entlang des Rheins – zunächst auf seiner linken Seite und in gut zugänglichen Uferlagen, denn die Trauben fanden hier günstige Wachstumsbedingungen und ganzjährig moderate Temperaturen vor. Über die Jahrhunderte wuchsen die Anbaugebiete und das Wissen der Weinbauern mehrte sich. Sie entdeckten die Vorzüge der steilen Südhänge, die sich durch intensivere Sonneneinstrahlung und seltenere Nachtfröste auszeichneten, was vor allem der spät im Herbst reifenden Rebsorte Riesling zugute kam.

Im Mittelalter wurde der Besitz von Weinbergen begehrtes Statussymbol, gute Weinlagen wurden Eigentum von Kaisern, Königen und Adligen, größte Besitzer waren Bischöfe und Klöster wie z. B. das Kloster Eberbach, das an über 200 Orten am Mittelrhein Güter besaß und heute staatliche Weinbaudomäne ist. Weinhandelszentrum für Rheinwein war jahrhundertelang Bacharach. Die einfache Bevölkerung kam niemals in den Genuss der edlen Tropfen mit natürlicher Süße. Sie machte sich sauren Wein mit Hilfsmitteln wie Honig, Zucker oder Sirup genießbar und steigerte durch Erhitzen des Mosts und darauffolgende Gärung den Alkoholgehalt. Noch in der Nachkriegszeit war das Verlangen nach süßen Weinen aus preiswerter Massenproduktion groß. Mitte der Achtzigerjahre folgte eine Krise, als ein österreichischer Weinpanschskandal bis an den Rhein ausstrahlte und zahlreiche Weinfreunde sich enttäuscht ausländischen Weinen zuwandten.

Qualität statt Quantität

Heute glänzt der legendäre Ruf des »rhine vine«, der weltweit als Synonym für leichte, fruchtige Weine verstanden wird, mehr denn je. Die Ertragsmenge wurde zugunsten der Qualität reduziert, auch weil der Anbau an den extrem steilen Hängen mühsam ist und teuer und sich dem Einsatz moderner Technik widersetzt. Doch der Aufwand lohnt: Die spritzi-

ge feine Säure der Rheinrieslingweine ist unverwechselbar und einmalig. Drei viertel der Weinbaufläche am Rhein nimmt der Riesling ein. Auch Silvaner, Müller-Thurgau, Ruländer, Gewürztraminer und Kerner werden angebaut und zu einem kleinen Teil rote Rebsorten wie Blauer Portugieser, Dornfelder und Spätburgunder.

Der Geschichte nach soll die Spätlese auf Schloss Johannisberg erfunden worden sein, einem der bedeutendsten Rheingau-Weingüter, und zwar durch einen bürokratischen Missstand: Die notwendige Erlaubnis zur Weinlese des Fürstbischofs aus Fulda ließ auf sich warten, und als sie endlich eintraf, waren die Trauben schon verfault. Man las dennoch und bekam einen vollmundigen Wein, wie man ihn zuvor noch nie getrunken hatte – die Spätlese war erfunden.

Kleine Etikettenkunde

Das Flaschenetikett gibt nach dem Deutschen Weingesetz Auskunft über Qualitätsstufe, Anbaugebiet, Menge und Alkoholgehalt, Erzeuger oder Abfüller und enthält bei Qualitätsweinen noch die amtliche Prüfnummer. Freiwillig sind die Angaben zu Jahrgang (der Wein muss dann zu 85% aus dem Jahr stammen), Weinort und Lage sowie zur Rebsorte (der Wein muss zu 85% aus dieser Rebsorte bestehen). Die Angaben zu Weinqualität werden festgelegt durch den natürlichen Zuckergehalt, gemessen in Oechsle-Grad:

Tafelwein: Mindestens 8,5 % Alkohol, ab ca. 44° Oechsle.

Landwein: Gehobener Tafelwein mit gebietstypischem Charakter. Als Tafel- oder Landweine werden manchmal auch Spitzenerzeugnisse einer Region bezeichnet, wenn sie z. B. durch die verwendete Rebsorte nicht anders deklariert werden können.

Qualitätswein bestimmter Anbaugebiete (Q. b. A.), ab ca. 57° Oechsle, weist charakteristische Merkmale des Anbaugebiets auf, z. B. dürfen nur die für das Anbaugebiet zugelassenen Rebsorten verwendet werden. Die Weine besitzen eine amtliche Prüfungsnummer auf dem Etikett.

Prädikatswein: Die Öchsle-Minimum-Grade variieren je nach Weinbauzone und Rebsorte. Zur Orientierung:
Prädikat Kabinett (ab ca. 70° Oechsle)
Prädikat Spätlese (ab ca. 76° Oechsle)
Prädikat Auslese (ab ca. 83° Oechsle)
Prädikat Beerenauslese (ab ca. 110° Oechsle)
Prädikat Trockenbeerenauslese (ab ca. 15° Oechsle)
Eiswein (ab ca. 15° Oechsle), die Trauben müssen bei der Lese gefroren sein.

Im Weinbaugebiet Mittelrhein wird vor allem Riesling angebaut, aber auch Spät-, Weiß- und Grauburgunder.

5 Oberes Mittelrheintal

Das berühmte, von der UNESCO ausgewiesene Weltkulturerbe zieht sich von Rüdesheim bis nach Koblenz.

Die Rüdesheimer Drosselgasse, auch »längste Weintheke der Welt« genannt, besuchen jährlich mehr als 3 Millionen Gäste.

Handelswege
Rüdesheim liegt am Ende der von Lorch ausgehenden Kaufmannsroute und wurde als strategisch wichtiger Ort des Mainzer Erzbistums einstmals von vier Burgen gesichert.

Eine kleine Straße in **Rüdesheim** soll angeblich nach dem Kölner Dom die am meisten aufgesuchte touristische Sehenswürdigkeit in Deutschland sein. Mehr als drei Millionen Besucher jährlich zählt die 3 m breite und 144 m lange Drosselgasse, hinter deren fachwerkgeschmückten Fassaden mit Wein, Musik und Tanz bis zum Morgengrauen gefeiert wird. Bis zur Mitte des 19. Jh. schlief das Örtchen Rüdesheim einen Dornröschenschlaf, dann wurde es Mittelpunkt des weinseligen Rheintourismus. Die Besucher bleiben meist nur kurz, schnell wird übersehen, dass Rüdesheim mehr zu bieten hat als nur die Drosselgasse. Ein Besuch in Siegfrieds mechanischem Musikkabinett (Oberstr. 29) mit einer kurzweiligen Ausstellung selbst spielender Musikautomaten und -instrumente lohnt ebenso wie das Mittelalterliche Foltermuseum (Oberstr. 49–51) oder das Rheingauer Weinmuseum in der tausendjährigen Brömserburg (Rheinstr. 2). Wunderschöne alte Adelshöfe mit Türmchen und Zinnen aus unterschiedlichen Epochen ziehen sich die Oberstraße entlang. Vor dem Musikkabinett an der Oberstraße nimmt der »Winzerexpress« Interessierte mit auf Tour zu den Sehenswürdigkeiten und durch die Weinberge (Tel. 0 67 22/23 76; www.winzerexpress.de). Im Rüdesheimer Stadtteil **Eibingen** sind in der Abtei St. Hildegardis und heutigen Pfarrkirche die Gebeine der hl. Hildegard von Bingen verwahrt. Oberhalb davon, inmitten von Weinbergen, wurde zu Beginn des 20. Jh. das Kloster St. Hildegardis in historistischem Stil erbaut. Alles wird dominiert von einer weithin im Tal sichtbaren steinernen Pose des Triumphes, dem monumentalen **Niederwalddenkmal**. 38 m hoch ist das Monument und 12,5 m die Germania-Skulptur. Die »Wacht am Rhein« ist Zeugnis eines nationalistischen Rauschs unmittelbar nach dem Deutsch-Französischen Krieg, als das »Neue Deutsche Reich« gegründet wurde – zu erreichen von Rüdesheim mit einem Sessellift. Die **Boosenburg** ist eine der ältesten Burgen am Rhein, von ihr steht nur noch der alte Bergfried.

Vereitelter Anschlag

Bei der Grundsteinlegung für das Niederwalddenkmal wurde ein Attentat auf den Kaiser verübt. Die Anarchisten scheiterten aber, weil ihnen die Zündschnüre fürs Dynamit nass geworden waren. Für die teurere, wasserfeste Lunte hatte das Geld nicht gereicht.

Gefährliche Klippen, finstere Sage

Bingen liegt an der Mündung der Nahe in den Rhein. Hier sicherte die Drususbrücke als älteste in Deutschland erhaltene Brücke (1952 verbreitert) den Landweg am Rhein entlang und verbindet heute Bingen über die Nahe hinweg mit **Bingerbrück**. Zu den Sehenswürdigkeiten von Bingen gehören die idyllisch in den Weinbergen oberhalb des Ortes gelegene Rochuskapelle und die Burg Klopp, deren mittelalterliche Grundmauern im 19. Jh. im Zuge der Rheinromantik im neugotischen Stil ausgebaut wurden. Wahrzeichen von Bingen ist der Mäuseturm. Mitten auf dem Rhein thront er auf einer Insel im Binger Loch, seiner Funktion nach ein Zollwachtturm, der zur Burg Ehrenfels gehört, aber von einer Legende umrankt ist. Der Mainzer Erzbischof Hatto II. soll seinem hungernden und flehenden Volk Nahrung aus seinen gefüllten Kornkammern verweigert haben. Statt dessen sperrte er sie in eine Scheuer und ließ sie von seinen Schergen anzünden. Er verhöhnte die Sterbenden mit den Worten: »Hört ihr die Kornmäuslein unten pfeifen?«. Von diesem Moment an wimmelte es von Mäusen in den Gemächern des Bischofs. Er ergriff die Flucht mit dem Schiff und wähnt sich sicher auf der Insel im Rhein. Aber kaum hatte er sich dort eingeschlossen, kamen die Mäuse und fraßen ihn bei lebendigem Leib auf. Bis zur Verbreiterung der Fahrrinne des Rheins

Kastell Bingium

Bereits aus dem ersten nachchristlichen Jahrhundert wurde das römische Kastell Bingium überliefert, und schon in dieser Zeit soll die hölzerne Brücke über die Nahe errichtet worden sein.

diente der Mäuseturm als Signalturm für die Rheinschifffahrt am **Binger Loch**.

In Bingerbrück gründete die Mystikerin und Gelehrte **Hildegard von Bingen** ihr erstes Kloster, ließ sich aber kurze Zeit später auf der anderen Rheinseite nieder, dort wo heute das Kloster St. Hildegardis steht. Bingen und Rüdesheim waren bis 1945 durch eine Eisenbahnbrücke verbunden, von denen heute noch Teile des Torsos und der Basaltpfeiler als Denkmäler stehen.

Prophetische Frau
Hildegard von Bingen predigte als erste Nonne öffentlich die Umkehr zu Gott. Als Universalgelehrte steht sie für neue Perspektiven und Denkansätze in ihrer Zeit.

Rechtsrheinisch zieht sich die Rheingauer Riesling-Route noch bis nach Lorch. Mächtig erhebt sich die Ruine der **Burg Ehrenfels** auf einem Felsvorsprung aus den steilen Weinhängen, die hier bis zum Ufer reichen. Selbst als Ruine vermittelt sie mit 5 m dicken Mauern noch einen Eindruck ihrer früheren Wehrhaftigkeit an strategisch wichtiger Stelle.

Den Spätburgunderweinen von **Assmannshausen** sagt man nach, sie seien die besten, die in Deutschland produziert werden. Der Anbau von roten Reben hat hier seit dem Mittelalter Tradition, man kennt vor allem den Höllenberg als Spitzenweinlage. Als Erholungsort schätzen Urlauber Assmannshausen wegen seiner hübschen Fachwerkfassaden und warmen Thermalquellen.

Raubritternester und Rheinromantik

Zwischen Bingen und Bacharach dann Rheinromantik, so weit das Auge reicht. **Burg Rheinstein** war im Jahr 1825 die erste Ruine, die von einem Prinzen von Preußen gekauft und prachtvoll wieder hergestellt wurde, Symbol einer preußischen Ritterromantik. So reich verziert mit Zinnen und Türmchen das Äußere ist, so liebevoll ausgestattet ist auch das Innere. Es ist zu besichtigen und kann für Übernachtungen oder Festlichkeiten gebucht werden. Am Ortseingang von **Trechtingshausen** grüßt direkt am Rhein ein Vorbote der niederrheinischen Romanik: die ehemalige Pfarrkirche St. Clemens aus dem 3. Jh. Oberhalb, auf einem Sporn zwischen dem Morgenbachtal und dem Rhein liegt **Burg Reichenstein,** die die Äbte des Klosters Kornelimünster bei Aachen zum Schutz ihrer Besitztümer errichteten. Nach einem wechselvollen Schicksal als berüchtigtem Raubrittersitz, diversen Zerstörungen und Wiederaufbauten verfiel sie im 16. Jh. und wurde 1834 – die Rheinromantik lässt grüßen – zu einem Wohngebäude umgebaut, in dem sich heute unter anderem ein Hotel befindet.

Beutezüge
Philipp von Hohenfels erbte 1241 die Burg Reichenstein. Er galt als einer der skrupellosesten Raubritter seiner Zeit.

Burg Sooneck erzählt eine ähnliche Geschichte. Als »Raubritternest« ließ Rudolf von Habsburg sie 1282 zerstören. Im 19. Jh. wurde hier ein königliches Jagdschloss eingerichtet, das zusammen mit der schroffen Ruine ein reizvolles Ensemble bildet. Zum kleinen Winzerort **Niederheimbach** gehört die manchmal auch Burg Hoheneck genannte **Heimburg**, die Ende des 19. Jh. von der Industriellenfamilie Stinnes aus- und wieder aufgebaut wurde und die sich heute noch in Familienbesitz befindet. **Burg Fürstenberg** bei Rheindiebach blieb nach der Zerstörung durch die Franzosen im pfälzischen Erbfolgekrieg ihrem Schicksal überlassen. Idyllisch liegt die Ruine, von der noch Reste des Bergfrieds und der Wehrmauer erhalten sind, inmitten von Weinbergen.

Der kleine Ort **Lorch** an der Rheinmündung der Wisper war einst Handelszentrum und Ausgangspunkt einer bedeutenden Kaufmannsstraße. Große Schiffe, die das Binger Loch nicht passieren konnten, luden hier auf kleinere Schiffe um oder transportierten ihre Waren über den Landweg via Rüdesheim weiter. Reste der alten Stadtbefestigung und repräsentative Adelshäuser, darunter das berühmte Hilchenhaus, zeugen noch von der einstigen Bedeutung der Stadt. Seit 1274 werden hier Weinmärkte abgehalten. **Burg Nollig** oberhalb der Stadt ist mit den Resten der alten Befestigungsanlage noch zu sehen. Von dort aus hat man einen schönen Blick auf die Insel **Lorchwerth** und das gegenüberliegende Trechtingshausen.

Bacharach war im Mittelalter Weinhandelszentrum am Rhein und besitzt bereits seit 1356 Stadtrechte. Die mittelalterliche Stadtbefestigung ist noch mit vielen Türmen erhalten, die Ringmauer zum Teil begehbar. In Bacharach wurde der Wein von den kleinen Handelsschiffen, die das Binger Loch passiert hatten, auf die großen Schiffe der Kölner Weinkaufleute umgeladen und unter der Bezeichnung »Bacharacher« bis nach England und Skandinavien weiterverkauft.

Familiensitz

Die Heimburg ist eine von vielen Burgen am Rhein, die heute noch als Wohnhaus genutzt werden. Sie kann leider nicht besichtigt werden.

Altar des Bacchus

Im Mittelalter fabulierte man, der Name Bacharach leite sich von »Bacchi ara« ab, Altar des Bacchus. Heinrich Heine und Ludwig Uhland verewigten die Stadt in ihren Werken.

Blick über den bunten Fachwerkort Bacharach mit der evangelischen Kirche St. Peter. Bereits um das Jahr 1310 wird hier erstmals ein Weinmarkt urkundlich erwähnt.

Am Eingang des Steeger Tals und umgeben von Weinhängen wacht die Burg Stahleck über Bacharach. Von der Aussichtsterrasse bietet sich eine gute Aussicht auf den Rhein.

Mitten im Ort ragt die mächtige Ruine der gotischen Wernerkapelle auf und prägt zusammen mit der Kirche St. Peter und zauberhaften bunten Fachwerkhäusern das Stadtbild. **Burg Stahleck**, auf einem Bergsporn gelegen, überragt stolz das ganze Tal. Ein Blick von seiner Aussichtsterrasse lässt einen die ehemalige strategische Bedeutung der Burg noch erahnen. Seit mehr als 80 Jahren wird sie als Jugendherberge genutzt.

Burg Pfalzgrafenstein und Kaub

1838 notiert Victor Hugo im »Tagebuch einer Rheinreise« etwas über ein »steinernes Schiff, ewig vor Anker gegangen«. Er beschreibt damit die Zollburg **Pfalzgrafenstein**, 1327 mitten im Rhein einzig zu dem Zweck erbaut, Zölle erfolgreich und gnadenlos einzutreiben. Wer den Zoll nicht zahlen konnte, dem drohte ein Aufenthalt in einem 9 m tiefen Brunnenschacht, der als Verlies benutzt wurde. Im 18. Jh. wurde der Turm mit einem barocken Haubendach gekrönt, und heute leuchtet die Burg mit ihrer rot-weißen Farbgebung als eine der einprägsamsten Attraktionen auf der Rheinstrecke. Am Rheinufer bei der Fachwerkstadt **Kaub** steht eine Statue des Feldmarschalls Blücher, der in der Silvesternacht 1813/1814 Napoleons Truppen verfolgte und mit 60 000 Söldnern, 20 000 Pferden und 220 Kanonen den Rhein auf einer provisorischen Brücke überquerte, bei der ihm rus-

Prinzessin Agnes

Der Legende nach soll über dem Burgeingang von Pfalzgrafenstein ein Prinzessinnenbau gelegen haben, in dem die Hohenstaufentochter Agnes, die heimlich mit dem Sohn Heinrich des Löwen verheiratet war, ihrem Stammhalter das Leben schenkte.

sische Pontons und die Burg Pfalzgrafenstein als Stütze dienten. Mehrere große Brände haben einen Teil der alten Bausubstanz von Kaub vernichtet. Dennoch sind noch Reste der Stadtmauer mit Türmen und Gebäude wie die Alte Zollschreiberei erhalten und bilden ein reizvolles altes Stadtbild, über dem als starkes Bollwerk die **Burg Gutenfels** thront. Sie stammt aus der Zeit um 1200, ihren Namen trägt sie allerdings erst seit 1504, nachdem sie einer 39-tägigen Belagerung im bayerisch-pfälzischen Erbfolgekrieg erfolgreich standgehalten hatte und man sie zum »guten Fels« umtaufte. Die staufische Burg beherbergt heute ein Hotel.

Kleinststaat

»Freistaat Flaschenhals« nannte man zwischen 1919 und 1923 einen schmalen, unbesetzten Landstreifen bei Kaub, der sich selbst verwaltete, da er vom übrigen Gebiet der neu gegründeten Weimarer Republik abgeschnitten war.

Sieben Jungfrauen und die Loreley

Oberwesel musste zwei trennende Einschnitte zwischen sich und dem Rheinufer hinnehmen: Hier führt sowohl die B 9 als auch die Eisenbahnlinie vorbei. Aber Oberwesel verfügt auch über 3 km lange begehbare Reste seiner Stadtmauer, der längsten erhaltenen im Rheinland, und über Kleinode wie die rote Liebfrauenkirche aus dem 14. Jh. mit einem kostbaren goldenen Altar oder die gotische St. Martinskirche mit ihrem festungsähnlichen Turm. Viele Fachwerkhäuser innerhalb der Stadtmauern machen Oberwesel zu einem der charmantesten Rheinorte. Die **Schönburg** gehört der Stadt Oberwesel und wird teils als hochklassiges Hotel und teils als gemeinnützige Begegnungsstätte genutzt.

Die Familie Schönburg, die der Burg den Namen gab, umrankt eine Legende: Die sieben schönen Töchter der Familie Schönburg wiesen immer wieder alle Freier ab, von denen sie mehr belagert als umworben wurden. Eines Morgens ergriffen sie die Flucht über den Rhein, bei dessen Überquerung sich die unnahbaren Damen in sieben felsige Klippen verwandelten. Erlösung ward ihnen verheißen, wenn ein Fürst käme und er das Gestein der Jungfrauen für den Bau einer Kirche nutzen würde. Die **Sieben Jungfrauen** sollen bei Niedrigwasser zu sehen sein, bei Rheinkilometer 551, nicht weit von einer anderen felsigen Jungfrau entfernt. 120 m über dem engen Flussbett ragt der **Loreleyfelsen** auf, unterhalb des Felsens markiert durch eine etwas ergraute gelbe Flagge. Ley war im Keltischen ein Begriff für Fels oder Stein. Lore ist möglicherweise auf das altdeutsche »lorlen« (rauschen, murmeln) zurückzuführen. Der Name Loreley bezieht sich auf das siebenfache Echo an dieser Stelle, heutzutage vom Verkehrslärm übertönt. Der Mythos von der Loreley gehörte zu den Lieblingsstoffen der deutschen Romantiker (→ MERIAN-Spezial, S. 86).

Trainspotting

1857 stellte ein Oberweseler Hotelbesitzer einen Antrag beim zuständigen Berliner Ministerium: Man möge dafür sorgen, dass die neu zu bauende Bahn möglichst dicht auf der Rheinseite an seinem Hotel vorbeiführen solle. Er wollte seinen Gästen das »Schauspiel der vorüberrollenden Züge« bieten.

St. Goarshausen ist die kleinere Schwesterstadt von St. Goar. Ihren Namen verdanken beide dem Schutzheiligen der Schiffer und Schankwirte. St. Goarshausen blieb klein, von seiner Stadtmauer sind noch zwei der Türme erhalten. **St. Goar** wurde schon im 6. Jh. als Fischersiedlung erwähnt, in der der hl. Goar eine christliche Herberge für Arme und Reisende betrieb. Heute sind noch besonders sehenswert – neben dem Blick auf die Loreley – die Stiftskirche mit der romanischen Krypta aus dem 11. Jh. und die **Burg Rheinfels**, einst die größte Festung am Mittelrhein, von den Grafen von Katzenelnbogen im Jahr 1245 als ihre einzige Befestigung am linken Rheinufer erbaut. Sie wurde 1797 von den französischen Besatzern gesprengt, und viele ihrer Steine transportierte man für den Bau der Festung Ehrenbreitstein nach Koblenz hinunter. Heute beherbergt die immer noch imposant anzusehende Festung ein Romantik-Hotel und ein Heimatmuseum.

Burg Rheinstein

Die Reste der Burg Rheinstein lassen ahnen, dass es sich hier wohl um die einst mächtigste Befestigungsanlage am Mittelrhein handelt. Heute genießen Hotel- und Restaurantgäste einen fantastischen Ausblick ins Tal.

Burg Katz ist der abgekürzte volkstümliche Name für Burg Neukatzenelnbogen, gebaut vom gräflichen Geschlecht gleichen Namens. Die ungewöhnlich kompakt angelegte Burg befindet sich heute in japanischem Privatbesitz. **Burg Maus** wurde vom kurtrierischen Erzbischof Boemund II. erbaut und erhielt seinen Namen wahrscheinlich von den Nachbarn auf Burg Katz, die damit klarstellten, wer die größere Burg gebaut hatte. Heute ist in Burg Maus, die zu **Wellmich** gehört, ein Adler- und Falkenhof untergebracht (Besichtigung möglich). Bei Rheinkilometer 560 passieren wir die frühere Abtei mit angebautem Gasthaus Ehrenthal aus dem 17. Jh. Kurze Zeit später folgt am linken Ufer der Weiler **Hirzenach** mit einer romanischen Pfeilerbasilika mit frühgotischem Chor und dem barocken ehemaligen Priorat und danach **Bad Salzig**, ein Thermal-Kurort für Magenleidende.

Die beiden »Feindlichen Brüder«

Die »Feindlichen Brüder« werden die beiden Burgen **Sterrenberg** und **Liebenstein** oberhalb von Kamp-Bornhofen genannt. Der Sage nach sollen die beiden Burgen Brüdern gehört haben, die sich gegenseitig ihr Erbe neideten, darüber in Streit gerieten und zwischen sich eine »Streitmauer« errichteten. Nachdem beide verarmt waren, versöhnten sie sich und verabredeten sich am nächsten Tag zur Jagd. Derjenige, der am folgenden Morgen zuerst erwachte, sollte einen Pfeil gegen das Fenster des anderen schießen. Der öffnete genau in dem Moment sein Fenster und wurde tödlich getroffen. Ihre Schwester soll – ebenfalls der Sage nach – das Kloster Bornhofen gegründet haben. Der Ort mit Kloster und gotischer Kirche ist seit dem 13. Jh. als Marienwallfahrtsort bekannt.

Bruderzwist

Heinrich Heine erzählt in dem Gedicht »Zwei Brüder« die Geschichte der »Feindlichen Brüder«, die sich wegen einer Frau entzweit haben und deren Fluch es ist, ihren Kampf täglich um Mitternacht zu wiederholen.

Boppard, direkt in der Rheinschleife »Bopparder Hamm« gelegen, ist berühmt für den »Vierseenblick«, den man vom nahe gelegenen Hirschkopf aus hat. Zwei Hügel schränken den Blick so ein, dass man den Rhein als vier voneinander getrennte Seen wahrnimmt. Der Bopparder Hamm ist außerdem als Weinlage für gute Rieslinge bekannt. Die Stadtbefestigung stammt ursprünglich aus römischer Zeit und wurde im Mittelalter erweitert, heute sind davon noch viele Türme und die mittelalterlichen Stadttore erhalten. In der schön am Rhein gelegenen Alten Burg befindet sich das Stadtmuseum, in dem eine Sammlung der Möbel von Michael Thonet zu sehen ist, dem berühmtesten Sohn der Stadt.

Die Hunsrückbahn
Von Boppard nach Emmelshausen führt die steilste Eisenbahnstrecke Deutschlands. Sie wird von der Hunsrückbahn, einer Adhäsionsbahn, befahren und gilt als eine der landschaftlich schönsten Strecken von Rheinland-Pfalz. Zwei Viadukte und fünf Tunnels passiert die Bahn bis Buchholz.

Der Königsstuhl zu Rhens

Zwischen Boppard und Braubach liegen gut zehn idyllische Rheinkilometer, die geprägt sind von Wein- und Obstbau und kleinen Weilern. Bei Osterspai sehen wir das barocke **Sommerschloss Liebeneck** und kurz danach die **Marksburg**, eine Ritterburg wie aus dem Bilderbuch, beinahe komplett erhalten seit ihrer Fertigstellung im 14. Jh. Rüstkammer, Kemenate, Rittersaal, Burgküche oder Garten, die Besichtigung mutet an wie eine Reise ins Mittelalter. Sie liegt auf einem bewaldeten Felsen oberhalb von Braubach und streckt wehrhaft ihre Zinnen gen Himmel, ihr Anblick gehört zu den Höhepunkten der Rheinreise. Der Ort **Braubach** selbst bezaubert mit alten Fachwerkhäusern, kleinen, verwinkelten Gassen und einer alten Stadtmauer.

Am **Königsstuhl** zu Rhens wurden seit 1273 Beratungen der Kurfürsten über die Wahl deutscher Könige durchgeführt. Auch wenn als Ort der Königswahl ab 1356 Frankfurt bestimmt wurde, das zweistöckige, acht-

Silberbergbau
Drei auf einer Hügelspitze zu sehende Schornsteine erinnern an den Bergbau, der zum ersten Mal im 14. Jh. urkundlich erwähnt wird. Heute ist die ehemalige Blei- und Silberhütte ein moderner Recyclingbetrieb.

Die Burg Katz, 1360 bis 1371 von den Grafen von Katzenelnbogen auf einem Felssporn über St. Goarshausen erbaut, ist heute in Privatbesitz und beherbergt ein Hotel.

Schon von Weitem sichtbar ragt die Marksburg (→ S. 83) über dem Winzerort Braubach auf. Sie ist die einzige niemals zerstörte mittelalterliche Höhenburg am Mittelrhein.

Sprudelquelle
In Rhens wird seit über 150 Jahren Mineralwasser industriell abgefüllt. Erstmals erwähnt wurde das Rhenser Mineralwasser 1650. Der Rhenser Mineralbrunnen gehört zu den größten deutschen Herstellern von Mineralwassern.

eckige Monument hoch über dem Rhein, das einen vergrößerten Thron darstellt, behielt seinen symbolischen Charakter. **Rhens** selbst hat seinen geschichtsträchtigen Ortskern mit dem alten Rathaus, Fachwerkhäusern und dem »Scharfen Turm« am Rhein, der früher als Gefängnis diente, bewahrt.

Besonders schön: Burg Stolzenfels

Burgenromantik
Rheinromantik par excellence vermittelt Burg Stolzenfels. Hier war 1845 Königin Victoria von England zu Gast. Die wunderschöne Inneneinrichtung hat die Burg der Sammelleidenschaft Friedrich Wilhelm I. zu verdanken. Besucher werden in Filzpantoffeln durch die kostbar ausgestatteten Räume geführt.

An der Mündung der Lahn in den Rhein wacht die **Burg Lahneck**, wie die meisten Burgen am Rhein mehrfach zerstört. Die bizarre Ruine inspirierte Goethe zu seinem Gedicht »Geistesgruß« von 1774, mit dem er die Strömung der deutschen Rheinromantik vorwegnahm. Goethe soll sich auch gern im legendären Wirtshaus an der Lahn in **Niederlahnstein** aufgehalten haben. Die Ortschaft verfügt über viele erhaltene alte Adelshäuser – ebenso wie **Oberlahnstein**, wo sich auch noch Reste alter Befestigungsanlagen und die kurfürstliche Martinsburg befinden. Bevor das Schiff die ersten Brücken von Koblenz passiert, kommt linksrheinisch die gelbe **Burg Stolzenfels** in den Blick. Der Wehrbau aus dem 12. Jh. wurde nach Entwürfen von Karl Friedrich Schinkel in den Dreißigerjahren des 19. Jh. zu einer Sommerresidenz im neugotischen Stil ausgebaut. Wer Gelegenheit hat, die reich ausgestattete Anlage mit fast südlichem Flair zu besichtigen, sollte das unbedingt tun.

»Ich weiß nicht was soll es bedeuten...«

Vielfältige Inspirationen für Künstler und Reisende: die Rheinromantik und der Mythos Loreley.

Bis weit ins 18. Jh. hinein war eine Reise rein zum Vergnügen auf dem Rhein undenkbar. Wer dort unterwegs war, trieb Handel oder hatte andere Geschäfte und kaum ein Auge für die landschaftlichen Schönheiten. Englische Reisende waren es, die die düster-romantische Seite des Rheintals mit seinen schroffen Engen und geschichtsträchtigen Ruinen im letzten Viertel des 18. Jh. entdeckten und als Ausdruck einer Gegenströmung zur gerade endenden vernunftorientierten Epoche der Aufklärung empfanden. So kam es, dass die ersten Reiseberichte über den Rhein ausschließlich auf Englisch zu finden waren. Prominente englische Rheinreisende waren Mary Shelley, John Keats und William Wordsworth. William Turner bereiste ganze elfmal das Rheintal zu Fuß, schuf dabei 51 Aquarelle und füllte ein ganzes Skizzenbuch. In den Werken von Lord Byron finden sich Berichte über den Drachenfels, Koblenz und die Festung Ehrenbreitstein. Rheinreisen wurden in der Folge zum bildungsbürgerlichen Pflichtprogramm einer Europareise, so wie der Besuch Italiens oder der Schweiz, und lösten in ihrer Folge den ersten touristischen Boom aus.

Die schöne Zauberin

1802 entdecken auch die deutschen Romantiker den Fluss. Die malerischen Ruinen am Mittelrhein, der Mäuseturm von Bingen oder die Loreley – Schriftsteller wie Friedrich Schlegel oder Achim von Arnim fanden hier die die Stoffe für ihre mythisch angehauchten romantischen Publikationen. Clemens Brentano beschreibt in seinem Roman »Godwi« erstmals die Geschichte der Loreley, einer Zauberin, die mit ihrer Schönheit Männern den Verstand raubt und sich in Todessehnsucht von einem hohen Felsen am Rhein stürzt. Heinrich Heines Gedichtversion dieser Geschichte aus dem Jahr 1824 wurde in der Vertonung von Friedrich Silcher zum deutschen Volksgut, und kein Geringerer als Mark Twain, ebenfalls ein begeisterter Rhein-Reisender, übersetzte das Gedicht 1880 ins Englische.

Der Loreleyfelsen

Schon im Mittelalter war der Rhein beim Loreley genannten, 123 m hoch aufragenden Schieferfelsen in der Nähe von St. Goarshausen bekannt als eine der engsten und gefährlichsten Stellen des schiffbaren Rheins. Heute ist der Rhein dort knapp 135 m breit und 25 m tief, die für die Schiffe bedrohlichsten Felsen wurden jedoch gesprengt, und die Havarien gingen seitdem drastisch zurück – der Mythos jedoch blieb. Generationen von Besuchern überlief ein Schauder angesichts der anrührigen Geschichte der leichtsinnigen Schiffer, die, von den betörenden Rufen und dem Anblick der Loreley mit den goldenen Haaren gebannt, versäumten, auf ihren Kahn Acht zu geben, und schließlich an den Klippen zerschellten.

Zu den Höhepunkten einer jeden Rheinreise gehört auch heute noch die Fahrt entlang der Loreley, untermalt von den Klängen des Lieds von Friedrich Silcher. Besonderen Reiz übt die Loreley offenbar auf japanische und amerikanische Touristen aus, die sie neben Schloss Neuschwanstein zu den bedeutendsten deutschen Sehenswürdigkeiten zählen. Und die ersten Zeilen des Gedichts »Ich weiß nicht was soll es bedeuten, dass ich so traurig bin …« sind weltweit zum Synonym für Melancholie und Schwermut der Deutschen geworden.

Die Lore-Ley

Ich weiß nicht was soll es bedeuten,
Dass ich so traurig bin,
Ein Märchen aus alten Zeiten,
Das kommt mir nicht aus dem Sinn.

Die Luft ist kühl und es dunkelt,
Und ruhig fließt der Rhein;
Der Gipfel des Berges funkelt
Im Abendsonnenschein.

Die schönste Jungfrau sitzet
Dort oben wunderbar;
Ihr goldnes Geschmeide blitzet,
Sie kämmt ihr goldenes Haar.

Sie kämmt es mit goldenem Kamme
Und singt ein Lied dabei;
Das hat eine wundersame,
Gewaltige Melodei.

Den Schiffer im kleinen Schiffe
Ergreift es mit wildem Weh;
Er schaut nicht die Felsenriffe,
Er schaut nur hinauf in die Höh.

Ich glaube, die Wellen verschlingen
Am Ende Schiffer und Kahn;
Und das hat mit ihrem Singen
Die Lore-Ley getan.

(Heinrich Heine, 1824)

»Die Loreley«, Gemälde von Karl Begas (1794–1854), 1835.

Koblenz

Preußischer Nationalstolz trifft rheinischen Charme: vom Deutschen Eck in die idyllischen Altstadtwinkel.

Am Zusammenfluss von Rhein und Mosel befindet sich das Deutsche Eck, der markanteste Fleck von Koblenz. Das im Zweiten Weltkrieg zerstörte Reiterstandbild Kaiser Wilhelm I. wurde 1993 als Nachbildung wieder auf seinen mächtigen Sockel gestellt.

Koblenz

Einwohner: 106 000
Stadtplan → S. 91

Als die Römer erstmals eine befestigte Siedlung dort bauten, wo die Mosel in den Rhein fließt, nannten sie sie *Confluentes*, die Zusammenfließenden. Der Ort war von höchster strategischer Wichtigkeit. Es galt den Moselübergang der Straße von Xanten über Köln nach Mainz zu sichern und den jenseits des Rheins gelegenen Limes, der die Grenzen des Reiches markierte. Von den Kastellen Confluentes und Niederberg, die seinerzeit die Wächterfunktion übernahmen, ist heute nicht mehr viel sehen, aber viele steinerne Zeitzeugen in Koblenz unterstreichen die bedeutsame Lage als Verkehrsknotenpunkt und militärischen Standort für verschiedenste Machthaber. Die Reste des römischen Limes gehören heute zum UNESCO-Weltkulturerbe Mittelrheintal.

Die Römer wurden von den Franken verdrängt, die hier einen Königshof gründeten, und im Jahr 925 wird Koblenz an den Erzbischof von Trier verschenkt, der sich schnell die Burg des Konradiners Ehrenbert, die spätere Festung Ehrenbreitstein, einverleibt. Dergestalt gesichert erlebt Koblenz eine Blüte, Kirchen werden gebaut, die Stadtmauer erweitert, und christliche Orden lassen sich nieder. Ab dem 17. Jh. wird die Stadt mehrfach verwüstet, vor allem im Dreißigjährigen Krieg und zuletzt 1794 von den Franzosen. Unter preußischer Verwaltung wird die Festung Ehrenbreitstein zu einer der größten europäischen Bastionen ausgebaut, die Ufer von Rhein und Mosel werden verbreitert und baulich ausgestaltet, und am Deutschen Eck folgt die Errichtung des Kaiser-Wilhelm-Denkmals. Es wird wie der größte Teil der Stadt im Zweiten Weltkrieg zerstört. Seine Trümmer dienten als Mahnmal, und seit 1953 fanden dort die Feierlichkeiten zum Tag der Deutschen Einheit statt. Seit 1993 sitzt Kaiser Wilhelm wieder in Bronze gegossen auf seinem Pferd. Zur Erinnerung an die Zeiten als Mahnmal leisten ihm Stücke der Berliner Mauer Gesellschaft.

Auch wenn der erste Blick auf das Deutsche Eck und seine monumentale Gestaltung zunächst nur an wilhelminische Strenge und an die militärische Bedeutung von Koblenz denken lässt: Rheinischer Frohsinn und charmante Ecken lauern überall. Das Wahrzeichen der Koblenzer ist denn auch der »Schängel«, ein munterer Lausbube. Koblenz liegt zwischen den beiden Weinbaugebieten Mosel und Mittelrhein. Über 20 Winzer gehören zum Stadtgebiet von Koblenz.

Spaziergang

Von der Schiffsanlegestelle zieht es die meisten Besucher direkt zum **Deutschen Eck** mit dem **Reiterstandbild Kaiser Wilhelm I.** Seinen Namen verdankt das Deutsche Eck dem Deutschen Orden, der im Jahr 1216 den Grund und Boden an der Mündung der Mosel in den Rhein aus erzbischöflichem Besitz erhalten hatte.

Das **Deutschherrenhaus** war der erste Sitz des Deutschen Ordens im Rheinland, ein prächtiger spätgotischer Bau, der heute die Sammlung Ludwig beherbergt. Nicht verpassen: den übergroßen, in Bronze gegossenen Daumen vor dem Museum. Eingebettet in das Grün der Uferanlagen gilt es ganz in der Nähe ein Kleinod der rheinischen Romanik zu entdecken: Die Kirche **St. Kastor** lag zur Zeit ihrer Erbauung außerhalb der Stadtmauern von Koblenz. Hier wurden Verträge unterschrieben, Reichsteilungen besiegelt, Streitigkeiten zwischen Kaisern und Königen geschlichtet. Hier fand auch die Wahl des ersten Staufers zum König statt.

Über die Nagelsgasse folgen wir der Fußgängerzone in Richtung des alten Stadtkerns. Am Jesuitenplatz ist die Fassade der **Jesuitenkirche** aus dem frühen 17. Jh. zu sehen, in den

Räumen des einstigen Jesuitenkollegiums mit seinen roten Dachgauben ist heute das **Rathaus** untergebracht. Über die winzige Jesuitengasse erreichen wir einen Straßenring, der uns, egal ob wir uns nach rechts oder links wenden, an historischen Fassaden entlangführt. Wir halten uns links und erreichen über Entenpfuhl, Plan und Marktstraße den **Münzplatz.**

Die Straßenkreuzung, an der man vom Plan in die Marktstraße abbiegt, ist von den **Vier Türmen** gesäumt, vier restaurierte Häuser mit kunstvollen Erkertürmen. Kreuz und quer bummeln wir vom Münzplatz durch die kleinen Gassen, durch Gemüsegasse und Mehlgasse. Unzählige einladende Gaststätten, viele davon mit historischer Einrichtung, liegen am Wegesrand. Die spätromanische **Liebfrauenkirche**, bei der die Gässchen zusammentreffen, war vom Mittelalter bis zur Französischen Revolution die Hauptpfarrkirche der Koblenzer. Sie steht auf den Überresten eines römischen Baus, der einstmals auch als Kirche gedient haben mag.

Auch die **Florinskirche** birgt römische Reste unter sich, Turm und Mauer der ehemaligen Stadtbefestigung. Der **Florinsmarkt** mit dem **Mittelrhein-Museum** verdankt seine Weite dem Abriss einer kompletten Häuserzeile im 19. Jh. Wir erreichen das Moselufer, im Blick die **Balduinsbrücke** aus dem 14. Jh., auch Alte Moselbrücke genannt. Die romantische Altstadtstimmung setzt sich am **Peter-Altmeier-Ufer** weiter fort, und entlang üppig verzierter Hausfassaden schlendern wir zurück zum Deutschen Eck.

Auf der anderen Rheinseite (zu erreichen mit einer Personenfähre) lockt die **Festung Ehrenbreitstein** mit atemberaubendem Ausblick auf das Deutsche Eck und die Vermischung des bräunlichen Wassers der Mosel mit dem graublauen des Rheins. Ein Sessellift führt zur Festung, die zwei Museen und zwei Lokale beherbergt.

Dauer: ca. 1–2 Std.; Länge: ca. 2,5 km

Museen

Mittelrhein-Museum ⇢ S. 91, c 1

Einer der Schwerpunkte des Museums in den Räumen eines alten Kauf- und Tanzhauses sind Gemälde der Rheinromantik und die Darstellung mittelrheinischer Landschaftsmotive.

Florinsmarkt 15; www.mittelrhein-museum.de; Di–Sa 10.30–17, So 11–18 Uhr; Eintritt 2,50 €

Museum Ludwig ⇢ S. 91, d 1

Koblenz ist der Geburtsort des Kunstmäzens Peter Ludwig. Im Museum Ludwig sind vor allem Leihgaben aus seiner Sammlung französischer Kunst nach 1945 zu sehen.

Deutschherrenhaus, Danziger Freiheit 1; www.ludwigmuseum.org; Di–Sa 10.30–17, So 11–8 Uhr; Eintritt 2,50 €

Essen und Trinken

Alt Coblenz ⇢ S. 91, c 2

Schönes rustikales Wirtshaus mit historischem Weinkeller. Große Auswahl an offenen Moselweinen, aber auch Bier vom Fass. Gutbürgerliche und italienische Küche.

Am Plan 13; Tel. 02 61/16 06 56; www.alt-coblenz.com; Mo, Di ab 16, Mi–So ab 11.30 Uhr ●●

Blumenhof ⇢ S. 91, d 1

Das Kreuzgewölbe der Trutzburg des Deutschen Ritterordens birgt ein topgestyltes Restaurant mit Café. Die schlicht weiß gekalkten Wände des Kreuzgewölbes harmonieren aufs Schönste mit der modernen Einrichtung. Die Speisekarte ist ihrer Umgebung würdig: traditionelle einheimische Küche, alles frisch zubereitet.

Deutsches Eck, Danziger Freiheit 3; Tel. 02 61/9 73 32 68; www.deutsches-eck-koblenz.com; Mi–Mo 11.30–22 Uhr ●●

Service

Auskunft

Tourist-Info Rathaus ⇢ S. 91, c 2

Jesuitenpl. 2; Tel. 0 26 11/29 16 10; www.koblenz-touristik.de; Mo–Sa 9–18, So 10–18, im Sommer bis 19 Uhr

Koblenz
Festung Ehrenbreitstein
Sesselbahn
Fort Helfenstein
Rheinmus.
Landes-medien-zentrum
Charlottenstr.
Obertal
Hofstr.
Am Pfaffendorfer Tor
Fort Asterstein
Sonneneck
Blindtal
Bücker-platz
Deutsches Eck
Deutschherrenhaus, Museum Ludwig
Konrad-Adenauer-Ufer
Rhein
Hafen
Werft
Wasser- und Schiffahrts-verwaltung
Basilika St. Kastor
Kastorpfaffenstr.
Rheinstr.
Mosel
Hafen
Schöffenhaus, Mittelrhein-Museum
Florins-kirche
Peter-Altmeier-Ufer
Rat-haus
Jesuiten-kirche
J.-Görres-Platz
Justiz-geb.
Bezirksreg.
Görres-Dkm.
Schloss
Neustadt
Stadt-theater
Clemensstr.
Pfuhl-gasse
Liebfr. K.
Alte Burg, Stadtbibl.
Balduinbrücke
Moselbrücke
Stadtbad
Am Wöllershof
Löhr-Center
Hohenfelder Str.
Friedrich-Ebert-Ring
Rhein-Mosel-Halle
Christus-kirche
Unter-hafen
Europabrücke
Mosel-ring
Löhrstr.
Baede-kerstr.
Schwerzstr.
Franz-Weis-Str.
David-Roentgen-Str.
St. Elisabeth
St.-Elisabeth-Str.
Moselweißer Str.
Yorckstr.
Bardelebenstr.
Hoevelstr.
Bogenstr.
Gutenbergstr.
In der Goldgrub
Schlachthofstr.
Kraftwerk
Im Rauental
Gneisenau-str.
200 m
©MERIAN-Kartographie

Abstecher zur Mosel

Schon der römische Dichter Ausonius setzte den blühenden Landschaften der »Mosella« ein Denkmal.

Die Porta Nigra, ein ehemaliges römisches Stadttor aus dem 2. Jahrhundert n. Chr., ist das Wahrzeichen von Trier.

Genau 544 km lang ist die Mosel und damit der längste Nebenfluss des Rheins. Zahlreiche Staustufen und Schleusen machen die Mosel überhaupt erst schiffbar. Sie entspringt in den Vogesen, fließt als »Moselle« an Metz vorbei und passiert Luxemburg als »Musel«, bevor sie bei Koblenz in den Rhein mündet. Besonders reizvoll für Schiffsreisende sind die vielen Mäander und Schleifen der **Untermosel**, umgeben von steilen Weinberghängen und einem schmalen Talboden, der kaum genug Platz für Dörfer, Straßen und Eisenbahn bietet. Die Mosel markiert die Trennungslinie zwischen der **Eifel** im Norden und dem **Hunsrück** im Süden. Im beinahe mediterranen Mosel-Klima wachsen üppige Riesling-Weine und fühlen sich seltene Pflanzen- und Tierarten wohl. Die älteren Häuser entlang der Ufer sind oft aus Schiefer gebaut, die Dächer oftmals schiefergedeckt.

Start in Koblenz
Die Moselfahrt beginnt mit der Passage der Koblenzer Balduinbrücke aus dem 14. Jh., die von Pilgern auf ihrem Weg nach Rom gebaut wurde.

Da das enge Moseltal größere Ansiedlungen nicht zulässt, reihen sich – zur Freude der Schiffstouristen – viele kleine Weinorte aneinander, die vom Wasser aus wunderschön anzusehen sind. **Winningen** ist der meistbesuchte Ort an der unteren Mosel, bekannt für sein Weinfest Ende August. Zu **Kobern-Gondorf** gehört die berühmte weiße Matthiaskapelle, eine sechsseitige romanische Kirche, und das Schloss von der Leyen, einzige Wasserburg an der Mosel. Wem die **Burg Eltz** über dem Örtchen Moselkern vage bekannt vorkommt, der erinnere sich an die alten 500-DM-Scheine, deren Vorderseite sie zierte. Schon für den deutschen Kunsthistoriker Georg Dehio erweckte sie den Eindruck der Burg schlechthin. Ihre Geschichte allerdings ist nicht typisch. Sie wurde nie zerstört und war stets im Besitz der Familie von Eltz, die sie über Jahrhunderte hinweg immer wieder an- und umbaute. Durch die Vielzahl von zugefügten Türmchen und Erkern entstand ein asymmetrisches romantisches Ganzes, wie man es anmutiger nicht malen könnte. **Cochem** ist eines der beliebtesten Ziele an der Mosel. Wahrzeichen ist die im neugotischen Stil restaurierte mittelalterliche Reichsburg. Im Ort selbst locken die historischen Fachwerkhäuser um den Marktplatz, die Uferpromenade und die alten Stadttore.

Zeremoniestätte der Kelten
Gegenüber der Burg Eltz ragt dunkel und steil der Druidenstein über dem Fluss. Hier soll sich einst ein keltisches Heiligtum befunden haben.

Traben und **Trarbach** wuchsen erst im 19. Jh. zu einer Stadt zusammen und sind durch eine Brücke verbunden. Auf dem Hochplateau über dem Ortsteil Traben sieht man die monumentalen Überreste der Festung Mont Royal, die Ludwig XIV. bauen ließ, die jedoch nie fertiggestellt wurde. Ebenfalls gegenüber – in einer Moselschleife – liegen **Bernkastel** und **Kues**. Hier lebte Nikolaus Cusanus, hier steht sein Geburtshaus, und hier rief er 1458 den Cusanusstift (heute St.-Nikolaus-Krankenhaus) als Altersheim ins Leben, das bis heute in ähnlicher Form aktiv ist. Bernkastel war zudem Sommerresidenz der Kurfürsten zu Trier und ist mit seinem von Giebelfachwerkhäusern umgebenen mittelalterlichen Marktplatz einer der Besuchermagnete an der Mosel.

Burghotel Arras
Die Burg Arras oberhalb von Alf beherbergt das einzige Burghotel an der Mosel. Sie gilt als das älteste Bauwerk zwischen Koblenz und Trier.

Kurz vor Trier münden von Süden die Saar und die Sauer von Norden in die Mosel. **Trier** wurde 16. v. Chr. vom römischen Kaiser Augustus gegründet. Gegen Ende des 3. Jh. hatte es bereits 80 000 Einwohner. Wahrzeichen der Römerzeit ist die mächtige Porta Nigra. Mit dem Amphitheater, der Römerbrücke über die Mosel, den Kaiserthermen und der mächtigen Konstantinsbasilika zählt sie zum UNESCO-Weltkulturerbe. Seit dem Jahr 314 ist Trier Bischofsstadt, ab dem Mittelalter Zentrum eines mächtigen Erzbistums, von dessen Wohlstand noch der Hauptmarkt zeugt. Berühmtester Sohn der Stadt ist Karl Marx. In den kleinen Weinstuben wird neben Moselwein noch eine andere Spezialität gereicht: »Viez«, ein Apfelwein, gekeltert aus heimischen Holzäpfeln.

Von Koblenz nach Düsseldorf

Von der Eifel über das Siebengebirge geht es hinein in die Weiten der niederrheinischen Tiefebene.

Der 321 Meter hohe Drachenfels zwischen Königswinter und Bad Honnef ist ein Ausläufer des Siebengebirges (→ S. 96).

Römisches Erbe

Der in Rheinbrohl beginnende Obergermanische Limes führt einige Kilometer durch das Stadtgebiet von Neuwied. Über 30 Wachttürme und zwei Kastelle sind über die verschiedenen Stadtteile verteilt.

Zur Gemeinde Vallendar gehört die Insel **Niederwerth,** eine in Deutschland einmalige selbstständig verwaltete Flussinselgemeinde, mit einem großen Naturschutzgebiet und weitläufigen Obst- und Gemüsegärten. Vom Schiff aus ist die Stiftskirche des ehemaligen Klosters gut zu sehen. Die Uferlandschaft ist hier zersiedelter und von Industrieanlagen durchsetzt, besonders dominant sticht der Kühlturm des **Atomkraftwerks Mülheim-Kärlich** hervor, das niemals ans Netz ging. Im zur Gemeinde Bendorf gehörenden **Schloss Sayn** am rechten Rheinufer kann der Schmetterlingsgarten der Fürstin zu Sayn-Wittgenstein besichtigt werden. **Neuwied** ist eine gut erhaltene Barockstadt mit einem Schloss aus dem 18. Jh. und der Burgruine **Altwied.** In Neuwied befand sich einst die Produktionsstätte der weltberühmten Möbel von Abraham und David Roentgen.

In **Andernach** stößt die Vulkaneifel an den Rhein. Die Stadt kann auf eine über 2000-jährige Geschichte zurückblicken, zur Zeit Karls des Großen war sie Königsstadt, wovon zahlreiche Bauwerke und die Stadtmauer zeugen. Ihr Wahrzeichen ist der »Runde Turm«, am Ende der Uferpromenade. Hinter gepflegten Anlagen prunkt in der Mitte des Stadttors das um 1200 errichtete Rheintor mit dem Bäckerjungendenkmal, das daran erinnert, wie zwei beherzte Bäckerjungen frühmorgens die noch schlafende Stadt vor einer Belagerung retteten, indem sie Bienenstöcke auf die Angreifer warfen. Am Ufer grüßt auch das Technikdenkmal »Alte Krahnen«, mit dem bis 1911 Mühlsteine aus der Eifel auf Schiffe verladen wurden. Nur 10 km entfernt, im Brohltal und leider vom Schiff aus nicht zu sehen, liegt die berühmte **Benediktinerabtei Maria Laach**, Höhepunkt rheinischer Romanik und eines der reichsten Güter dieser Art.

Maria Laach

Das Münster der Benediktinerabtei steht in der baulichen Tradition der großen rheinischen Kaiserdome von Speyer, Mainz und Worms. Zur Abtei gehören eine große Gärtnerei, ein Verlag und diverse touristische Einrichtungen.

Mahnmal Brücke von Remagen

Wer nach dem Passieren des Hammersteiner Werths seinen Blick nach oben richtet, erblickt die Reste einer der strategisch bedeutendsten und ältesten Festungen am Rhein: die **Ruine Hammerstein**. Die Geschichte dieser Burg kann jeder Rheinsage das Wasser reichen, begonnen hat alles mit dem legendären Hammersteiner Ehestreit im Jahr 1020, bei dem das Herrscherpaar der Burg wegen Blutsverwandtschaft exkommuniziert wurde.

Obwohl sich das Flussbett hier am unteren Mittelrhein, auf der einen Seite von der Eifel, auf der anderen vom Westerwald bedrängt, wieder verengt, ist die Landschaft nun weit weniger dramatisch als am oberen Mittelrhein, die Burgen sind weniger restauriert, die Orte weniger bekannt und die Weinlagen weniger berühmt. Kurorte wie **Bad Hönningen**, **Bad Breisig** und **Bad Kripp** schätzt man für ihre Heilquellen. Sie wechseln sich ab mit idyllischen kleinen Weinorten wie **Leutesdorf**. An den Hängen erkennt man immer wieder Burgen und Ruinen und vor allem Reben, Reben, Reben. Bei Rheinbrohl symbolisiert die Rekonstruktion eines ehemaligen Wachtturms den Verlauf des römischen Limes. Mit der Ahrmündung in den Rhein und dem Ahrtal passieren wir ein weiteres bedeutendes Weinbaugebiet, dessen Rotweine mittlerweile internationale Beachtung finden.

Der Zufluss Ahr

Die Ahr entspringt bei Blankenheim in der Eifel. Entlang ihrer Südhänge führt der Rotweinwanderweg. Die wichtigsten Rebsorten sind Spätburgunder und Blauer Portugieser.

Als Mahnmal erheben sich die Brückentürme der **Brücke von Remagen** zu beiden Seiten des Rheins. Die stählerne Eisenbahnbrücke wurde 1916 bis 1918 errichtet und im März 1945 zerstört. Beim Einsturz riss sie viele Soldaten mit in den Tod. Durch den Film »Die Brücke von Remagen« wurde ihre Geschichte weltbekannt.

Vielerorts säumen – wie hier in Bad Godesberg – lauschige Biergärten mit altem Baumbestand und Rheinblick die Ufer. Zum Bier genießt man eine bodenständige Küche.

In den Brückenpfeilern befindet sich heute ein Friedensmuseum. **Remagen** selbst hat eine schöne Rheinpromenade und eine sehenswerte neugotische Kirche mit Fresken der Nazarener.

Die bunte Stadt

Wegen seiner zahlreichen farbenprächtigen Bauwerke wird Linz oft die »bunte Stadt am Rhein« genannt.

Gegenüber liegt das heitere Fachwerkstädtchen Linz. Hinter dem Rheintor mit dem ehemaligen Zollhaus stehen rund um den Burgplatz wunderschöne alte Fachwerkhäuser sowie die ehemalige **Burg Linz**, die heute eine Gastronomie beherbergt.

Kurze Zeit später passiert das Schiff die ersten Ausläufer des **Siebengebirges**, die Landschaft, nach der Heinrich Heine, als er fern der Heimat weilte, krank vor Sehnsucht war. Romantisch und mythenumwoben ist Deutschlands ältestes Naturschutzgebiet und nördlichstes Weinbaugebiet am Rhein. Mit Steinen aus den hiesigen Felsen wurden römische Legionärslager errichtet, die Kaiserpfalz Friedrich Barbarossas und der Kölner Dom.

Sieben Gebirge

Die Berge des Siebengebirges heißen Ölberg, Löwenburg, Lohrberg, Nonnenstromberg, Petersberg, Wolkenburg und Drachenfels. Insgesamt hat das Siebengebirge aber über 50 Hügel.

Gegenüber, auf der linken Rheinseite, ist hinter Oberwinter der Rolandsbogen zu sehen, Überbleibsel der ehemaligen **Burg Rolandseck**. Aus diesem Fenster soll Ritter Roland sehnsuchtsvoll auf die Insel **Nonnenwerth** geblickt haben, in das sich seine Verlobte Hildegunde zurückzog, nachdem man ihr fälschlicherweise die Nachricht von seinem Tod im Kreuzzug überbracht hatte. Der Ritter kehrte heim, doch Hildegunde durfte das Kloster nicht mehr verlassen. Um ihr nahe zu sein, errichtete er die Rolandsburg gegenüber von Nonnenwerth. Das Klostergebäude existiert noch, hier ist heute ein Internat untergebracht. Der Ort **Rolandseck** besitzt noch einen weiteren Anziehungspunkt: Der klassizistische Bahnhof Rolandseck war schon immer Künstlertreff und beherbergt heute das Hans-Arp-Museum.

Mehrere Millionen Besucher trägt die alte Zahnradbahn jährlich von Königswinter aus auf den **Drachenfels**, dem berühmtesten Berg des Siebengebirges. Hier sollen Drachen gehaust haben, nicht nur die Nibelungensage (→ MERIAN-Spezial, S. 64) erzählt davon. Königswinter am Fuße des Drachenfels ist ein beliebter Ausflugsort mit einer lebhaften Rheinpromenade. Bevor die Bahn die Ruine der Trutzburg auf dem Drachenfels erreicht, macht sie Station bei der neugotischen Drachenburg, der letzten Burg am Rhein, bevor der Fluss auf die prosaischen Landschaften der Kölner Tiefebene zustrebt. Sie ist gleichzeitig auch die jüngste Burg am Rhein, erst 1881 als Wohnhaus erbaut. Die furchtlose Mischung vieler Baustile macht sie zu einem »Neuschwanstein am Rhein«. Auf dem **Petersberg** ist das Hotel Petersberg zu sehen, ein Grand Hotel, in dem auch heute noch Konferenzen von internationaler Bedeutung stattfinden.

Staatsempfänge

Das Hotel Petersberg hat so manch illustren Staatsgast gesehen. Hier wohnte der britische Premier Chamberlain, als er sich zu Verhandlungen mit Hitler traf, Schah Reza Pahlewi und Kaiserin Soraya residierten in 30 Zimmern, und Königin Elizabeth brachte ihr eigenes Tafelsilber und Trinkwasser mit. Nach dem Regierungsumzug nach Berlin zählte Michail Gorbatschow zu den prominenten Staatsgästen, und Rennfahrer Michael Schuhmacher griff für seine Hochzeit dort tief in die Tasche.

Drei rheinische Metropolen

Die Gründerzeitvillen von **Bad Godesberg** zeugen noch vom einstigen Glanz eines mondänen Kurortes, überragt von seinem Wahrzeichen, der Godesburg. Prominente Intellektuelle wie Nietzsche, Humboldt und Kant besuchten den Ort gerne und genossen den Blick aufs Siebengebirge, viele Bundespolitiker hatten zur Zeit der Bundeshauptstadt Bonn ihren Wohnsitz hier.

Heute steht **Bonn** auf Platz drei im Ranking der Städte mit der höchsten Anzahl von DAX-notierten Unternehmen. Das Wahrzeichen des »neuen Bonn« ist der Post Tower, höchstes Gebäude in NRW und direkter Nachbar des Langen Eugen, des einstigen Bundeshauptstadt-Symbols. Auch Beethovens Geburtshaus steht in Bonn, und in der Nachbarstadt Brühl gilt es das bedeutendste Barockschloss des Rheinlands zu besuchen: Schloss Augustusburg, seit 1984 UNESCO-Weltkulturerbe.

Museumsmeile

Die Bonner Museumsmeile ist ein Publikumsmagnet. Fünf Museen eifern um die Gunst der Besucher. Vom Rhein aus sind die drei gläsernen Spitzen auf dem Dach der Bundeskunsthalle zu sehen.

Die Kölner wissen ein Lied davon zu singen, wie der Rhein bisweilen zum Feind werden kann: nämlich dann, wenn er bei Hochwasser die meterhohen Kaimauern überspült und die kleinen Altstadthäuser überflutet. Hinter Köln passieren wir zunächst die Fordwerke, dann die großen Chemieparks von Bayer Leverkusen und Beyer Dormagen. Bei Monheim beginnen die Rheinufer dann den typischen Charakter einer niederrheinischen Auenlandschaft zu entwickeln. Versäumen Sie nicht den Blick auf die linksrheinische Feste **Zons**, das besterhaltene Beispiel einer befestigten Stadt am ganzen Rhein.

Römisches Neuss

Das heutige Neuss ist aus dem Römerlager »Novaesium« hervorgegangen, das um das Jahr 16 v. Chr. als Befestigung erbaut wurde. Eine zivile Siedlung folgte. Seit 1190 besitzt Neuss Stadtrechte, der Grundstein für das spätromanische Quirinusmünster wurde 1209 gelegt.

Köln

2000 Jahre alt und immer noch jung: Mutter Colonia ist temperamentvoll, lebensfroh und selbstbewusst.

Eine Silhouette, die man für immer im Kopf behält: der abendlich kunstvoll beleuchtete Kölner Dom (→ S. 100) mit Hohenzollernbrücke vom Kennedy-Ufer aus gesehen.

Köln

Einwohner: 997 000
Stadtplan → S. 106/107

»Dat Hätz vun d'r Welt jo dat es Kölle, dat Hätz vun d'r Welt dat schlät am Rhing« (Das Herz von der Welt, ja das ist Köln, das Herz von der Welt, das schlägt am Rhein): Millionen Jecken singen und schunkeln die Rheinmetropole mit diesem Lied zu Karneval in Stimmung. Das »Hätz vun d'r Welt« ist für den Kölner nicht perfekt, nichts daran ist durchgestylt, alles sprießt wie Kraut und Rüben durcheinander. Der Neumarkt – um ein paar Ungereimtheiten zu nennen –, früher einmal so etwas wie der Potsdamer Platz in Berlin, ergeht sich in Fünfzigerjahre-Öde; die Konsumtempel ringsum dagegen sind gleißende Kultdenkmäler der architektonischen Hypermoderne. Einen Steinwurf entfernt feiern Jugendstil, Gründerzeit, Sechzigerjahre und eine biedere Hinterhofidylle ihre nonkonforme Nachbarschaft. In diesem Spagat zwischen Ultradesign und Plattenbau-Tristesse regiert der Dualismus aus Kosmopolitismus und Kleinbürgerlichkeit: die kölsche Seele. Und die ist so gespalten wie die Metropole selbst. Mal gibt sie sich weltoffen und tolerant, mal zugeknöpft und desinteressiert. Das Motto »Loss mer fiere« ist die Basis des kölschen Wohlbefindens.

Mutter Colonia orientiert sich nicht an Maßstäben, sie setzt sie. In Sachen Kunst stellen gut 45 Museen und private Sammlungen, die Cologne Fine Art, die Messe Art Cologne als mithin wichtigste zeitgenössische Kunstmesse Europas, rund 100 Galerien und geschätzt gut 1000 ortsansässige Künstler die normative Kraft des Faktischen. 1952 flimmerten die ersten Sendungen des WDR über deutsche Mattscheiben. Mit zwischenzeitlich sechs Fernsehsendern, darunter RTL, n-tv und VOX, mehr als einem Dutzend Radioprogrammen und Heerscharen freier Produktionsfirmen und PR-Agenturen spielt die Stadt heute eine der ersten – wenn nicht die erste – Geigen im europäischen Medienkonzert.

Spaziergang

Startpunkt unseres Altstadtspaziergangs ist der **Dom**. Rechter Hand zur Hohen Straße hin liegt das Domforum, dessen Verlängerung auf den Wallrafplatz führt und damit zum Stammhaus des WDR. Bevor wir nach Süden abbiegen, können wir einen Abstecher zur Südseite des Doms machen. Wie ein roter Teppich rollt sich der **Roncalliplatz**, flankiert vom Domhotel und dem Römisch-Germanischen Museum, vor dem Südportal aus. Wieder zurück und die Straße Unter Goldschmied hinunter, stehen wir auf dem **Rathausplatz**. Die kunstvolle Renaissancelaube des Historischen Rathauses sowie der Rathausturm künden von dem einstmals wohl gut gefüllten Stadtsäckel. Rechter Hand Richtung Wallraf-Richartz-Museum fällt der Blick auf eine Glaspyramide. Darunter befinden sich die Reste der Mikwe, des einstigen rituellen jüdischen Bades. Der kubische Sandsteinbau des **Wallraf-Richartz-Museums** schließt den Rathausplatz nach Süden hin ab. Vom nachfolgenden, im 15. Jh. als prachtvoller Mehrzweckbau errichteten **Gürzenich** führt die Gürzenichstraße hinunter zum Rhein.

Der eigentliche Altstadtbesuch beginnt in der Markmannsgasse. Das Reiterdenkmal von Friedrich III. im Rücken, zweigt neben dem Restaurant Maredo ein namenloses Gässchen zum **Eisenmarkt** ab. Highlight dieses lauschigen Hinterhofplatzes ist das **Hänneschen-Theater**, eine 1803 gegründete Bühne für Stockpuppenspiele in Kölner Mundart. Auf einer Bank davor wurde das Kölner Original Willy Millowitsch zu Lebzeiten in Bronze gegossen. Wieder in der Markmannsgasse, schlendern wir die Rheinpromenade (Frankenwerft) mit ihren Schiffsanlegestellen in Richtung Hohenzollernbrücke entlang. Der Gang führt an den schmalen, liebevoll restaurierten Häuschen des **Fischmarkts** vorbei. Über die Treppen hinauf zum **Museum Ludwig** lädt die Terrasse dort zur Kaffeepause. Mit einem Schwenk zurück zum Fischmarkt führt die Lintgasse zum berühmten romanischen Gotteshaus **Groß St. Martin**. Abschluss unseres Spaziergangs ist der **Alte Markt**. Das Spätrenaissance-Doppelhaus Zur Brezel und Zum Dorn (Nr. 20/22) ist eines der wenigen erhaltenen Spiegelbilder der einstigen Prachtbebauung.

Dauer: 1–2 Std.; Länge: ca. 2 km

Sehenswertes

Altstadt

→ S. 107, e/f 2/3

Auch wenn man es ihr nicht ansieht, so waren doch Teile des heutigen Altstadtgebiets einst eine Rheininsel. Mitte des 10. Jh. wurde der Flussarm zugeschüttet, auf der neu gewonnenen Fläche entstand die sogenannte Rheinvorstadt, die heutige Altstadt. Nur zehn Fußminuten vom Dom gelegen, ist die Altstadt Pflichtprogramm jedes Kölnbesuches. Urige Kneipen, kölsche Brauhäuser, Jazzlokale, Discos und Travestieshows finden sich hier ebenso wie lauschige Plätze, kleine Läden, romantische Brunnen, mittelalterliche Gassen oder schmale Giebelhäuser.

Dom

→ S. 107, e 2

Von welcher Himmelsrichtung sich der Reisende der Stadt auch immer nähert, die Silhouette der beiden Domspitzen ziehen ihn magisch an. Im Mittelalter als mithin größte Kathedrale des Abendlandes geplant, beeindruckt das Gotteshaus durch eine Außenlänge von rund 144 m, eine Gesamtbreite von 86 m und eine Mittelschiffhöhe von 43 m. Bei der Vollendung im Oktober 1880 war der 157,38 m hohe Nordturm das höchste Bauwerk der Welt. Im gotischen Stil konzipiert, sollte die Kirche die französischen Vorbilder der Kathedralbaukunst an Vollkommenheit noch übertreffen. Nach Eintritt durch das Portal an der Westfassade teilt sich das Gotteshaus in das Nördliche Seitenschiff (links), das Langhaus (Mitte) sowie das südliche Seitenschiff (rechts). Auf das nördliche Seitenschiff mit seinen fünf Renais-

Flinke Köbese und Kölsch frisch vom Fass in rauen Mengen: Die engen Altstadtgassen im Schatten von Groß St. Martin und Dom sind eine beliebte Kneipenmeile.

sancefenstern folgt das Nördliche Querhaus. An das südliche Seitenschiff mit den fünf sogenannten Bayernfenstern schließt das Südliche Querhaus. Der Umgang um Chor und Hochaltar beherbergt insgesamt neun kleinere Kapellen. Stephan Lochners berühmter Flügelaltar, das sogenannte **Dombild**, befindet sich in der Marienkapelle, der ersten Kapelle hinter dem Südlichen Querhaus.

Links von Chor und Hochaltar liegt die Kreuzkapelle. Ein paar Schritte hinter den Stufen zur dreischiffigen Krypta (Gruft der Erzbischöfe) hängt das berühmte **Gerokreuz** (um 976), die früheste erhaltene Großplastik des mittelalterlichen Europas.

Glanz- und Höhepunkt der Kathedrale ist der **Dreikönigenschrein**. Das weltweit wohl schönste Zeugnis der rheinisch-maasländischen Goldschmiedekunst wurde ca. 1181 bis 1225 in der Werkstatt von Nikolaus von Verdun gefertigt.

Die Besteigung des **Südturms** ist ein Erlebnis für sich. Der Zugang liegt – von außen Richtung westliches Hauptportal gesehen – rechts im Petersportal. Nach 509 Stufen wird man mit einem wunderbaren Blick über Köln und die Umgebung belohnt.

Domkloster 4; S-/U-Bahn: Dom/Hbf; Infos: Domforum (Mo–Fr 10–18.30, Sa 10–17, So 13–17 Uhr; Tel. 92 58 47 20; www.domforum.de); Kölner Dom: www.koelner-dom.de, www.dom-fuer-kinder.de; tgl. 6–19.30 Uhr, Domschatzkammer tgl. 10–18 Uhr, Turmbesteigung 9–17 Uhr, im Winter bis zur Dunkelheit

Groß St. Martin → S. 107, f 3

Ob es tatsächlich 365 Kirchen waren, die Köln den Beinamen »Rom des Nordens« gaben, sei dahingestellt. Blickfang des Stadtpanoramas jedenfalls sind damals wie heute die weithin sichtbaren Kirchtürme der berühmten zwölf romanischen Kirchen. Nach dem Dom der zweite Höhepunkt des Rheinpanoramas ist Groß St. Martin. Idyllisch mitten in der Altstadt gelegen, geht der Sakralbau mit seinem mächtigen Vierungsturm und seinem Kleeblattchor auf ein Chorherrenstift des 10. Jh. zurück. Die Kirche selbst wurde 1172 eingeweiht, diverse Brandschäden führten zu größeren Um- und Neugestaltungen. Im Zweiten Weltkrieg nahezu gänzlich zerstört, erst 1984 wieder völlig aufgebaut, wirkt das sparsam eingerichtete Innere durch Größe und Leichtigkeit. In der Krypta finden sich Reste römischer Sport- und Lagerhallen.

Martinspförtchen 8; Tel. 16 42 56 50; Tram: Heumarkt; Di–Fr 10–12 und 15–17, Sa 10–12.30 und 13.30–17, So 14–16 Uhr

Haus 4711 → S. 106, c 3

1796 nummerierten die französischen Besatzer Kölns Häuser zu Steuerzwecken durch. Der Sitz des Duftwasserherstellers Mülhens erhielt die Nummer 4711. In der Folgezeit wurde die Hausnummer zum Markenzeichen des »Echt Kölnisch Wasser«. Das vis-à-vis der Oper gelegene, reich verzierte neugotische Gebäude ist eine Replica des im Zweiten Weltkrieg zerstörten Originals. Im Verkaufsraum können alle erdenklichen 4711-Artikel erworben werden. Auf dem Treppenumgang erzählen Schautafeln die Firmengeschichte. Zur Opernseite hin erklingt zwischen 9 und 19 Uhr stündlich ein Glockenspiel.

Glockengasse 4711; www.4711.com; U-Bahn: Appellhofplatz

Historisches Rathaus → S. 107, e 3

Das Historische Rathaus repräsentiert das bürgerliche Selbstbewusstsein und den wirtschaftlichen Erfolg der Stadt. Blickfang ist die prunkvolle Renaissancelaube (1569–1573). Die »Piazetta«, der Innenplatz des Historischen Rathauses, führt in den repräsentativen Hansasaal (14. Jh.). Dieser war Tagungsort der Hanse, später auch Gerichtssaal sowie Repräsentationsort und wurde in seiner ursprünglich hochgotischen Form wieder aufgebaut. Der spätgotische

Rathausturm wurde von den Kölner Zünften als Zeichen ihrer Stadtherrschaft und der Entmachtung der Patrizier 1407 bis 1414 errichtet. Mit 61 m Höhe war er Kölns erstes »Hochhaus«. Bis zur Vertreibung der Juden aus Köln im Jahr 1424 grenzte der Rathausplatz an das Judenviertel. Der Straßenname »Judengasse« sowie die Reste des Judenbades Mikwe erinnern noch daran. Das Bad liegt unter einer kleinen Stahl-Glas-Pyramide, durch die man in einen 16 m tiefen Brunnenschacht blickt.
Rathausplatz; Tram: Heumarkt bzw. U/S-Bahn: Dom/Hbf; Mo, Mi, Do 8–16, Di 8–18, Fr 8–12 Uhr

Severinstorburg → S. 107, südl. f 5

Die mächtige viergeschossige Torburg ist das Wahrzeichen des wohl authentischsten Kölner »Veedels«, der Südstadt. Vor dem gewichtigen Falltor hat ein Marktstand seinen festen Platz; Straßencafés und kleine Geschäfte schaffen eine malerische Atmosphäre. Das traditionelle Brauhaus **Früh em Veedel**, ein schöner Backsteinbau, lädt zum kühlen Kölsch ein. Wenige Minuten Richtung Rhein beginnt die Kneipenszene der Südstadt.
Tram: Chlodwigplatz

MERIAN-Tipp

6 Imhoff-Schokolade-Museum

Das ultramoderne, direkt am Rhein gelegene Museum zeigt 3000 Jahre Kakao-Geschichte. Zur Ausstellung gehören u. a. ein Schoko-Shop, ein begehbares Tropenhaus sowie eine komplette Produktionsstraße. Das geräumige Panoramacafé mit breiter Glasfront bietet einen schönen Blick auf den Rhein und die »schäl Sick«, das rechtsrheinische Deutz. Ab und zu Workshops wie z. B. Pralinenherstellung und Programme für Schüler.

Am Schokoladenmuseum 1a; Tel. 93 18 88-0; www.schokoladenmuseum.de; Tram: Heumarkt; Di–Fr 10–18, Sa, So 11–19 Uhr; Eintritt 6,50 €, Kinder 4 €
→ S. 107, f 5

Käthe-Kollwitz-Museum
→ S. 106, c 4

In der vierten Etage der Neumarktpassage gelegenes Museum mit der international größten Sammlung der Expressionistin. Sonderausstellungen, Druckgrafiken und Bronzeskulpturen.
Neumarkt 18–24; Tel. 2 27 28 99 und 2 27 26 02; www.kollwitz.de; Tram/U-Bahn: Neumarkt; Di–Fr 10–18, Sa, So 11–18 Uhr; Eintritt 3 €, Kinder 1,50 €

Museum Ludwig → S. 107, e 2

Der von den Architekten Busmann und Haberer 1980 bis 1986 erbaute Ausstellungs- und Konzerthallenkomplex (Philharmonie) zählt sowohl von seiner Funktion als auch von seiner Architektur zu den Highlights von Köln. Treppenartig verschachtelt, vis-à-vis der Dom-Rückseite am Rhein gelegen, mit seinem weithin sichtbaren, die Wellen des Rheins symbolisierenden »Hahnenkamm«-Dach, beherbergt das Museum die Sammlungen des Mäzenehepaars Peter und Irene Ludwig. Gezeigt wird auf 8000 qm hochkarätige Kunst des 20. und 21. Jh. International herausragend sind dabei die Picasso- und Pop-Art-Sammlung, die Kunst der russischen Avantgarde sowie Bilder von Max Beckmann, Paul Klee und Henri Matisse.
Heinrich-Böll-Platz; Tel. 22 12 23 82 und 22 12 61 65; U/S-Bahn: Dom/Hbf; Di–So 10–18 Uhr

Römisch-Germanisches Museum
→ S. 107, e 2

Highlight des zu den meistbesuchten Museen Deutschlands zählenden Hauses ist neben dem weltberühmten Dionysos-Mosaik (um 220/230 n. Chr.) das Grabmal des Poblicius. Das 1974 fertiggestellte Gebäude steht auf den Ruinen einer römischen Stadtvilla des 3. Jh. Zu sehen sind Schmuckkollektionen, Wandmalereien, Mosaike, Grab- und Weihesteine, Porträts und Reisewagen. Hinzu kommen antike Kleinbronzen und Leuchter, Tafel- und Kochgeschirr sowie die größte römische Glassammlung der Welt. Kombiticket mit dem Praetorium unter dem Rathaus (→ S. 101).

Roncalliplatz 4; Tel. 22 12 23 04; U/S-Bahn: Dom/Hbf; Di–So 10–17 Uhr; Eintritt 5 €, Kinder 3 €, Kombiticket mit Praetorium 6 €, Kinder 3,50 €

Wallraf-Richartz-Museum

→ S. 107, e 3

Mitte des 19. Jh. im heutigen Museum für Angewandte Kunst untergebracht und 1986 mit dem Museum Ludwig am Dom zu einem Doppelmuseum vereint, bezog das Museum 2001 sein neues Domizil zwischen Historischem Rathaus und Gürzenich. Der von Oswald Ungers entworfene, streng-kubische Bau präsentiert auf 2700 qm Kunst von 1250 bis 1900, darunter mittelalterliche Kölner Malerei mit Werken von Stephan Lochner sowie hochkarätige holländische und flämische Gemälde des 16. bis 18. Jh. Zu den Höhepunkten zählt ein Alters-Selbstbildnis von Rembrandt. Romantik, Realismus und Impressionismus aus Deutschland, Frankreich und der Schweiz setzen weitere Höhepunkte. Hinzu kommen Skulpturen ab dem 19. Jh. mit Werken u. a. von Rodin, Renoir und Degas sowie eine Grafische Sammlung (11.–20. Jh.). Diese präsentiert neben dem kostbaren Stundenbuch der Sophia von Bylant u. a. Zeichnungen von Leonardo da Vinci, Raffael, Dürer und Rembrandt. Das **Café Richards** im Erdgeschoss ist Di–So von 10 bis 18 Uhr geöffnet.

Obenmarspforten 3; Tel. 22 12 76 94; U-Bahn: Heumarkt; Di, Mi, Fr 10–18, Do 10–22, Sa, So 11–18 Uhr; Eintritt 10 €, Kinder 6 €

Essen und Trinken

Heising und Adelmann → S. 106, b 2

Schlauchartiger Bau, lange Theke, große Innenhofterrasse, Biergarten, Spitzenlage in Kölns aktuellem Ausgeh-Mekka (Friesenplatz). Kreative Küche, Szene-Publikum. Innen 114, außen 60, im Biergarten 100 Plätze. Auch Parties und Veranstaltungen.

Friesenstr. 58–60; Tel. 1 30 94 24; www.heising-und-adelmann.de; U-Bahn: Friesenplatz; Mo–Do 18–1, Fr, Sa 18–4, Küche bis 22.30 Uhr ●●●

Im Museum Ludwig ist Gerhard Richters Werk »4.096 Farben« zu bewundern. Es diente als Vorbild für das neue Domfenster.

Minimalistisches Design und eine hervorragende Küche: Heising und Adelmann (→ S. 103).

Wasserturm → S. 106, c 5
Hendrik Otto hat einen der schönsten Arbeitsplätze Kölns. Der Ein-Sterne-Michelin-Koch zelebriert im 11. Stock des noblen Wasserturm-Hotels höchste Kochkunst im Restaurant **La Vision.** Die Küche ist französisch, das Ambiente zeitlos modern und der Blick auf die Dächer der Domstadt ebenso wie die Außenterrasse in lauen Sommernächten ein Traum.
Kaygasse 2; Tel. 2 00 80; www.hotel-im-wasserturm.de; U-Bahn: Poststraße; Di–Sa 12–14.30 und 19–22 Uhr, Reservierung angeraten ●●●

Campi im Funkhaus → S. 107, d/e 2
Die ehemalige WDR-Kantine im aufgemöbelten Fünfzigerjahre-Stil spricht mit ihrer italienischen Bistroküche Promis und Publizisten, aber auch jede Menge Laufkundschaft an. Auf den Tisch kommen wechselnde italienische Regionalmenüs. 110 Innen- und 110 Außenplätze.
Wallrafplatz 5; Tel. 9 25 55 55; U/S-Bahn: Dom/Hbf; Küche tgl. 12–23 Uhr ●●

Bier-Esel → S. 106, b 3
Über 700 Jahre alt, steht der Bier-Esel für Kölsche Kneipenkultur und in den Monaten mit »r« für hervorragende Muschelgerichte. 200 Plätze.
Breite Str. 114; Tel. 2 57 60 90; U-Bahn: Appellhofplatz; Winter 10–0.30, Sommer 10–24 Uhr

MERIAN-Tipp

7 Früh am Dom

Jahrgang 1904, das Urgestein der Kölner Brauhäuser mit 1100 Plätzen, 80 Köbesen und monatlich 500 hl Gerstensaft. Kunterbunt gemischtes Publikum. Neben deftiger Küche auch separat-feines Drei-Kronen-Restaurant. Terrasse mit 200 Plätzen. Nebenan das Restaurant **Hof 18** als coole, von H. A. Schult ausstaffierte Essen-und-Trinken-Location. Ein kleiner Veedels-Ableger liegt neben der Severinstorburg in der Südstadt.

Am Hof 12–18; Tel. 2 61 30; U/S-Bahn: Dom/Hbf; tgl. 8–24 Uhr → S. 107, e 2

Café Reichard ⟶ S. 107, d 2
Traditionsreich-klassisches Tagescafé mit Terrasse direkt am Dom.
Unter Fettenhennen 11; Tel. 28 91 70; www.cafe-reichard.de; U/S-Bahn: Dom/Hbf; tgl. 8.30–20 Uhr

Einkaufen

Erste Wahl in Sachen Alta Moda ist die Mittelstraße. Parallel in der Ehrenstraße residieren trendy und twenty; die Pfeilstraße wartet mit Designer- und Exklusivkreationen auf.

Foto Gregor ⟶ S. 106, c 4
Kleinbild-, Mittel- und Fachformat, Secondhand, Labor und Digital. Profi-Shop im Untergeschoss.
Neumarkt 32–34; Tram/U-Bahn: Neumarkt

Franz Sauer ⟶ S. 107, d 3
Traditionsreiches und wohl exklusivstes Damen- und Herrenmodengeschäft der Stadt. Auf fünf Ebenen teuerste Klassik. Maßanfertigung.
Minoritenstr. 13; U/S-Bahn: Dom/Hbf

Gesine Moritz ⟶ S. 106, c 4
Schlichtes, Extravagantes und Pompöses dieseits und jenseits der Damen-Konfektionsgröße 38 aus der Hand der bekannten Designerin.
Neumarktpassage; Tram/U-Bahn: Neumarkt; Mo–Fr 11–18.30, Sa 11–17 Uhr

Haus 4711 ⟶ S. 106, c 3
Vis-à-vis der Oper alles rund um den Kölner Traditions-Duft (→ S. 101).

Maus & Co. ⟶ S. 106, c 3
Für Junge und Junggebliebene gibt es die WDR-Dauerbrenner Käpt'n Blaubär und Maus in den WDR-Arkaden.
Breite Str. 6; U-Bahn: Appellhofplatz; Mo–Fr 10–19, Sa 10–18 Uhr

Walther-König ⟶ S. 106, b 3
Alteingesessenes Geschäft mit modernem Antiquariat, Kunst, Design, Architektur, Film und Fotografie.
Ehrenstr. 4; Straßenbahn/U-Bahn: Neumarkt

Am Abend

Hänneschen-Theater ⟶ S. 107, e/f 3/4
1802 als erste ortsfeste Puppenbühne im deutschsprachigen Raum gegründet. Stockpuppen, kölsche Mundart, kölsche Themen. Nachmittags Kinderprogramm, abends eher auf ein älteres Publikum zugeschnitten.
Eisenmarkt 2–4; Tel. 2 58 12 01 (Kartenreservierung Mi–So 10–14 Uhr empfohlen); www.haenneschen.de; Tram: Heumarkt

Hotel Timp ⟶ S. 107, e 4
Die Travestie-Trash-Revue der Timper Herren-Damen ist seit 20 Jahren ab Mitternacht stets gerappelt voll.
Heumarkt 25; www.timp.de; Tram: Heumarkt; tgl. 11–5 Uhr, Travestie-Show ab 1 Uhr

Papa Joe's Jazzlokal Em Streckstrump ⟶ S. 107, f 3
Angeblich älteste Jazz-Kneipe Deutschlands. In der Altstadt gelegen, authentisch, gute Stimmung, Publikum zwischen 18 und 80, täglich Live-Jazz.
Buttermarkt 37; www.papajoes.de; Tram: Heumarkt; So 11.30–24, Mo–Do 19–2, Fr, Sa 19–2 Uhr

Senftöpfchen ⟶ S. 107, e 3
Kölns älteste Kleinkunstbühne ist auf Kabarett, Musik, Revue und Travestie spezialisiert. Rund 170 Plätze.
Große Neugasse 2–4; Tel. 2 58 10 58; www.senftoepfchen-theater.de; U/S-Bahn: Dom/Hbf

Millowitsch-Theater ⟶ S. 106, a 4
Eine Kölner Legende, durch Film und Fernsehen bekannt. Nach dem Tod von Willy Millowitsch übernahm Sohn Peter die Regie.
Aachener Str. 5; Tel. 25 17 47; www.millowitsch.de; U-Bahn: Rudolfplatz

Service

KölnTourismus ⟶ S. 107, d 2
Unter Fettenhennen 19, 50667 Köln; Tel. 02 21/22 13 04 00; www.koelntourismus.de; Mo–Sa 9–20, So 10–17 Uhr

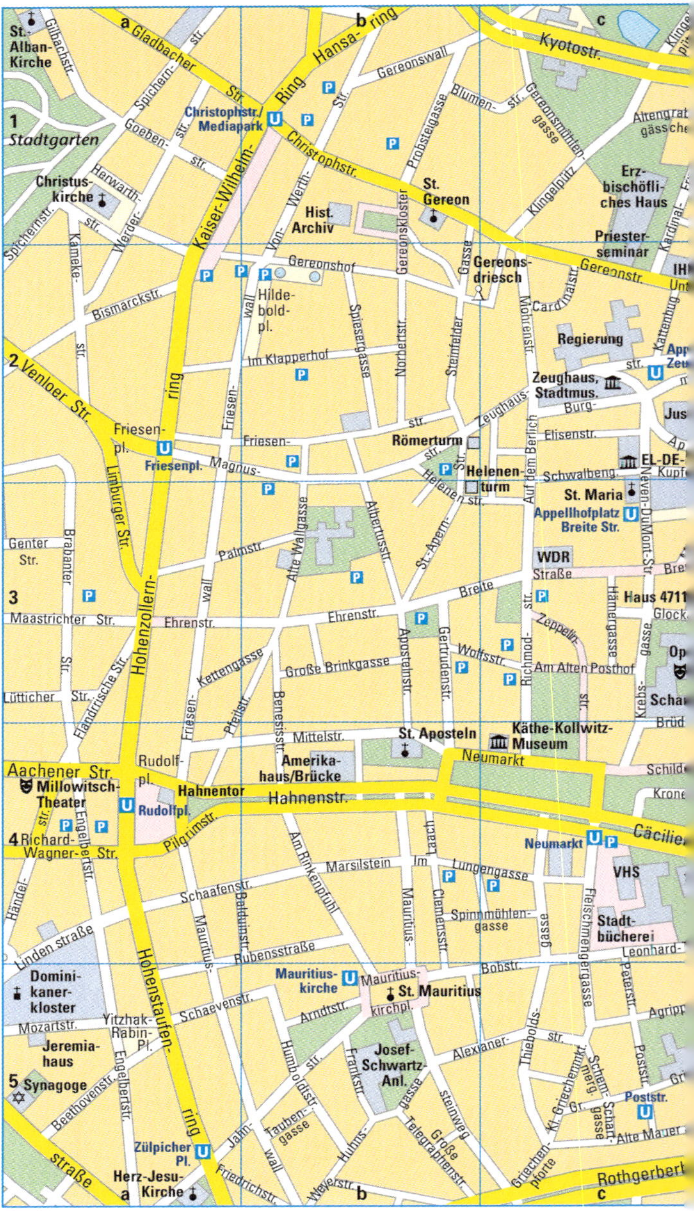

a
b
c
St.-Alban-Kirche
Gilbachstr.
Gladbacher Str.
Spichern-str.
Hansa-ring
Ring
Kyotostr.
Gereonswall
1
Stadtgarten
Goeben-str.
Christophstr./Mediapark
Christophstr.
Blumen-str.
Gereonsmühlen-gasse
Probsteigasse
Altengrabengässchen
Christus-kirche
Herwarth-str.
Spichernstr.
Werder-
Kaiser-Wilhelm-ring
Werth-
Von-
Hist. Archiv
St. Gereon
Gereonskloster
Kingelpütz
Erzbischöfliches Haus
Priester-seminar
Kardinal-
Gereonstr.
Kameke-str.
Gereonshof
Hildebold-pl.
wall
Gereons-driesch
Gasse
Card.-Frings-Str.
Bismarckstr.
Spiesergasse
Norbertstr.
Steinfelder
Mohrenstr.
Regierung
Kattenbug
2
Venloer Str.
Im Klapperhof
Zeughaus, Stadtmus.
Burg-
Friesen-pl.
Friesen-
Friesenpl.
Römerturm
Zeughaus-
Auf dem Berlich
Elisenstr.
Magnus-
Helenen-turm
Helenen-str.
St.-Apern-Str.
Schwalbeng.
EL-DE-
St. Maria
Appellhofplatz
Breite Str.
Neven-DuMont-Str.
Limburger Str.
Genter Str.
Brabanter Str.
Palmstr.
Alte Wallgasse
Albertusstr.
WDR
Straße
Breite
Haus 4711
Hämergasse
Glock.
3
Maastrichter Str.
Ehrenstr.
Apostelnstr.
Gertrudenstr.
Zeppelin-str.
Richmod-str.
Wolfsstr.
Am Alten Posthof
Hohenzollern-ring
Kettengasse
Große Brinkgasse
Lütticher Str.
Flandrische Str.
Friesen-wall
Pfeilstr.
Benesisstr.
Krebs-gasse
Mittelstr.
St. Aposteln
Käthe-Kollwitz-Museum
Neumarkt
Aachener Str.
Millowitsch-Theater
Rudolf-pl.
Amerika-haus/Brücke
Hahnentor
Hahnenstr.
Schildergasse
Krone
Rudolfpl.
Pilgrimstr.
Engelbertstr.
4
Richard-Wagner-Str.
Am Rinkenpfuhl
Laach
Im Lungengasse
Marsilstein
Neumarkt
Cäcilienstr.
VHS
Händel-str.
Schaafenstr.
Balduinstr.
Mauritius-
Clemensstr.
Spinnmühlen-gasse
Fleischmengergasse
Stadt-bücherei
Linden straße
Rubensstraße
Leonhard-
Dominikaner-kloster
Mauritius-kirche
Mauritius-kirchpl.
St. Mauritius
Bobstr.
Peterstr.
Mozartstr.
Yitzhak-Rabin-Pl.
Schaevenstr.
Arndtstr.
Agrippa
Jeremia-haus
Hohenstaufen-ring
Humboldtstr.
Frankstr.
Josef-Schwartz-Anl.
Alexianer-str.
Thiebolds-gasse
Kl. Griechenmkt.
Schem-merig.
Poststr.
5
Synagoge
Beethovenstr.
Engelbertstr.
Tauben-gasse
Große Telegraphenstr.
steinweg
Gr. Schaf-gasse
Poststr.
Alte Mauer
Zülpicher Pl.
Jahn-
wall
Huhns-
Weyerstr.
Griechen-pforte
Rothgerberbach
straße
Herz-Jesu-Kirche
Friedrichstr.

Köln
Rhein
Hauptbahnhof
Dom
Breslauer Platz
Dom/Hauptbahnhof
Museum Ludwig
Philharmonie
Röm.-Germ. Museum
Röm. Nordtor
Roncalliplatz
Heinzelmännchenbrunnen
Früh am Dom
WDR
Praetorium
Rathaus
Mikwe
Wallraf-Richartz-Mus.
Gürzenich
Groß St. Martin
Millowitsch-Denkmal
Hänneschen-Theater
Heumarkt
Deutzer Brücke
Hohenzollernbrücke
St. Maria im Kapitol
Overstolzenhaus
Trinitatiskirche
St. Maria Lyskirchen
Malakoffturm
Imhoff-Schokoladenmuseum
Fröbelhaus
St. Georg
Hist. Archiv
Hauptzollamt
Fernmeldeamt
Dischhaus
St. Kolumba
Diözesanmuseum
Minoritenkirche
Angew. Kunst
St. Andreas
Sozialgericht
Gen.-vikariat
St. Maria Himmelfahrt
St. Ursula
Jakordhaus
DB-Direktion
Konrad-Adenauer-Ufer
Am Leystapel
Holzmarkt
Nord-Süd-Fahrt
Tunisstr.
Neuköllner Str.
Tel-Aviv-Str.
Ursulastr.
Maximinenstr.
Goldgasse
Trankgasse
Komödienstr.
An den Dominikanern
Burgmauer
Wallrafplatz
Am Hof
Große Neugasse
Mühlengasse
Unter Goldschmied
Hohe Str.
Obenmarspforten
Markmannsg.
Augustinerstr.
Pipinstr.
Rheingasse
Filzengraben
Mühlenbach
An der Malzmühle
Große Witschgasse
Kleine Witschgasse
Rheinaustr.
Severinstr.
Georgstr.
Rheinufertunnel
Frankenwerft
Buttermarkt
Salzgasse
Lintgasse
Schildergasse
Agrippastr.
Sterngasse
Cäcilienstr.
0 150 m
© MERIAN-Kartographie

Düsseldorf

Kurfürstlicher Glanz, große Kunst und grüne Parks – das »Savoir vivre« hat hier eine lange Tradition.

Die von 1997 bis 1999 errichteten Gehry-Bauten am Neuen Zollhof (→ S. 110) sind mit ihrer asymmetrischen Formensprache schnell zum neuen Wahrzeichen der Stadt geworden. Bei schönem Wetter ist der vorgelagerte Platz ein beliebter Treffpunkt für einen Drink.

Düsseldorf

Einwohner: 582 000
Stadtplan → S. 116/117

Großzügige Boulevards, grüne Parks und die schönste Promenade aller Rheinstädte – Düsseldorfs öffentliches Gesicht ist glatt und elegant. Keine deutsche Stadt hat – in ihrem Verhältnis zur Größe – eine höhere Dichte an Modefirmen, Werbeagenturen, Unternehmensberatern und Telekommunikationsfirmen. Die hohe Lebensqualität wird auch durch die »Gartenstadt« geprägt. Düsseldorf ist von Grünflächen durchzogen wie kaum eine andere Metropole. Die Innenstadt umgibt ein grüner Ring, bestehend aus Hofgarten, Königsallee, Spee'schem Graben und Ständehausanlagen. Eigentlich aber ist Düsseldorf ein Ort der bildenden Kunst, unschwer zu erkennen an den vielen Skulpturen und Kunstwerken im Stadtbild und an der ungeheuren Vielfalt und dem Reichtum der Museen.

Düsseldorf ist eine junge Siedlung, sie kann nicht auf eine 2000-jährige Geschichte zurückblicken wie der große Nachbar Köln. Vielleicht sind ihre Stadtplaner deshalb alles andere als zaghaft. Ein gelungener Coup war die Umwandlung des alten Hafengeländes in eine moderne Architekturmeile und ein hippes Viertel für Medienschaffende, das der Stadt schnell ein weiteres Wahrzeichen und ein neues Image verschaffte.

Hinausgehen und feiern gehört zur Düsseldorfer Identität wie das Altbier und der Rhein. Steht einmal keine Feierlichkeit an, gibt es da noch die Altstadt, genannt »längste Theke der Welt«, in deren Brauhäusern es spätestens nach dem dritten Alt keine sozialen Unterschiede mehr gibt und Partystimmung aufkommt. Die Altstadt ist das »Herz« Düsseldorfs, hier stehen der Schlossturm und die Lambertuskirche, die Kunstakademie und das Rathaus, Museen und Galerien und erzählen Stadtgeschichte.

Spaziergang

Wir starten auf der Grabenstraße in der Altstadt, einer belebten Fußgängerzone, die von kleinen Boutiquen gesäumt ist. Wir halten uns links und erreichen den **Carlsplatz**. Nach einer Runde über den Markt betreten wir die kopfsteingepflasterten Sträßchen der Carlstadt. Hinter den glanzvollen Fassaden der Stadtpalais auf der Bilker Straße sind vorwiegend Kulturinstitute beheimatet. In Haus Nr. 15 liegt die **Robert-Schumann-Gedenkstätte** und auf der linken Seite in Nr. 12–14 das **Heine-Institut**. Durch die Bastionstraße kommen wir zum Spee'schen Graben, einer ehemaligen Festungsanlage, die heute als Wasserfläche mit Park das Stadtmuseum umgibt.

Wir überqueren den begrünten Anna-Maria-Luisa-Medici-Platz und gelangen durch die winzige Bäckerstraße zu einem der schönsten Fleckchen in der Carlstadt, dem Platz vor dem **Palais Spee** mit dem Stadtmuseum auf der Berger Allee. Wir gehen die Citadellstraße mit ihren klassizistischen Fassaden entlang, biegen links in die Schulstraße ab und sehen nun die **Uferpromenade** und den Rhein. Über das Pflaster, kunstvoll in Rheinwellen gelegt, schlendern wir über die Promenade, im Blick die Fassaden der Oberkasseler Rheinseite. Über die barocke Zollstraße tauchen wir wieder ein in die kleinen Gassen, diesmal die der Altstadt. Vorbei am Haus des Karnevals und am Gänsebrunnen erreichen wir den **Marktplatz** mit dem historischen **Rathaus**. Auf der Bolkerstraße gegenüber lohnt ein Abstecher zum **Heine-Geburtshaus**. Auf dem Burgplatz treffen wir wieder auf die Rheinuferpromenade, die sich an dieser Stelle mit einer großen Freitreppe zum Rhein hin öffnet. Die Aussicht vom Café des **Schifffahrtsmuseums im Schlossturm** sollte man sich nicht entgehen lassen. Wir machen einen kurzen Schlenker über die Wimmergasse und erhaschen ein paar Blicke auf die Düssel, bevor sie unterirdisch in den Rhein fließt, und stoßen über die Lambertusstraße auf die **Lambertuskirche**, einstmals ein berühmter Wallfahrtsort. Kirche, Stiftsplatz und die kleinen umgebenden Häuser bilden ein perfektes niederrheinisches Idyll. Wir verlassen den Platz in Richtung Ratinger Straße. Über die schöne Mühlengasse und den Eiskellerberg kann man noch einen Abstecher zur **Kunstakademie** anschließen. Der Weg zurück zum Ausgangspunkt führt über den Grabbeplatz und die belebte Hunsrückenstraße.

Dauer: 2–3 Std.; Länge: ca. 4 km

Sehenswertes

Hafen und Neuer Zollhof

⇢ S. 116, a 4

Wenn die Düsseldorfer heute »Hafen« sagen, meinen sie meist den Medienhafen. Seit Ende der Achtzigerjahre wird das alte Hafengelände konsequent mit moderner Architektur besetzt. In der ersten Bauphase entstanden Landtag, Rheinturm und WDR. Dann folgte die Bebauung des Geländes rund um den alten Handelshafen und die Ansiedlung von Medienunternehmen. Dabei wurden die alten Hafenanlagen erhalten und unter Denkmalschutz gestellt. Häuser wie die Gehry-Bauten am Neuen Zollhof und das Grand Bateau wurden realisiert, und der Hafen gleicht einem modernen Architekturmuseum, das Düsseldorf hohe Anerkennung einbrachte.

Tram: Franziusstr.

Hofgarten

⇢ S. 116/117, c/e 2

Der Bau des Hofgartens war die Grundsteinlegung für die spätere Gartenstadt Düsseldorf. 1769 wurde er als erster öffentlicher Park nach Entwürfen von Nicolas de Pigage angelegt. Der Hofgarten ist die »grüne Lunge« Düsseldorfs: Nicht nur seine pittoreske Anlage mit dem von der »Goldnen Brücke« überwölbten Landskrone, dem »Napoleonsberg« und dem »Ananasberg« lädt zum Besuch, er ist auch so etwas wie der Skulpturengarten der Stadt. Hier wurde Maximilian Weyhe, Robert Schumann, Karl Leberecht Immermann und Gustaf Gründgens ein Denkmal gesetzt und Heinrich-Heine zu Ehren die Aristide-Maillol-Skulptur »Harmonie« errichtet. Henry Moores »Liegende Figur in zwei Teilen« steht ganz in der Nähe eines Kriegerdenkmals. Zu den beliebtesten Skulpturen gehört die wasserspeiende Fontäne »Gröner Jung« im Hofgartenweiher und der »Märchenbrunnen«.

Tram: Jan-Wellem-Platz

Die »Kö«

⇢ S. 116, c 3/4

8

Durch die Mitte der knapp 1 km langen und 82 m breiten Prachtstraße zieht sich – von der Düssel gespeist – der Stadtgraben, auch »Kö-Graben« genannt, von Platanen und Kastanien beschattet und von breiten Spazierwegen umgeben. Drumherum gruppiert sich das, wofür die Königsallee in der ganzen Welt bekannt ist: Eleganz, Reichtum und Internationalität. Die Mode, die auf der Königsallee verkauft wird, wird hier auch gerne ausgeführt; und betuchte Kunden fahren schon mal im Bentley vor.

U-Bahn: Steinstr./Königsallee oder Heinrich-Heine-Allee

Rheinturm

⇢ S. 116, a 4

Ein weiteres Düsseldorfer Wahrzeichen, zwischen Landtag und dem gläsernen Stadttor direkt am Rhein: Der Fernsehturm ist mit 234 m das höchste Gebäude der Stadt – und ein besonders elegantes und wohlproportioniertes noch dazu. An guten Tagen bietet sich ein fantastischer Blick bis zum Kölner Dom und den dahinter liegenden Erhebungen des Bergischen Landes. Außen am Turmschaft ist am Abend die vom Lichtkünstler Horst H. Baumann erschaffene größte Dezimaluhr Deutschlands zu sehen. Von oben nach unten zeigen die beleuchteten und in Gruppen angeordneten Bullaugen an: die Zehnerstunden, die Einerstunden, die Zehnerminuten,

die Einerminuten, die Zehnersekunden und die Einersekunden.
Tram: Landtag

Schloss und Park Benrath

⇢ S. 117, südöstl. f 5

Nur eine kurze Straßenbahnfahrt vom Zentrum entfernt liegt ein einmaliges Gesamtkunstwerk: Schloss Benrath mitsamt seiner ihn umgebenden Anlagen ist eines der schönsten Gartenschlösser Europas und sicherlich das am besten erhaltene. Von außen wirkt das Schloss wie ein eingeschossiger Bau mit einem hohen Schieferdach. Eine Raffinesse des Architekten: In Wirklichkeit ist es viergeschossig, die über 80 Zimmer gruppieren sich in einem ausgeklügelten System um den runden Festsaal herum. Nicht minder ideenreich ist der Schlosspark angelegt: Acht sternförmig zusammenlaufende Alleen laden zum Lustwandeln ein, außerdem gibt es mehrere kleine Themengärten.
Tram: Schloss Benrath

Museen

Heinrich-Heine-Institut

⇢ S. 116, c 3

Das einzige Museum zu Leben und Werk Heinrich Heines beherbergt zugleich das Zentrum der internationalen Heine-Forschung, das Rheinische Literaturarchiv und die Schumann-Sammlung. Viele kostbare Autografen Heines, Manuskripte, seine köstlichen Briefe und seine Totenmaske sind hier ausgestellt. Auch der »Loreley«, seinem bekanntesten Gedicht, ist ein Ausstellungsraum gewidmet.
Tram: Benrather Str.

K20/K21
K20 – Kunstsammlung Nordrhein-Westfalen

⇢ S. 116, c 2

Den Grundstock für die bedeutende Sammlung bildeten zu Beginn der Sechzigerjahre Bilder von Paul Klee, es folgten Werke von Picasso, Matisse, Kirchner und Kandinsky und den Dada-Künstlern. Ein weiterer Schwerpunkt ist die Kunst nach 1945 mit prominenter nationaler (u. a. Joseph Beuys und Gerhard Richter) und internationaler Kunst bis hin zu zeitgenössischer Fotografie und Video-Arbeiten. Kaum ein Museum versammelt die Kunstgeschichte des 20. Jh. so eindrucksvoll wie das K20.
Grabbeplatz 5; www.kunstsammlung.de; U-Bahn: Heinrich-Heine-Allee; Di–Fr 10–18, Sa, So 11–18, jeden 1. Mi im Monat 10–22 Uhr; Eintritt 6,50 €/4,50 €, Kombiticket K20/K21 10 €/8 €

Das beliebteste Ausflugsziel der Düsseldorfer liegt direkt vor der Haustür: Zu Feierabend und am Wochenende wird die Rheinuferpromenade zur riesigen Spielwiese.

Im Brauhaus Im Füchschen (→ S. 114) gibt es Rustikales wie Sauerbraten und Halve Hahn.

K21 – Kunstsammlung Nordrhein-Westfalen → S. 116, c 4
Das K21 ist ein Museum mit Kunst des 21. Jh., genauer gesagt mit Kunst ab 1980. Eingerichtet wurde das K21, als die Kunstsammlung NRW vermehrt Werke der jüngeren Künstlergeneration erwarb, die nach einer eigenen Ausstellungsfläche verlangten. Das Museum ist im ehemaligen **Ständehaus** untergebracht, vormals Sitz des nordrhein-westfälischen Landtags.

Derzeit beherbergt das Museum mehrere Privatsammlungen, u. a. die Kollektion Ackermans mit Werken von Thomas Schütte, Bill Viola und Katharina Fritsch. Zeitgenössische Fotografie bildet einen Schwerpunkt, dazu regelmäßige Wechselausstellungen. Im hinteren Teil des Ständehauses befindet sich ein besonderes Highlight: die Museumsgastronomie **Bar am Kaiserteich** (→ MERIAN-Tipp, S. 115).
Ständehausstr. 1; Tram: Graf-Adolf-Platz; www.kunstsammlung.de; Di–Fr 10–18, Sa, So 11–18, jeden 1. Mi im Monat 10–22 Uhr; Eintritt 6,50 €/4,50 €, Kombiticket K20/K21 10 €/8 €

museum kunst palast → S. 116, c 1
Die Kollektion umfasst eine Vielzahl prominenter Werke vom Mittelalter bis zur Gegenwart. Besonders vertreten ist die rheinische Kunst: von der Düsseldorfer Malerschule über das Junge Rheinland bis hin zur Künstlergruppe Zero. Glanzstücke sind das 70 000 Zeichnungen umfassende und weltweit führende **Grafische Kabinett** und die **Glassammlung Hentrich**, die der Architekt dem Museum 1963 vermachte. Im Jahr 2001 wurde das gesamte Gebäude mit Unterstützung des Stromkonzerns Eon grundlegend saniert und führt seither den Namen museum kunst palast.
Ehrenhof 4–5; www.museum-kunst-palast.de; Tram: Tonhalle/Ehrenhof; Di–So 11–18 Uhr; Eintritt 6 €/4,50 €

SchifffahrtMuseum im Schlossturm → S. 116, b 2
Das zum Düsseldorfer Stadtmuseum gehörende SchifffahrtMuseum hat seinen Sitz im Schlossturm, dem einzig erhaltenen Teil des Düsseldorfer Stadtschlosses auf dem Burgplatz.

Über eine steinerne Wendeltreppe erreicht man die kleinen runden Ausstellungsräume zu Themen wie Geschichte der Rheinschifffahrt, Lebensraum Rhein, Düsseldorf und seine Häfen sowie eine Multimediashow zur Stadtentwicklung. Alles ist auch für Kinder sehr anschaulich aufbereitet und beantwortet typische Fragen wie »wie lebt man auf einem Schiff« oder »wie funktioniert ein Hafen«. Wirklich sensationell ist der Ausblick vom Museumscafé **Rote Laterne** ganz oben in der 4. Etage des Turms (der Aufzug fährt nur bis zur 3. Etage).

Burgplatz 30; www.duesseldorf.de/stadtmuseum/schifffahrtsmuseum; U-Bahn: Heinrich-Heine-Allee; Di–So 11–18 Uhr; Eintritt 3 €/1,50 €

Senf-Museum ⇢ S. 116, c 3

Im hinteren Teil eines kleinen Senf-Spezialgeschäfts sind die Rohstoffe, Maschinen und Behälter, die für die Herstellung von Senf benötigt werden, ausgestellt – allesamt Museumsstücke. Die Senfherstellung selbst kann auf einem Video verfolgt werden. Ausgefallene Düsseldorfer Löwensenf-Varianten wie Altbiersenf, Chilisenf oder Feigensenf stehen zum Verkosten bereit. Neben dem Löwensenf und dem »aechten« ABB Senf findet man zahlreiche andere einheimische und exotische Sorten. Das freundliche Personal freut sich, wenn es sein Wissen weitergeben darf, und unterhält mit Geschichten und Fakten rund um den Senf.

Bergerstr. 29; www.duesseldorfer-senfladen.de; U-Bahn: Heinrich-Heine-Allee; Mo–Sa 10–19 Uhr

Essen und Trinken

Weinhaus Tante Anna ⇢ S. 116, c 2

Veredelte rheinische Küche par excellence in einem Bau aus dem 16. Jh., in dem die Familie Oxenfort seit 175 Jahren ihre Gäste bewirtet. Die holzvertäfelten und mit Antiquitäten ausgestatteten Gaststuben atmen Tradition. Sehr gute Weinkarte. Reservieren!

Andreasstr. 2; Tel. 13 11 63; www.tanteanna.de; U-Bahn: Heinrich-Heine-Allee; Mo–Sa 18–1 Uhr ●●●

En de Canon ⇢ S. 116, b 3

Rheinisch-deftige Küche, und das schon seit Jan Wellems Zeiten. Die historische Gaststätte verfügt auch über einen lauschigen Biergarten.

Zollstr. 7; Tel. 32 97 98; U-Bahn: Heinrich-Heine-Allee; Mo–Sa 17.30–24 Uhr ●●

Zicke ⇢ S. 116, b 3

Genauso stellt man sich ein existentialistisches Künstlercafé vor, etwas verwinkelt, an den Wänden alte Film- und Ausstellungsplakate, Marmortische und wacklige Stühle, abends Kerzenlicht. Tolle Lage, sehr beliebt. Gutes Frühstück und französische Bistroküche, im Sommer Biergarten.

Bäckerstr. 5a; Tel. 32 40 56; Tram: Benrather Str. oder Poststr.; tgl. 9–1 Uhr ●

MERIAN-Tipp

8 Carlsplatz-Markt

Der Markt in Düsseldorf! Während in den meisten Stadtteilen Märkte an ein bis zwei Werktagen in der Woche stattfinden, ist der Markt auf dem Carlsplatz eine feste tägliche Institution. Üppige Obst- und Gemüsestände und ein Meer von Schnittblumen, dazu feiner Fisch, Fleisch, Geflügel, Brot und Wein. Hier kaufen auch Profi-Köche gerne ein – und das bei jedem Wetter ganz bequem unter überdachten Gängen. Mittags sind die Stände mit den Snacks, z. B. aus Italien, der Türkei und Persien, gut frequentiert, oder man kehrt ein beim zünftigen Schinken-Toni. Man isst zwanglos an Stehtischen oder sitzt zusammen an langen Biertischen. Auch der Altbierausschank fehlt hier nicht. Genießen »op'm Carlsplatz« ist ein Muss für Einheimische und Touristen.

Carlsplatz; Tram: Benrather Str.; Mo–Sa 8–18 Uhr ⇢ S. 116, c 3

Im Füchschen ⇢ S. 116, c 2
Die deftige Füchschen-Küche ist berühmt, neben der Brauerei gibt es auch eine hauseigene Metzgerei, und alle Alt- und Wurstspezialitäten sind auch für zu Hause käuflich. Reicht der Platz drinnen nicht, geht man mit seinem Altbier kurzerhand vor's Haus auf die Ratinger Straße. Eines der originärsten Düsseldorfer Brauhäuser.
Ratinger Str. 28; Tel. 13 74 70; www.fuechschen.de; U-Bahn: Heinrich-Heine-Allee; Mo–Do 10–1, Fr, Sa 10–2, So 9–1 Uhr ●

Zum Uerige ⇢ S. 116, c 3
Ein Düsseldorfer Phänomen: Kein anderes Lokal ist ein solcher Magnet, nie reichen die Plätze, fast immer wird zusätzlich zu den Tischen und Bänken draußen auch die Straße okkupiert. Die Speisekarte ist winzig und besteht neben den obligatorischen Bierbegleitern nur aus einem Gericht: Schweinshaxe – die man aber nur auf Bestellung bekommt. Am Samstagmittag gibt's Erbsensuppe.
Berger Str. 1; Tel. 86 69 90; www.uerige.de; U-Bahn: Heinrich-Heine-Allee; tgl. 10–24 Uhr ●

Café Bittner ⇢ S. 116, c 3
Diese Düsseldorfer Konditorei mit langer Tradition ist bekannt für Baumkuchen und für die »Kö-Diamanten«, eine Pralinen-Pasteten-Kugel, die heute in alle Welt verschickt wird.
Carlsplatz 20/21; Tel. 31 09 80; www.otto-bittner.de; Tram: Benrather Str.; Mo–Fr 9–18.30, Sa 9–18, So 10–18 Uhr

Einkaufen

Düsseldorfer Senfladen
→ Senf-Museum, S. 113

Heinrich-Heine-Antiquariat ⇢ S. 116, b 3
In diesem wunderschönen Laden in der Carlstadt gibt es neben Klassikerausgaben, Literatur und Büchern zu Geisteswissenschaften und Kunst auch ein Sortiment guter Weine.
Citadellstr. 9; www.heineantiquariat.de; Tram: Heinrich-Heine-Allee

Heubel ⇢ S. 116, c 3
Über drei kleine Läden verteilen sich die Schätze: farbenprächtige Heimtextilien aus Asien und der Provence, Vintage-Modeschmuck, Ethno-Skulpturen und -Accessoires und vor allem

Sowohl tagsüber als auch am Abend ein beliebter Treffpunkt: die stimmungsvolle Bar am Kaiserteich (→ MERIAN-Tipp, S. 115) im Kunstmuseum K21.

schöne Einzelmöbel im asiatischen oder provenzalischen Look.
Hohe Straße/Ecke Bastionstr.; Tram: Benrather Str.

Schnitzler → S. 117, d 3
Vielfältigstes Parfümerie-Angebot der Stadt. Ausgefallene Marken und aufmerksame Beratung, die auch gerne auf Sonderwünsche eingeht. Eine echte Service-Oase.
Schadow-Arkaden 11; www.parfuemerie-schnitzler.de; Tram: Jan-Wellem-Platz

Am Abend

Capitol → S. 117, f 3
Musicaltheater mit dem größten Theatersaal Düsseldorfs. Eigenproduktionen, dazu prominente Showgastspiele.
Erkrather Str. 33; Tel. 0 18 05 15 25 30; www.capitol-theater.de; Tram: Worringer Platz

Kom(m)ödchen → S. 116, c 2
60 Jahre und kein bisschen zahm! Das Kom(m)ödchen schrieb Nachkriegs-Theatergeschichte, Thomas Freitag, Harald Schmidt und viele andere kamen hier groß raus. Und immer noch sind die Programme so bissig wie am ersten Tag. Unbedingt vorbestellen!
Kay-und-Lore-Lorentz-Platz; Tel. 32 94 43; www.kommoedchen.de; U-Bahn: Heinrich-Heine-Allee

Melody → S. 116, c 2
Seriöser und angenehmer Klassiker in der Altstadt mit tadellosen Cocktails. Ab und zu Bar-Jazz live, immer interessantes und gemischtes Publikum.
Kurze Str. 12; Tel. 32 90 57; Di–Sa 21–3 Uhr; U-Bahn: Heinrich-Heine-Allee

Roncalli's Apollo Varieté → S. 116, b 4
Die Wiederbelebung einer Tradition: Unter der künstlerischen Leitung von Roncalli-Direktor Bernhard Paul präsentieren allabendlich internationale Varietee-Artisten ihr Programm unter dem Sternenhimmel des glanzvollen Glasgebäudes unter der Kniebrücke.
Haroldstr./Apollo-Platz 1; Tel. 8 28 90 90; www.apollo-variete.com; Tram: Landtag/Kniebrücke

MERIAN-Tipp

9 Bar am Kaiserteich

Eigentlich die Museumsgastronomie des K21 (→ S. 112), auf jeden Fall aber die schönste Bar der Stadt mit wundervoller Terrasse. Die bei Tageslicht fröhlich gepunkteten grün-orangen Wände verwandeln sich dank des künstlerischen Lichtkonzepts abends in eine psychedelisch anmutende Kulisse, in der sich die Punkte prickelnd wie Champagnerperlen an den Wänden bewegen. Das märchenhafte Ambiente war auch schon mehrfach Filmkulisse. Über 140 verschiedene Cocktails mixen die Barkeeper, als nahrhafte Grundlage empfiehlt sich die ausgezeichnete Bistroküche.

Ständehausstr. 1; Tel. 17 13 20; www.kaiserteich.com; Tram: Graf-Adolf-Platz; Di–Do 10–1, Fr, Sa 10–2, So 10–18 Uhr → S. 116, c 4

Tonhalle → S. 116, c 1
Im fantastischen ehemaligen Planetarium haben heute die Düsseldorfer Symphoniker und ein exquisites Konzertprogramm ihr Zuhause. Internationale Größen aus Jazz, Chanson und Kabarett, die größere Hallen oder gar Stadien füllen könnten, bevorzugen das festliche Ambiente der Tonhalle.
Ehrenhof 1; Tel. 8 99 61 23; www.tonhalle-duesseldorf.com; Tram: Tonhalle/Ehrenhof

Service

Düsseldorf Marketing & Tourismus GmbH
Postfach 10 21 63, 40012 Düsseldorf; Tel. 02 11/1 72 02-0; www.duesseldorf-tourismus.de
Tourist-Information Altstadt
Marktplatz 6; → S. 116, c 3
Tel. 1 72 02-8 40; tgl. 10–18 Uhr

Niederkassel
Rhein
Altstadt
Carlstadt
Unterbilk
Friedric
Oberkasseler Brücke
Luegallee
Düsseldorfer Str.
Rheinkniebr.
Festwiese
Rheinterr.
kunst palast
museum
NRW-Forum Kultur u. Wirtschaft
Tonhalle
Hofgarten
Theater an der Luegallee
Kunstakad.
Ratinger Tor
Kunstsammlung K20
St. Lambertus
Schlossturm, Schifffahrt-Mus.
Akademie-Galerie
Rathaus
Jan Wellem
St. Andreas
H.-Heine-Haus
Kaufhof a. d. Kö
Carsch-Haus
Hetjens-Mus. Filmmus.
Stadtmuseum
Palais Wittgenstein, Marionettentheater
H.-Heine-Institut
Apollo Varieté
KIT
Staatskanzlei
Mannesmann-Hochhaus
Heine-Denkmal
Landtag NRW
Rheinturm
Rheinpark Bilk
Platz des Landtags
Innenministerium
Gehry-Bauten
WDR
Zollamt
Oberfinanzdirektion
Polizeipräsidium
Bar am Kaiserteich
Ständehaus, K21
St. Martin-Kirche
Haus der Freude
Floragarten
Haus der Wissenschaft
Landesministerium NRW
D.-Völklinger Str.
1 Kay-und-Lore-Lorentz-Pl.
2 Grabenstr.
3 Rheinterrassen
4 Mertensgasse
5 Schneider-Wibbel-Gasse
6 Citadellstr.

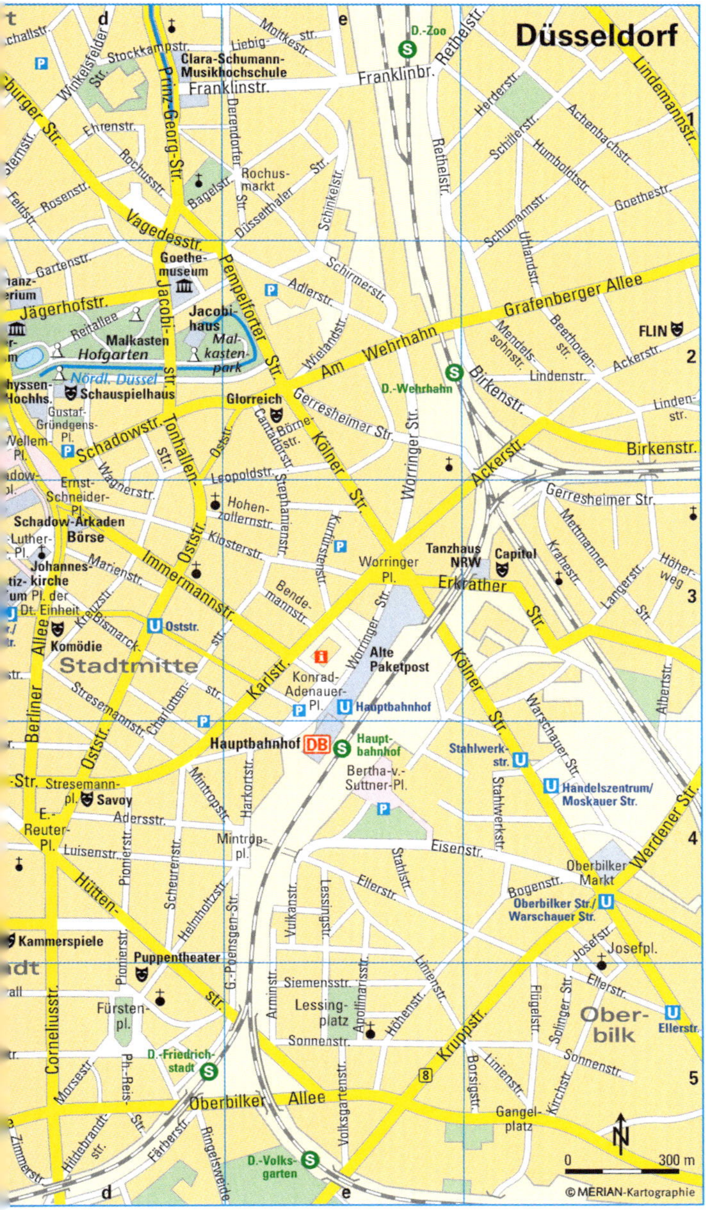
Düsseldorf
D.-Zoo
Clara-Schumann-Musikhochschule
Franklinstr.
Franklinbr.
Rethelstr.
Lindemannstr.
Stockkampstr.
Prinz-Georg-Str.
Winkelsfelder Str.
Liebigstr.
Moltkestr.
Derendorfer Str.
Ehrenstr.
Rochusstr.
Rochusmarkt
Bagelstr.
Düsselthaler Str.
Schinkelstr.
Herderstr.
Schillerstr.
Achenbachstr.
Humboldtstr.
Goethestr.
Schumannstr.
Uhlandstr.
Rosenstr.
Feldstr.
Vagedesstr.
Goethe-museum
Pempelforter Str.
Gartenstr.
Schirmerstr.
Adlerstr.
Jägerhofstr.
Jacobistr.
Jacobihaus
Malkastenpark
Reitallee
Malkasten
Hofgarten
Nördl. Düssel
Grafenberger Allee
Am Wehrhahn
Wielandstr.
Mendelssohnstr.
Beethovenstr.
FLIN
Lindenstr.
Ackerstr.
D.-Wehrhahn
Birkenstr.
Schauspielhaus
Gustaf-Gründgens-Pl.
Glorreich
Gerresheimer Str.
Cantadorstr.
Börnestr.
Kölner Str.
Worringer Str.
Schadowstr.
Tonhallenstr.
Oststr.
Wagnerstr.
Leopoldstr.
Ernst-Schneider-Pl.
Hohenzollernstr.
Stephanienstr.
Kurfürstenstr.
Schadow-Arkaden
Börse
Klosterstr.
Johanneskirche
Marienstr.
Immermannstr.
Tanzhaus NRW
Capitol
Worringer Pl.
Erkrather Str.
Krahestr.
Mettmanner Str.
Langerstr.
Höher weg
Bendemannstr.
Pl. der Dt. Einheit
Kreuzstr.
Bismarckstr.
Oststr.
Komödie
Stadtmitte
Karlstr.
Alte Paketpost
Konrad-Adenauer-Pl.
Hauptbahnhof
Warschauer Str.
Albertstr.
Berliner Allee
Stresemannstr.
Charlottenstr.
Hauptbahnhof
DB
Haupt-bahnhof
Stahlwerkstr.
Bertha-v.-Suttner-Pl.
Stahlwerkstr.
Handelszentrum/ Moskauer Str.
Werdener Str.
Stresemannpl.
Savoy
Mintropstr.
Harkortstr.
Adersstr.
E.-Reuter-Pl.
Luisenstr.
Mintroppl.
Eisenstr.
Oberbilker Markt
Bogenstr.
Oberbilker Str./ Warschauer Str.
Ellerstr.
Stahlstr.
Pionierstr.
Scheurenstr.
Helmholtzstr.
Hüttenstr.
G.-Poensgen-Str.
Vulkanstr.
Lessingstr.
Kammerspiele
Puppentheater
Josefstr.
Josefpl.
Siemensstr.
Linienstr.
Apollinarisstr.
Fürstenpl.
Arminstr.
Lessingplatz
Höhenstr.
Flügelstr.
Solinger Str.
Oberbilk
Ellerstr.
Corneliusstr.
Sonnenstr.
Kruppstr.
D.-Friedrichstadt
Morsestr.
Ph.-Reis-Str.
Borsigstr.
Kirchstr.
Oberbilker Allee
Volksgartenstr.
Gangelplatz
Hüttebrandtstr.
Färberstr.
Ringelsweide
Zimmerstr.
D.-Volksgarten
0
300 m
1
2
3
4
5
d
e
© MERIAN-Kartographie

Von Düsseldorf nach Amsterdam

Entlang des Niederrheins auf den Spuren der Römer bis Nimwegen und über Kanäle nach Amsterdam.

Zahlreiche Kanäle durchziehen die alte Universitäts- und Domstadt Utrecht und geben einen Vorgeschmack auf Amsterdam.

Kaiserpfalz

Beim Verlassen Düsseldorfs beeindrucken im idyllischen Stadtteil Kaiserswerth die mächtigen Überreste der Kaiserpfalz Friedrich Barbarossas unmittelbar am Flussufer.

Der Niederrhein, das sind Kopfweiden und Pappelalleen, Wiesen und Auenlandschaften, die sich unter einem endlos weiten Himmel ausdehnen. Bevor wir diese Landschaft genießen können, passiert das Schiff in **Duisburg** die größten Binnenhafenanlagen Europas. Ganze 10 qkm ziehen sie sich von den Hafenbecken an der Ruhrmündung bis nach Duisburg-Rheinhausen.

Die alte Hansestadt **Wesel** wurde im Zweiten Weltkrieg nahezu vollständig ausgelöscht und mit ihr die Zeugen ihrer einstmals bedeutenden strategischen Lage am Rhein. Nach aufwendigen Rekonstruktionen ist die spätgotische Willibordkirche als Wahrzeichen der Stadt wieder zu besichtigen. Dort wo heute noch die Reste einer alten Eisenbahntrasse am Ufer zu sehen sind, errichtete bereits Cäsar eine Brücke. Beinahe gegenüber liegt **Xanten**, die Stadt, die ihre römische Vergangenheit seit 1977 in einem Archäologischen Park zugänglich macht. Von Xantens mittelalterlichen Bedeutung zeugen der Dom St. Viktor, das Klever Tor und das wunderschöne Gotische Haus in dem beinahe schon niederländisch anmutenden Städtchen. Der Sage nach ist Xanten der Geburtsort von Siegfried, dem Helden der Nibelungensage (→ MERIAN-Spezial, S. 64). Ein kurzer Blick fällt auf die Reaktorruine in **Kalkar**, aus der man, da der Abriss zu teuer war, kurzerhand einen Vergnügungspark machte – mit so bizarren Attraktionen wie dem Kühlturm als Kletterwand. Die Schönheit des mittelalterlichen Städtchens Kalkar liegt versteckt dahinter. In Bedburg-Hau, zwischen Kalkar und Kleve, befindet im **Museum Schloss Moyland** die größte Sammlung von Arbeiten von Josef Beuys, der in **Kleve** aufwuchs und dort seine ersten Werke schuf. Unter den Kurfürsten von Brandenburg entwickelte sich die Stadt darüber hinaus zu einer der bedeutendsten Parkstädte ganz Europas und war Vorbild für Versailles und Unter den Linden.

König von Xanten
Siegfried, der Drachentöter, wurde der Sage nach in den Ruinen der Colonia Ulpia Traiana geboren, einer römischen Stadt unweit von Xanten, und regierte als König von Xanten die Niederlande.

Hinter der Grenze beginnt das Delta

Emmerich: Nirgends ist der Rhein breiter als hier, kurz bevor er Deutschland verlässt. Nur wenige Kilometer hinter der Grenze gibt der Fluss sogar seinen Namen ab. Bei **Pannerden** teilt er sich zunächst in zwei, später in fünf Arme und strömt so dem Meer zu. Auf dem Weg nach Amsterdam passiert das Schiff **Arnheim** (holländisch Arnhem), von wo aus man das Kröller-Müller-Museum mit seiner einmaligen Van-Gogh-Sammlung sowie den **Naturpark Hoge Veluwe** erreichen kann.

Nimwegen ist die älteste Stadt Hollands und wurde wie Rom auf sieben Hügeln erbaut. Sie besitzt Reste eines römischen Amphitheaters und ein bedeutendes Renaissancerathaus. Die Dünen und Deiche, die auf der Weiterfahrt zu sehen sind, erinnern uns daran, dass die Niederlande zur Hälfte unterhalb des Meeresspiegels liegen und dieses Schutzes vor Überschwemmungen dringend bedürfen. 72 km lang ist der **Amsterdam-Rhein-Kanal**, den wir auf dem Weg nach Amsterdam passieren. Auf der Strecke liegt die größte und meistbefahrene Schleuse Europas, die Prins-Bernhard-Schleuse.

Waage der Stadt
Auf dem Großen Markt von Nimwegen befindet sich die Stadtwaage, heute ein Café, einstmals wichtige Einnahmequelle für die Stadt. Hier wurden sämtliche gehandelten Güter von offiziellen Beamten gewogen.

Von hohen Pappeln gesäumt verläuft der Kanal entlang kleiner Dörfer, Gärten und Felder, bis er ein sehr charmantes Beispiel einer typischen holländischen Stadt erreicht: **Utrecht**. Die alte Universitäts- und Domstadt verfügt in besonderem Maße über jene seltene Mischung, die das Land so liebenswert macht: Weltoffenheit, Toleranz, Gemütlichkeit und Liebe zum Detail. Dergestalt eingestimmt, nehmen wir Kurs auf die Metropole Amsterdam, der es besonders gelingt, kleinstädtischen Charme und pulsierendes Großstadtleben zu verbinden.

Amsterdam

Bereits in vergangenen Jahrhunderten bezeichneten Reisende die Stadt als »kunterbuntes Panoptikum«.

An einem lauen Sommerabend in historischer Kulisse im Freien sitzen, dazu das Plätschern des Wassers in den Grachten im Ohr: Amsterdam macht's möglich.

Amsterdam

Einwohner: 745 000
Stadtplan → S. 128/129

Die niederländische Hauptstadt Amsterdam mit ihren etwa 165 Grachten, von 1281 Brücken überspannt, lebt von ihrem liberalen Flair. Amsterdam ist cool und definiert sich durch Offenheit, Kreativität und eine große Vielfalt an Lebensstilen. Holländische Strenge und südliche Lebensfreude bestimmen die Atmosphäre und haben Amsterdam den Ruf eingebracht, eine weltoffene Stadt zu sein. »Moet kunnen« – es muss möglich sein – ist Zauberwort und Verhaltensnorm, mit dem Amsterdamer ihren Alltag zu meistern versuchen.

Der weltumspannende Handel mit Gewürzen, Opium, Porzellan, Waffen und Sklaven hat die Stadt einst reich und mächtig gemacht. Entlang der Grachten, die als Transportwege für Waren genutzt wurden, entstanden Handelskontore und Lagerhäuser. Rund um den mittelalterlichen Stadtkern bauten sich die Bürger an Heren-, Keizers- und Prinsengracht ihre Stadtpaläste, die bis heute vom Goldenen Zeitalter zeugen. Lärmende Mittelpunkte der Grachtenstadt sind der Dam mit dem Königlichen Palast und der ebenso bekannte Leidseplein. Rund 45 % der Stadtbewohner sind ausländischer Herkunft, zahlreiche Nationalitäten prägen den multiethnischen Charakter. Und darin liegt auch der Reiz Amsterdams für Besucher aus aller Welt. Sie alle kommen wegen des exotischen Rufs, der der Stadt vorauseilt, wegen der Grachten, Rembrandt, van Gogh und nicht zuletzt wegen der Legenden über die wilden Siebzigerjahre, als Amsterdam das Zentrum des Aufbruchs war – als man hier alles wollte und konnte.

Spaziergang

Wir starten am **Damrak** vor der Centraal Station, überqueren die Straße und gelangen so zum alten Zeedijk. Das Haus Nr. 1 ist eines der ältesten Wohnhäuser der Stadt (um 1550). Wir befinden uns auf der Oudezijde (Altseite). Vor dem Oudezijds Kolk, einer alten Schleuse, biegen wir rechts in den Sint Olofssteeg ab und gelangen auf den Oudezijds Voorburgwal. Den Voorburgwal entlang, an der **Oude Kerk** (Alten Kirche) vorbei, befinden wir uns jetzt im Rotlichtbezirk »Walletjes«. Nur früh am Tag sind die oft ebenerdigen Schaufenster leer, in denen sich Frauen aus allen Erdteilen zur Schau stellen. Über ein paar Brückchen bummeln wir weiter bis zum Kloveniersburgwal und überqueren am Anfang der Nieuwe Doelenstraat die Amstel. Von hier haben wir einen Blick auf die **Stopera**.

Wir spazieren das Ufer entlang und biegen nun auf die rechte Seite der Herengracht ein. Am Thorbeckeplein öffnet sich der Blick links in die malerische Reguliersgracht. Weiter die Herengracht entlang, hinter der Vijzelstraat beginnt der »Goldene Bogen«, mit besonders pompösen »Herenhuizen«. Bei der Leidsestraat wechseln wir auf die andere Seite und passieren die Leidsegracht. Über die nächste Brücke gehen wir im Wijde Heisteeg über den Singel und weiter geradeaus (Heisteeg) auf den Spui.

Auf der linken Seite führt eine Pforte in den **Begijnhof**. Am anderen Ende gelangen wir in die Höfe des Bürgerwaisenhauses (Ende 16. Jh.). Der Ausgang mündet rechts in die Kalverstraat. Links kommen wir auf den Dam mit dem **Koninklijk Paleis** (Königlicher Palast). Wir entscheiden uns hier für die Gasse rechts der Nieuwe Kerk, die Eggertsstraat, und gelangen, wenn wir um die Kirche herumgehen, in die Gravenstraat. Inzwischen sind wir auf der »neuen Seite« der Stadt, Nieuwezijds Voorburgwal. Wir überqueren den alten Stadtwall und bummeln durch den Molsteeg und Torensteeg wieder über den Singel. Danach geht es sofort nach links und wieder rechts in die

Driekoningenstraat. Hier wenden wir uns nach links und passieren die Brücke rechts, sodass wir die Häuser besser betrachten können. Weiter geht es am Ufer der Herengracht bis zum Blauwburgwal, an dessen Ende man wieder zum Singel gelangt. Wir spazieren am Singel-Ufer entlang, vorbei an der **Ronde Lutherse Kerk**, und gelangen über die Prins Hendrikkade zurück zur Centraal Station.

Dauer: 2–3 Std.; Länge: ca. 5 km

Sehenswertes

Brücken

Die Brücken der »bronzenen Grachten« waren dem Dichter Hendrik Marsman »lieber als die schlanksten Rücken«. 1972 war die tausendste Uferverbindung eingeweiht worden, heute listet das Straßenbauamt 1281 Brücken auf. Die malerischsten bilden eine Kette in der **Reguliersgracht**.

Am Kreuzpunkt Herengracht/Reguliersgracht, mit dem Rücken zum Thorbeckeplein, kann man sechs Brücken in einer Linie sehen. Am auffallendsten sind jedoch die innerstädtischen Uferverbindungen der Amstel: **Blauw Brug** zum Waterlooplein, 1883 à la Pont Neuf de Paris entworfen; sie hatte eine in Nassauisch-Blau angestrichene Vorgängerin – daher der Name. Dahinter kommt die **Magere Brug** mit doppelter weißer Gehsteigklappe, an der Einmündung der Kerkstraat. Der Name bezieht sich auf die Damen Mager & Mager, die im 17. Jh. reiche Parzellen besaßen.

Dam

→ S. 128, b/c 2/3

Ein Jahrmarkt der nationalen Geschichte: Hier erwarteten 1535 Wiedertäufer nackt das Jüngste Gericht und Ende der Sechzigerjahre Blumenkinder, umweht von Cannabis-Wolken, das Neue Jerusalem. An dieser Stelle hat um 1275 alles in Amsterdam begonnen: Durch den Dam (Damm) entstanden die früheren Binnenhäfen Damrak und Rokin, die im 19. Jh. zugeschüttet wurden.

Der Dam sollte der Markusplatz des nordischen Venedig werden. Hier errichteten die Dogen von Amsterdam, die »Regenten«, die Zentren ihrer Macht: das Stadt- und Gerichtshaus (heute **Königliches Palais**) und die **Börse**, mit dem längsten Kurszettel des Goldenen Jahrhunderts. Wenngleich die Oranier nie in der Hauptstadt Amsterdam residierten, sondern in Den Haag, besteigen sie traditionell in der **Nieuwe Kerk** aus dem 15. Jh. symbolisch den Thron. Die Amtseinführung der heutigen Königin Beatrix von Oranien-Nassau war hier 1980 unter Protesten erfolgt. Die Hochzeit von Willem-Alexander und Máxima am 2. Februar 2002 wurde dagegen bejubelt.

Bus/Tram: Dam

De Waag/Nieuwmarkt

→ S. 129, d 3

Die Stadtwaage gehörte zu den Verteidigungstürmen an der Wassergrenze der Stadt (1488), wurde im 17. Jh. zur eichamtlichen Waage für Hafen und Handel umgebaut und beherbergte das Theatrum Anatomicum der Chirurgengilde und den Zunftsaal der Maurermeister. Die restaurierte Waage ist für das Publikum geöffnet – mit Restaurant und Terrassen-Café. Das umliegende Viertel (»Nieuwmarktbuurt«) ist nach turbulenten Sanierungsjahren, in denen die Polizei gelegentlich Panzerwagen einsetzte, überraschend heiter bebaut worden. Es ist Zentrum der »Chinatown« und erhält seine Attraktivität durch die multiethnische Szene, die Cafés und einfachen ausländischen Restaurants. Am Samstag findet ein kleiner »Bauernmarkt« statt.

Nieuwmarkt 4; Metro: Nieuwmarkt

Grachten

9

Angeblich gibt es mehr als 160 Grachten, aber eine genaue Zahl ist nicht belegt. Die Stadtkanäle sind von 25 000 Ulmen eingefasst. Anfänglich besaß Amsterdam nur den üblichen Stadtgraben (»gracht«) mit Wall, Türmen und Schanzen. Dann legte die Stadt ab 1612 konzentrisch um Amstel und Singel die Kanalringe Heren-, Keizers- und Prinsengracht an, mit Quergrachten und Radialstraßen. Viele deutsche Tagelöhner haben daran mitgewirkt. Zudem wurden Landstreicher vom Stadtgericht zur Zwangsarbeit in die Kanalgruben geschickt.

Schutzschleusen am Ij und an der Amstel regulierten den Wasserstand, den man an einem seinerzeit weithin bekannten Pegel ablesen konnte. Bis 1872 sorgten die Tiden der Zuiderzee für die natürliche Umwälzung des Stadtwassers, das vor allem in der warmen Jahreszeit nicht zu lange stehen durfte, sonst kippte sein Achatgrün durch Algenblüte in ein Korallrot um. Seit der östlichen Abschottung Amsterdams sorgt eine Pumpstation dafür, dass an zwei Tagen – montags und dienstags – das gesamte Grachtenwasser erneuert wird.

Grachtenrundfahrten in einem der 88 gläsernen Boote gehören mit jährlich mehr als 3 Mio. Besuchern zu den beliebtesten Attraktionen. auch Candlelight-Cruises, bei denen Käse und Wein gereicht wird, sind geschätzt.

Der Drei-Grachtengürtel, Heren-, Keizers- und Prinzengracht ist untrennbar Bestandteil der Mythologie Amsterdams und das größte städtebauliche Projekt seiner Zeit. Die drei Wasseravenues gelten als architektonisches Gesamtkunstwerk und wurden in ca. 60 Jahren verwirklicht. Die Kanäle sind von Platanen und Linden eingerahmt. Hinter den Stadtpalästen an den Ufern liegen stilvolle Gärten.

Het Muziekgebouw → S. 129, e 2

Die durchsichtige »Dose« zwischen Durchgangsstraße und Het Ij fällt wegen seiner gläsernen Wände sofort auf. Das architektonische Glanzlicht beherbergt drei Musiksäle und das Café **Star Ferry** mit seiner großen Terrasse am Wasser. Von dort aus hat man den schönsten Blick über den Fluss, mit dem der Reichtum kam. Das weiträumige gläserne Café ist ein idealer Platz für ein Frühstück, ein Mittag- oder Abendessen, aber auch für einen Kaffee oder ein Glas Wein.

Piet Heinkade 1; Tram: Muziekgebouw; www.muziekgebouw.nl

Koninklijk Paleis (Paleis op de Dam) → S. 128, b 3

Der Königliche Palast (1648–1655) wurde auf 13 659 Pfählen erbaut. Die aufwendige Pfahlkonstruktion galt

Die Magere Brug, eine der prägnantesten Brücken der Stadt, ist eine Rekonstruktion der Zugbrücke des 17. Jahrhunderts. Nachts erstrahlt sie im Licht von 12 000 Glühlampen.

Das Vincent-van-Gogh-Museum (→ S. 126) ist ein Mekka für die Fans des Meisters, die die umfangreiche Sammlung seiner Werke sowie Stücke anderer Künstler bestaunen können.

als architektonische Spitzenleistung. Ursprünglich war der Palast Sitz des Magistrats und des Stadtgerichts und wurde als Rathaus genutzt. Die Republik der Vereinigten Niederlande wurde erst 1804 eine Monarchie; bis dahin wurde die Souveränität von den Ständen getragen. Materieller Reichtum galt als Gottesgnade und begründete ihre Macht. Die Herrschaft lag in Händen von Handelsherren, deren Vorbild die Republik Venedig war. Deshalb wollten auch sie ihren Dogenpalast haben und nahmen Baumeister Jacob van Campen unter Vertrag. Auf den Reliefs der Hauptgiebel wird Amsterdam als Herrscherin der Meere dargestellt, im fast 30 m hohen, prächtigen Bürgersaal lag den Amsterdamern die ganze Welt zu Füßen. Auffallend sind die Empiremöbel. Sie sind eine Hinterlassenschaft von Louis Bonaparte (»Lodewijk Napoleon«), dem ersten König von Holland, der 1808 hier einzog. Für ihn wurde das Gebäude vom Rathaus in ein Wohnschloss umfunktioniert. Nach ihrem Herrschaftsantritt als Souveräne des Landes überließ man den Oraniern 1813 den Palast, um darin Staatsempfänge zu geben. Heute wird das Gebäude nur noch zu offiziellen Empfängen und als Residenz für ausländische Staatsgäste genutzt. Nach umfangreicher Renovierung wird es voraussichtlich Mitte 2009 wieder zugänglich.

Dam; Tel. 6 24 86 98; www.konpaleis amsterdam.nl; Bus/Tram: Dam

Leidseplein → S. 128, a 5

Dieser Platz ist das Panoptikum der Stadt: Hier findet unentwegt Straßentheater statt. Puppenspieler, Feuerschlucker und Musikanten unterhalten die Passanten und lassen den Hut herumgehen. Unter Bäumen stehen Gartenstühle. Im Winter wird hier eine Eisbahn aufgebaut. Die angrenzenden Kneipen sind oft schon nachmittags brechend voll, und man steht mit dem Bier- oder Weinglas auf der Straße. In

den Platz mündet die Leidsestraat, neben der Kalverstraat die Haupteinkaufsstraße der Stadt. An der Ecke zur Keizersgracht liegt das Kaufhaus Metz mit Kuppelcafé. Daneben findet man hier Kinos, Kulturzentren (»Balie«) und Theater, etwa das an der Westseite im Stil der Neorenaissance erbaute Stadttheater **Stadsschouwburg** (→ S. 127). Am Straßenbahnknotenpunkt trifft man auf eine hohe Konzentration an Kinos und Diskotheken, In-Kneipen und Restaurants. Bis in die Morgenstunden herrscht hier Trubel. Am Rand des Platzes liegt das **American Hotel** mit seinem Art-déco-Café.
Tram: Leidseplein

Stopera → S. 129, d 4
Der Neubaukomplex von **Stadhuis** und **Opera** (daher der Name) hat den halben Waterlooplein unter sich begraben und das Ufer der Amstel einschneidend verändert. Kritiker haben das Bauwerk mit einer »theatralischen Maschinenhalle« verglichen. Das **Muziektheater**, bereits 1986 eröffnet, Stammhaus der Niederländischen Oper und des Nationalballetts, wirkte auf manche so befremdend »wie eine italienische Arie auf holländisch«. Doch der Blick aus dem lichterfüllten Foyer auf den Fluss und die historische Kulisse am Ufer ist faszinierend. Der Entwurf geht auf ein Konzept des Wiener Architekten Wilhelm Holzbauer zurück, das 3000-mal bearbeitet worden sein soll. Rundführungen: Tel. 5 51 80 54.
Amstel 3; www.hetmuziektheater.nl; Metro: Waterlooplein; Mittagskonzert im Boekmanzaal: Di 12.30–13 Uhr (Sept.–Juni) gratis

Westerkerk → S. 128, a 2
Die Westerkirche, das Wahrzeichen am Westermarkt, wurde bis 2007 restauriert. Dafür haben die Bürger der Stadt Millionen gespendet. Vor 350 Jahren, als Hendrick de Keyzer das Bauwerk für die Stadt schuf, herrschten Gulden und Machtwort der protestantischen Staatskirche. Dennoch leuchtet auf dem Turm der Westerkirche die Krone von Maximilian II., Katholik und deutscher Kaiser. In seinem Reich durfte noch jeder nach seiner Fasson selig werden, unter Habsburg wurde dies anders. Die Krone symbolisiert daher die behütende Toleranz. Den Amsterdamern liegt der Turm am Herzen. Sie nennen ihn den »Oude Wester«. Rembrandt, 1669 an der nahen Rozengracht gestorben, liegt unter dem Hauptschiff in einer Armengruft. Auch Hollands berühmtester Likörbrenner, Lucas Bols, ist in der Westerkirche begraben. 1987 ist auf dem Kirchplatz ein Mahnmal aus rosa Granitdreiecken eingeweiht worden, zum Gedächtnis an die homosexuellen Opfer des Nazi-Regimes.
Westermarkt/Prinsengracht; Bus/Tram: Westermarkt; Glockenspiel: Di 12–13 Uhr, Turmbesteigung: April–Sept. 10–17.30 Uhr; Eintritt 6 €; Besichtigung der Kirche mit Grab Mo–Fr 11–15 Uhr, Juli–Aug. auch Sa

MUSEEN

Anne Frank Huis → S. 128, b 2
Die berühmte Amsterdamer Adresse Prinsengracht 263 diente den jüdischen Familien Frank und Daan sowie dem Zahnarzt van Dussel ab 6./13. Juli 1942 als Unterschlupf. Das Tagebuch seiner jüngsten Tochter, Anneliese Maria (Anne) Frank (* Frankfurt 1929, † Bergen-Belsen 1945), wurde am 3. April 1946 erstmals in einem Zeitungsartikel erwähnt. Es erschien im Folgejahr in Amsterdam als (bearbeitetes) Buch.

Alljährlich wird das Museum von etwa 900 000 Menschen besucht, die Annes Zimmer mit Blick auf den Kastanienbaum sehen wollen. Die Stiftung wollte ihn 2008 fällen, doch nach einem juristischen Streit kann er vorerst stehen bleiben. Angeschlossen sind ein Museumsshop und ein Café.
Prinsengracht 267; www.annefrank.org; Tram: Westermarkt; tgl. 9–19 Uhr (15. März–14. Sept. 10–21 Uhr); Eintritt 7,50 €, bis 17 Jahre 3,50 €

Rijksmuseum → S. 128, b 5

Die Schatzkammer des Königreichs ist »wegen visueller Ermüdung« bis 2013 geschlossen. Die bekanntesten Arbeiten niederländischer Malerei und weitere Kostbarkeiten sind jedoch unter dem Titel »Die Meisterwerke« im neu gestalteten Südflügel, dem Philipsflügel, in einer Gelegenheitsausstellung zu sehen – darunter auch Rembrandts bekanntestes Werk, »Die Nachtwache«. Der Monumentalbau im Mischstil der holländischen Neorenaissance wurde 1885 eingeweiht und gilt als Wahrzeichen der Hauptstadt. Das »Nieuwe Rijksmuseum«, im Inneren für 272 Mio. € restauriert und umgestaltet, sollte 2008 fertiggestellt werden, doch Paragraphen und Proteste verzögern die Wiedereröffnung.

Stadthouderskade 42; www.rijksmuseum.nl; Tram: Hobbemastraat; »De Meesterwerke« bis 2013 Sa–Do 9–18, Fr 9–20.30 Uhr; Eintritt 11 €, Jugendliche 2,50 € (MJK)

Rembrandthuis → S. 129, d 3

Nach seiner Übersiedlung aus Leiden (1631) hatte der Maler Rembrandt zunächst an der Anthoniebreestraat gewohnt. Dort lernte er auch seine Frau Saskia kennen, die er oft porträtiert hat. Das Paar zog 1635 in die Gegend an der Nieuwe Doelenstraat. Vier Jahre später erwarb Rembrandt das stattliche Haus im Judenviertel. Er lebte auf großem Fuß und war am Ende völlig verarmt. 1660 musste er sein Haus verkaufen. Er zog sich an die Rozengracht zurück, und die Gläubiger ließen sein Hab und Gut versteigern. Daher ist das Rembrandt-Haus nicht mit dem ursprünglichen Inventar ausgestattet. Allerdings hat man alles mit Möbeln aus der Zeit eingerichtet. Das gesamte grafische Werk des Malers (250 Arbeiten), darunter zahlreiche Radierungen mit Motiven aus Amsterdam, wird dort gezeigt.

Jodenbreestraat 4–6; www.rembrandthuis.nl; Metro: Waterlooplein; tgl. 10–17, Fr 10–21 Uhr; Eintritt 9 € (MJK)

Vincent-van-Gogh-Museum → S. 128, südwestl. a 5

Dieses im »De Stijl« errichtete Haus zwischen Rijksmuseum und Stedelijk Museum bewahrt 205 Gemälde, 524 Zeichnungen und Aquarelle, Hunderte Briefe sowie die japanischen Holzschnitte, die nach Vincents Tod an seine Familie fielen. Im Erdgeschoss sind Impressionisten und Romantiker zu sehen. 1,3 Mio. Besucher zählt das Museum jährlich. Mit dem Kröller-Müller-Museum in Otterlo besitzt es die Hälfte aller Bilder, die van Gogh gemalt und nie verkauft hat.

Paulus Potterstraat 7; Tram: Museumsplein; www.vangoghmuseum.nl; tgl. 10–18, Fr bis 22 Uhr; Eintritt 10 €, bis 12 Jahre frei, 13–17 Jahre 2,50 € (MJK)

Essen und Trinken

Tempo Doeloe → S. 128, c 5

Elegantes Wohnzimmer-Restaurant und eine der seltenen indonesischen Adressen mit authentischer Küche. Die Gerichte sind mit Schärfegraden gekennzeichnet. Zeitig reservieren.

Utrechtsestraat 75; Tel. 6 25 67 18; www.tempodoeloerestaurant.nl; Tram: Keizersgracht; So geschl. ●●●●

Bordewijk → S. 128, b 1

Seit Jahren ein Klassiker der Amsterdamer. Moderne französische Küche.

Noordermarkt 7; Tel. 6 24 38 99; www.bordewijk.nl; Tram: Nieuwe Willemsstraat; Di–So 18.30–22.30 Uhr ●●●

MERIAN-Tipp

10 Restaurant Vermeer

Der junge Christopher Naylor ist der neue Star des elegant-klassisch eingerichteten »Vermeer«. Er hat seinen eigenen Stil entwickelt, arbeitet präzise, kreativ und experimentierfreudig.

Prins Hendrikkade 59–72; Tel. 5 56 48 85; www.restaurantvermeer.nl; Metro/Tram: Centraal Station; So geschl., Sa kein Lunch ●●●● → S. 129, d 2

Piet de Leeuw → S. 128, c 5
Eine der seltenen Adressen mit altholländischer Atmosphäre. Spezialität sind Beefsteak und Seezunge.
Noorderstraat 11; Tel. 6 23 71 81; www.pietdeleeuw.nl; Tram: Prinsengracht; Mo–Fr 12–23, Sa, So 17–23 Uhr ●●

Café Wildschut → S. 128, südl. b 5
An einem der stilvollsten Plätze gelegen, ein Treffpunkt mit einem Hauch von Glamour. Man sitzt auf Kinomöbeln der Zwanzigerjahre. Terrasse.
Roelof Hartplein; Tram: Roelof Hartplein

De Drie Fleschjes → S. 128, c 2
Wie in alten Zeiten wird der Fußboden mit Sand gefegt. Die Probierstube an der Nieuwe Kerk datiert von 1650.
Gravenstraat 18; Bus/Tram: Dam

Einkaufen

Coster Diamonds
→ S. 128, südwestl. a 5
Eine der ältesten Diamantenschleifereien der Stadt von 1840. Kostenlose Führungen, anschließend Verkauf.
Paulus Potterstraat 2–8; Tram: Hobbemastraat

Blumenmarkt → S. 128, b 4
Europas einziger schwimmender Blumen- und Pflanzenmarkt. Er stammt aus alter Zeit, als frische Blumen aus dem Umland hierher gebracht wurden.
Singel; Tram: Koningsplein; Mo–Sa 8.30–17.30 Uhr

Eichholtz → S. 128, b 4
Spezialitäten wie Drops, »Kruidkoek« (Kräuterkuchen), Droste-Schokolade, »Haagsche Hopjes« (Kaffeebonbons).
Leidsestraat 48; Tram: Leidseplein

Looier → S. 128, a 3
Ausgefallenes Antikzentrum im Jordaan mit rund 80 Ständen. Von alten Weinflaschen (aus Schiffswracks) und Jugendstilschmuck bis zu Blechspielzeug. Feste Preise.
Elandsgracht 109; Tram: Elandsgracht; Sa–Do 11–17 Uhr

Am Abend

The Mansion → S. 128, a 5
Die kleinen Räume schaffen Stimmung. Nettes Personal und Türhüter.
Hobbemastraat 2; Tel. 6 16 66 64; Tram: Hobbemastraat

Concertgebouw
→ S. 128, südwestl. a 5
Das Mekka der Klassikfans wurde 1888 eingeweiht, und es konstituierte sich das Concertgebouw-Orchester.
Concertgebouwplein 2–6; Tel. 6 71 83 45; www.concertgebouw.nl; Tram: Museumsplein

De Stadsschouwburg → S. 128, a 4
Das 1894 eröffnete Stadttheater ist ein aufwendig verzierter Neorenaissancebau. Internationale Stücke.
Leidseplein 26; Tel. 6 42 23 11; Tram: Leidseplein

Muziekgebouw 't IJ → S. 129, e 2
Am Wasser, hinter der Centraal Station, erhebt sich das Musikzentrum (→ S. 123). Das traditionsreiche Jazzhaus Bimhuis und das Zentrum für neue Musik, De IJsbreker, haben hier eine neue Bühne. Grand Café mit Terrasse.
Piet Heinkade 1; Tel. 7 88 20 00; www.muziekgebouw.nl; Tram: Muziekgebouw

Pathé Tuschinski-Filmpalast
→ S. 128, c 4
Der aufregendste Kinopalast Amsterdams wurde 1921 im Art-déco-Stil erbaut und jüngst renoviert. Das reich geschmückte Filmtheater mit Pfauenteppichen, knalligen Wandmalereien und Kronleuchtern ist Schauplatz für alle spektakulären Premieren.
Reguliersbreestraat 26; Tel. 09 00-14-58; www.pathe.nl/tuschinski; Tram: Rembrandtplein

Service

Amsterdam Tourismusinformation
→ S. 129, d 1/2
Centraal Station (Plattform 2b); Tel. 09 00/4 00 40 40; www.amsterdamtourist.nl; tgl. 11–19 Uhr

Westerpark
a
b
c
Palmgr.
Willemsstraat
Lindengracht
Noorder-
markt
Noorderkerk
Brouwersgracht
Haarlemmerdijk
Haarlemmer Houttuinen
Haar-
lemmer-
straat
De Ruijterkade
Prins Hendrikkade
Nassaukade
Singelgracht
Lijnbaansgracht
Westerstraat
Jordaan
Marnixstraat
Prinsengracht
Keizersgracht
Herengracht
Singel
Multatuli-
Museum
Ronde
Lutherse
Kerk
Nieuwen-
dijk
Martelaars
gracht
Spui-
straat
burgwal
Blauw-
burgwal
Nieuwezijds
Kolk
Damrak
Egelantiersgracht
Bibliotheca
Philosophica
Hermetica
Anne
Frankhuis
Leliegracht
Theater-
museum
Voor-
Ons' Lieve Heer op Solder/
Museum Amstelkring
Koopmans-Beurs
Beurs-
plein
Warmoesstraat
Oude
Kerk
Westerkerk
Bartolotti-Haus
Dam
Nieuwe
Kerk
Bloemgracht
Bloemstraat
Westermarkt
Raadhuisstraat
Koninklijk
Paleis
Dam
National
Monument
Rozengracht
Rozenstraat
Reesstr.
Hartenstr.
Spuistraat
zijds
Madame
Tussaud
Damstr.
Voor-
zijds-
Oude
Hoogstr.
Lauriersstraat
Lauriergracht
Amsterdam
Historisch
Museum
Kalverstraat
Rokin
Nes
Oostindischhuis
burgwal
Wolvenstr.
Elandsstraat
Elandsgracht
Felix
Meritis
Nieuwe-
Spuistraat
Spui
Oude-
Agnieten
Kapelle
Universitä
Oudeman-
huispoort
Begijnhof
Allard-
Pierson-
Museum
Elandsgracht
Marnixstraat
Looiersgracht
Bijbels-
Museum
Spui
Voetboog-
str.
Nwe. Doelenstr.
Kloveniers-
Leidse-
gracht
Konings-
plein
Des Arts
Munttoren
Singel
Amstel
Reguliers-
breestr.
Rembrandt-
plein
Rembrandtplein
Raamplein
Nassaukade
Reguliersdwars-
str.
Leidsestraat
Keizers-
Museum
Kattenkabinett
Thorbecke-
plein
Lange
Korte
De Stads-
schouwburg
Leidse-
plein
Leidseplein
Kerkstraat
Prinsen-
Heren-
gracht
Vijzel-
straat
Utrechtse-
Museum
Fodor
gracht
Overtoom
Leidsedwarsstraat
Leidsedwarsstr.
Nw. Spiegelstraat
Keizers-
Museum
van Loon
Vondelstraat
Paradiso
Ljinbaans-
Spiegel-
gracht
gracht
Amstel-
veld
Prinsen-
Filmmuseum
Vondelpark
Hooftstr.
Weteringschans
2e Weteringdwarsstr.
Vijzelgr.
Noorderstraat
Utrechts
Stadhouderskade
Singelgracht
Reguliers-
P.C.
Jan Luyken-
straat
10
Rijksmuseum
Concertgebouw,
V.-van-Gogh-Museum
Hobbema-
straat
Albert
Cuypmarkt
Lijnbaansgracht
Weteringschans
Frederiks-
plein
1
2
3
4
5

Amsterdam
Het IJ
Java-Fähre
Jachthaven
Buiksloterweg
Meeuwenlaan
Valkenweg
Noordwal
Muziek-
gebouw
Passagiers
Terminal
Centraal
Station
Centraal Station
Rest.
Schreierstoren
De Ruijterkade
IJ-Tunnel
Muziekgebouw/
Bimhuis
Oostelijke
Dijksgracht
Piet Heinkade
Dijksgracht
Oosterdokskade
Hendrikkade
Oudezijds
Kolk
Zeedijk
Geldersekade
Kromme Waal
New Metropolis
Science & Technology
Center
Oosterdok
Binnenkant
Oude Waal
Prins
Hendrikkade
De Waag
Nieuw-
markt
Montelbaans-
toren
Nederlands
Scheepvaart
Museum
Kattenburgerstr.
Nieuwmarkt
schans
Oude-
Nw. Uilenburgerstr.
straat
Koninklijke Asscher
Diamant Maatschappij
Bimhuis
Kadijks-
plein
Kattenburgergr.
Nieuwevaart
Oostenburgergr.
Rembrandthuis
Valkenburger-
Rapenburgerstr.
Herengracht
Entrepot-
Hoogte Kadijk
Laagte Kadijk
Entrepotdok
Jodenbree-
straat
Werf 't
Kromhout
Waterlooplein
Mozes en Aäronkerk
Nieuwe
Plantage
Parklaan
Mr. Visser-
plein
Mr. Visserplein
Plantage
Parklaan
Planetarium
Hoogte Kadijk
Portugiesische
Synagoge
Waterloo-
plein
Plantage Kerklaan
Plantage
Kerklaan
Natura
Artis
Magistra
Plantage Doklaan
dok
Joods
Waterlooplein
Historisch
Museum
Hortus
Botanicus
Verzetsmus.
Plantage Middenlaan
Zoologisches
Museum
Keizers-
gracht
Nieuwe
Keizersgracht
Amstel
Nieuwe
Weesperstraat
Kerkstraat
Aquarium
Nieuwe
Prinsengracht
Roeters Straat
Magere
Brug
Gracht
Nieuwe
Achter
Roeters-
straat
Nieuwe
Sarphatistraat
Singelgracht
Tropen-
museum
Weesper-
plein
Weesper-
plein
Achter-
gracht
Mauritskade
Oosteinde
Hogesluis
Brug
Mauritskade
Gemeentearchiv
0
450 m
N
© MERIAN-Kartographie

Wissenswertes über die Rheinkreuzfahrt

Träge passiert das Schiff bei Rheinkilometer 688,4 (→ S. 134) die Hohenzollernbrücke, die die Innenstadt von Köln mit dem rechtsrheinischen Stadtteil Deutz verbindet.

Nützliche Informationen, Reiseknigge, Sprachführer, Essdolmetscher, praktische Tipps und vieles mehr, was Sie für Ihren Urlaub an Bord wissen sollten, finden Sie hier – von A bis Z.

Rheinkilometer

Die großen weißen, schwarz umrandeten Tafeln am linken und rechten Ufer bezeichnen die Rheinkilometer. Die Zählung beginnt bei Konstanz am Bodensee und endet in Rotterdam bei Rheinkilometer 1032. Die 500-Meter-Marke bis zur nächsten Rheinkilometer-Markierung ist durch Tafeln mit einem Kreuz bezeichnet. Die Rheinkilometer dienen der Orientierung von Schifffahrt und Behörden. Die nachfolgende Liste führt eine Auswahl geografischer Punkte und ihrer Rheinkilometerlage auf und soll zu Ihrer Orientierung dienen. Dabei stehen die Buchstaben (L) für linkes Ufer und (R) für rechtes Ufer.

Basel – Straßburg

165–169	Basel-Grossbasel (L), Basel-Kleinbasel (R)
169,9	Rheinhafen Kleinhüningen (R)
170	Hüningen (L), Basel-Land/ Baden-Württemberg (R)
171	Weil am Rhein (R)
185,2	Einmündung Rhône-Rhein-Kanal (L)
186,7	Rheinweiler (R)
188,4	Bad Bellingen (R)
193	Schleuse Ottmarsheim
194,7	Ottmarsheim (L)
196	Mülhausen (L)
199,6	Chalampé (Zollgrenze D/F) (L), Neuenburg (R)
210	Schleuse Fessenheim
210	Bad Krozingen (R)
224,6	Schleuse Vogelgrün
226	Neuf-Brisach (L), Breisach (R)
234,8	Burkheim (R)
240	Brücke und Doppelschleuse Marckolsheim
249	Weisweiler Grund (R)
255	Naturschutzgebiet Taubergiessen (R)
260	Doppelschleuse Rhinau
262,2	Kappel (R)
272	Schleuse Gerstheim
274,4	Meißenheim (L)
280	Altenheim (L), Plobsheim (R)
283	Straßenbrücke Altenheim
287,5	Doppelschleuse Straßburg
293,5	Europabrücke Straßburg-Kehl

Straßburg – Mainz

298,1	Einmündung der Kinzig (R)
308,9	Freistett (R)
309	Schleuse Gambsheim
311,3	Einmündung der Ill (L)
314,7	Einmündung der Rench (R)
320	Drusenheim (L), Fischergrund (R)
333,1	Iffezheim (R)
334	Wehr Iffezheim (L), Doppelschleuse Iffezheim (R)
334,5	Einmündung der Moder (L)
340,7	Plittersdorf (R)
344,3	Steinmauern (R)
344,5	Einmündung der Murg (R)
347,2	Illingen (R)
349,5	Lauterbourg (L)
352,1	Einmündung der Alten Lauter (L)
354	Neuburg (L), Neuburgweier (R)
355,4	Einmündung der Neuen Lauter (L)
359	Karlsruhe (R)
362	Brücke Maximiliansau (L), Brücke Maxau (R)
367,5	Ölhafen Karlsruhe (R)
371,2	Leopoldshafen (R)
384	Germersheim (L)
385,6	Rheinsheim (R)
389,2	Atomkraftwerk Philippsburg (R)
400	Speyer (L)
403,1	Speyer (L), Straßenbrücke A 61, Hockenheim (R)
407	Otterstadt (L), Ketsch (R)
408	Naturschutzgebiet Rheininsel (R)
409,5	Brühl (R)
414	Altrip (L)

424,7	Ludwigshafen (L), Mannheim (R)
428,2	Einmündung des Neckars (R)
432,6	Autobahnbrücke Frankenthal A6
437	Landesgrenze Baden-Württemberg (L/R)
437	Lampertheim (R)
440,1	Lampertheimer Altrhein (R)
443,3	Worms (L), Nibelungenbrücke
450,1	Nordheim (R)
451	Rheindürkheim (L)
458,1	Hamm (L)
459,9	Biblis (R)
462	Gernsheim (R)
464,4	Biebesheim (R)
472,5	Naturschutzgebiet Kühkopf (R)
480	Oppenheim (L)
481,8	Nierstein (L)
486,5	Nackenheim (L)
492,9	Laubenheim (L), Ginsheimer Altrhein (R)
495,2	Weisenau (L), Gustavsburg (R)
496,6	Mündung des Mains (R)
498,3	Mainz (L), Kastel (R)

Mainz – Rüdesheim

501,5	Mombach (L), Amöneburg (R)
502,5	Biebrich (R)
503	Wiesbaden (R)
505,5	Schierstein (R)
503–540	Weinbaugebiet Rheingau (R)
507	Schloss Waldhausen (L)
510–512	Insel Eltviller Aue (L)
512–517	Insel Mariannenaue (L)
513	Erbach (R)
515,8	Hattenheim (R)
516,5	Schloss Reichartshausen (R)
518	Oestrich (R)
519	Ingelheim (L)
520	Winkel (R)
522–523	Schönbornsche Aue (R)
524	Insel Ilmenaue (L)
524,7–527,3	Insel Rüdesheimer Aue (R)
525,2	Bingen (Hindenburgbrücke, zerstört) (L), Eisenbahnbrücke Rüdesheim
526,7	Rüdesheim (R)

Oberes Mittelrheintal

528,4	Bingen (L)
529,1	Einmündung der Nahe (L)
529,4	Bingerbrück (L)
530,1–530,4	Mäuseturminsel (L)
530,4	Ruine Ehrenfels (L)
530,6	Binger Loch (R)
532	Assmannshausen (R)
533	Burg Rheinstein (L)
534,5	Burg Reichenstein (L)
535,4	Trechtingshausen (L)
537	Burg Sooneck (L)
537,9–539,7	Lorcher Werth (R)
539,4	Niederheimbach (L)
539,8	Lorch (R)
540,3	Einmündung der Wisper (R)
541	Rheindiebach (L)
542	Lorchhausen (R)
543	Bacharach (L)
543,1	Burg Stahleck (L)
544	Landesgrenze Hessen/Rheinland Pfalz (R)
545	Burg Pfalzgrafenstein (R)
546,3	Kaub (R)
546,5	Burg Gutenfels (R)
549,1	Schönburg (L)
550	Oberwesel (L)
551	Die sieben Jungfrauen (R)
554,3	Loreley (R)
554,6	Loreley-Standbild (R)
555,9	Burg Katz (R)
556,11	St. Goar (L)
556,3	St. Goarshausen (R)
556,9	Burg Rheinfels (L)
558,7	Burg Maus (R)
559,3	Wellmich (R)
562,4	Hirzenach (L)
563,3	Kestert (R)
566	Bad Salzig (L)
566,5	Ruinen Sterrenberg und Liebenstein (R)
568	Kamp-Bornhofen (R)
568,7	Kamp (R)
570,5	Boppard (L)
571,3	Filsen (R)

575,2	Osterspai (R)
575,4	Schloss Liebeneck (R)
578,5	Spay (L)
580	Marksburg (R)
580,2	Braubach (R)
581	Brey (L)
582,3	Rhens (L)
585,2	Burg Stolzenfels (L)
584,5	Oberlahnstein (R)
585,3	Kapellen-Stolzenfels (R)
585,7	Einmündung der Lahn (R)
586	Niederlahnstein (R)
588,4	Brücke Koblenz-Horchheim

Koblenz – Düsseldorf

591,5	Koblenz (L)
592,0	Festung Ehrenbreitstein (R)
592,2	Deutsches Eck (L)
592,3	Einmündung der Mosel (L)
594,4–597,8	Insel Niederwerth (R)
595,5	Niederwerth (L), Vallendar (R)
596,1–598,7	Insel Graswerth (R)
597	Koblenz-Kesselheim (L)
598,4	Autobahnbrücke Bendorf A 48
599	Bendorf (R)
600,9	Engers (R)
605	Atomkraftwerk Mülheim-Kärlich (L)
606	Neuwied (R)
606,2–608,1	Weißenthurmer Werth (R)
607	Weissenthurm (L)
610,1	Irlich (R)
610,2	Einmündung der Wied (R)
613,2	Andernach (L)
614,5	Leutesdorf (R)
616,1	Namedy (L)
616,8–618,1	Hammersteiner Werth (R)
618	Hammerstein (R)
621,5	Rheinbrohl (R)
622	Burg Rheineck (L)
623,9	Bad Hönningen (R)
627,7	Leubsdorf (R)
628,2	Sinzig (L)
629,2	Einmündung der Ahr (L)
629,7	Bad Kripp (L)
629,9	Linz (R)
630,7	Linzhausen (R)
631,8	Kasbach (R)
633	Remagen (L), Erpel (R)
633,5	Brücke von Remagen
635,5	Schloss Ernich (L)
636,6	Unkel (R)
638,5	Oberwinter (L)
638,6	Rheinbreitbach (R)
639,2	Landesgrenze Rheinland Pfalz/Nordrhein-Westfalen (R)
640	Rolandseck (L)
640,5	Grafenwerth (R)
641,3	Bad Honnef (R)
642,2	Landesgrenze Rheinland-Pfalz/Nordrhein-Westfalen (L)
642–645	Siebengebirge (R)
643	Rhöndorf (R)
643,7	Drachenfels (R)
644	Mehlem (L)
645,3	Königswinter (R)
647,6	Bad Godesberg (L), Niederdollendorf (R)
648,4	Plittersdorf (L)
650	Oberkassel bei Bonn (R)
655	Bonn (L), Bonn-Beuel (R)
656,2	Schwarz-Rheindorf (R)
659,3	Einmündung der Sieg (R)
660	Mondorf (R)
661,4	Hersel (L)
662,7	Uedorf (L)
663,7	Widdig (L)
665,5	Urfeld (L), Niederkassel (R)
667,8	Lülsdorf (R)
669,4	Wesseling (L)
671,5	Godorf (L)
673,3	Langel (R)
674,4	Sürth (L)
676,3	Weiss (L)
676,7	Zündorf (R)
678,4	Porz (R)
681	Westhoven (R)
682,8	Köln-Rodenkirchen (L)
685,7	Poller Wiese (R)
688	Köln (L), Köln-Deutz (R)
688,4	Kölner Dom (L), Hohenzollernbrücke
696,3	Niehl (L)
698	Fordwerke (L)
699,2	Bayerwerke Leverkusen (R)

700,5	Köln Merkenich (L), Leverkusen-Wiesdorf (R)
703,2	Rheindorf (R)
703,3	Einmündung der Wupper (R)
704,8	Langel (Merkenich) (L)
705,8	Leverkusen-Hitdorf (R)
709,1	Köln Worringen (L)
711,5	Dormagen (L)
713,5	Piwipp (L), Monheim (R)
715,6	Baumberg (R)
717,5	Zons (L)
722	Düsseldorf-Benrath (R)
723	Düsseldorf-Reisholz (R)
725,7	Stürzelberg (L)
729,2	Neuss-Uedesheim (L)
729,6	Düsseldorf-Himmelgeist (R)
732,4	Autobahnbrücke Flehe
733,3	Düsseldorf-Volmerswerth (R)
735	Neuss-Grimlinghausen (L)
737,7	Düsseldorf-Hamm (R)
739-743	Lausward mit Kraftwerk (R)
740,4	Düsseldorf-Heerdt (L)
744,2	Düsseldorf (R)
744,6	Düsseldorf-Oberkassel (L), Düsseldorfer Altstadt (R)

Düsseldorf – Amsterdam

746,1	Niederkassel (L)
746,5	Golzheim (R)
749,5	Lörick (L)
750,5	Büderich (L)
754,5	Langst (L)
755,7	Kaiserswerth (R)
757	Nierst (L)
757,7	Wittlaer (R)
760	Serm (R)
762	Krefeld-Gellep (L), Duisburg Mündelheim (R)
764,7	Krefeld-Uerdingen (L)
766,6	Wasserturm Hohenbudberg (L)
769	Duisburg-Ehingen (R)
769,4	Duisburg-Friemersheim (L)
771,8	Bliersheim (L)
772,10	Duisburg-Wanheim (R)
774	Duisburg-Wanheimerort (R)
774,2–781,2	Häfen Duisburg Ruhrort (R)
774,5	Duisburg-Rheinhausen (L)
775,7	Duisburg-Werthausen (L), Duisburg (R)
778,4	Duisburg-Neuenkamp (L), Autobahnbrücke (A 40)
779	Moers (L)
786,2	Duisburg-Baerl (L)
789,1	Duisburg-Hamborn (R)
791,5	Binsheim (L)
792,5	Duisburg-Walsum (R)
793,3	Rheinberg-Orsoy (L)
800,2	Götterswickerhamm (R)
802,3	Reeshoven (R)
803,9	Rheinberg (L)
805,4	Rheinberg- Ossenberg (L)
808	Rheinberg-Borth (L)
811,3	Büderich (L)
813,2	Einmündung des Wesel-Datteln-Kanals (R)
814	Wesel (R)
814,5	Einmündung der Lippe (R)
815,3	Zerstörte Weseler Eisenbahnbrücke
824	Xanten (L)
824,6	Wesel-Bislich (R)
824,8	Lüttingen (L)
828,5	Wardt (L)
837,4	Rees (R)
838	Niedermörmter (L)
841,5	Kalkar-Hönnepel (L)
842,8	Wisselward (L), Mahnensee (R)
844,4	Grieth (L)
847,4	Dornick (R)
851,9	Emmerich (R)
853,2	Rheinbrücke Emmerich-Kleve
857	Kleve (L)
857,7–865,5	Niederlande (L), Grenze Deutschland (R)
866,4	Millingen, Verzweigung Waal (L), Nederijn, Pannerden-Kanal (R)

Hinter Millingen beginnt das Rhein-Maas-Delta. Über den 77 km langen Amsterdam-Rhein-Kanal erreichen die Schiffe Amsterdam und dahinter das Ijsselmeer. Auf dem Weg nach Amsterdam liegt Utrecht. Schiffe, die unterwegs nach Rotterdam sind, folgen der Route Rotterdam–Noord–Waal–Rhein. Die Rheinkilometrierung läuft in den drei Rheinarmen Waal, Nederrijn und Ijssel gleichlautend weiter.

Kreuzfahrt-ABC

Achtern: Hinterer Teil des Schiffes (auch Heck genannt).
Auslaufen: Verlassen des Hafens.
Ausschiffen: Verlassen des Schiffes am Ende der Reise.
Außenkabinen: Diese Kabinen haben ein Fenster oder eigenen Balkon.

Backbord: Linke Seite des Schiffes in Fahrtrichtung gesehen.
Bilge: Unterster Raum im Rumpf des Schiffes.
Brücke: Kommandozentrale und Arbeitsplatz des Kapitäns.
BRT: Bruttoregistertonne ist ein Raummaß und entspricht 2,8316 qm ab Außenhaut inkl. der Schiffswände.
BRZ: Bruttoraumzahl bzw. Bruttoraumzone ist ebenfalls ein Raummaß und soll seit 1982 die BRT ersetzen. Sie erfasst die Größe eines Schiffes in qm ab Außenhaut inkl. der Schiffswände.
Bug: Vorderer Teil des Schiffes.
Bugstrahlruder: Ruder zur Manövrierung wie beispielsweise in Häfen.
Bullauge: Rundes Fenster.
Bunker: Treibstofflager des Schiffes.
Bunkerzuschlag: Zuschlag auf die Fracht oder die Passage wegen schwankender Treibstoffpreise.

Cabin Steward: Zimmerkellner, Kabinenbedienung.
Chefingenieur: Ranghöchster Techniker an Bord eines Schiffes.
Cruise Director: Kreuzfahrtdirektor, er organisiert das gesamte Ausflugs- und Unterhaltungsprogramm.

Davit: Bootskran.
Deck: Etage eines Schiffes.
Dock: Anlegestelle des Schiffes (auch Pier oder Kai genannt).

Early Bird: Frühstück für Frühaufsteher.
Einschiffen: An Bord gehen zu Beginn einer Reise.

Faden: Längenmaß der Nautik, 1 Faden entspricht 1,82 m.
Farben: Nationalflagge des Schiffes.
Flaggenstock: Fahnenmast im Heck.
Flaggschiff: Das größte Schiff und meist auch das wichtigste und neueste Schiff einer Reederei.

Fleet: Flotte, Schiffsbestand.
Fly-Cruise: Kombination von Kreuzfahrt und Flügen ab/bis Wohnort.
Freestyle Cruising: Sogenannte »Neuordnung« in den Bordrestaurants, d. h. keine Kleidervorschriften oder feste Essenszeiten.
Freihafen: Hafen ohne Zölle.

Gangspill: Vorrichtung zum Heben des Ankers.
Gangway: Treppe, Steg als Zugang zum Schiff.
Garantie: Ein besonders attraktives Angebot, anstelle einer Kabinennummer bekommt man die Garantie für eine Kabinenkategorie, meist erhält man die höhere Kategorie ohne Zuzahlung.
Gieren: Vom Kurs abkommen.

Hochfrequenzradio: Funkanlage für Kontakt zu Schiffen oder Lotsen.
Heck: Hinterer Teil des Schiffes (auch Achtern genannt).

Jungfernfahrt: Die erste Reise eines Schiffes mit Passagieren.

Kabellänge: Längenmaß (= 100 Faden, 182,8 m).
Kapitän: Oberster Chef des Schiffes, trägt die Gesamtverantwortung für Mannschaft und Passagiere.
Kategorie: Ähnlich dem Sternesystem bei Hotels wird das Schiff in ein bestimmtes Niveau eingestuft.
Kiel: Von vorne bis hinten durchgehender Bauteil eines Schiffes.
Kielwasser: Wasserspur eines fahrenden Schiffes.

Knoten: Einheit zur Geschwindigkeitsmessung eines Schiffes. Ein Knoten entspricht einer Seemeile.
Koje: Schlafstelle im Schiff.
Kombüse: Schiffsküche (auch Galley genannt).
Kurs: Fahrtrichtung in Grad.
Kursschreiber: Gerät für die Aufzeichnung aller Kursänderungen.

Lee: Dem Wind abgewandte Seite.
Löschen: Entladen eines Schiffes.
Lotse: Führer durch schwierige Gewässer.
Luv: Dem Wind zugewandte Seite.

Main Sitting: Erster Durchgang im Speisesaal.
Manifest: Verzeichnis über Passagiere, Mannschaft und Ladung.
Messe: Salon, Essraum auf größeren Schiffen.
Mittschiffs: Zentrale Zone zwischen Bug und Heck.
MS: Abkürzung für Motorschiff.

Niedergang: Treppe im Innenbereich.

Peilruderanzeige: Anzeige für die Ruderstellung in Grad.
Peilung: Richtung eines Ziels bzw. Objekts in Grad.
Plimmsoll-Markierung: Marke an der Bordwand für Maximalladung.
Port Taxes: Hafentaxen. Gebühren, die die Reedereien für die Hafenbenützung entrichten müssen.
Purser: Verantwortlicher für Finanzen, Infrastruktur, Crew und Behörden.

Querab: Seitlich des Schiffes.

Radiopeilgerät: Gerät für die Bestimmung der eigenen Position.
Reede: Kann ein Schiff den Zielhafen nicht direkt anfahren, liegt es ein Stück vor der Küste auf Reede.
Reling: Oberster Teil der Bordwand eines Schiffes.
Repeater: Kunden, die mehr als einmal bei der gleichen Reederei gebucht haben.
Rückströmung: Die Wasserbewegung durch Schrauben bei einer Rückwärtsfahrt.
Ruder: Steuerung des Schiffes.
Rumpf: Schiffskörper ohne Aufbauten.

Schlingern: Seitliches Schaukeln.
Schott: Wasserdichte Trennwand zwischen den Rumpfkammern.
Schraube: Propeller für den Antrieb.
Second Sitting: Zweiter Durchgang im Speisesaal.
Seekarten: Karten für die Navigation
Seegang: Durch Wind verursachte Bewegung des Wassers.
Seemeile: Nautisches Längenmaß, eine Seemeile entspricht 1,852 m.
Sextant: Gerät zur Standortbestimmung.
Single Use: Kabinen zur Alleinbenützung. Wegen fehlenden Einzelkabinen oft Zuschläge bis 100 %.
Stabilisator: Einrichtung, die das Schwanken des Schiffes verhindert.
Staff-Kapitän: Stellvertretender Kapitän.
Stampfen: Schaukeln des Schiffes in Längsrichtung.
Stapellauf: Das Zuwasserlassen eines Schiffes nach der Schiffstaufe.
Steuerbord: Rechte Schiffsseite.

Tendern: Übersetzen an Land, wenn das Schiff auf Reede liegt.
Tiefenmesser: Einrichtung für die Ermittlung der Wassertiefe.
Tiefgang: Maß von der Wasseroberfläche zum tiefsten Punkt.
Tips: Trinkgelder an Bord, bei vielen Kreuzfahrten im Preis enthalten.
Topp: Mastspitze.

Untiefe: Flache Wasserstelle.

Verholen: Das Bewegen eines Wasserfahrzeugs über einen kurzen Weg ohne eigenen Antrieb.
Vorsteven: Vorderster Schiffsteil.

Wache: Dienstzeit.
Wasserlinie: Höhe der Wasserfläche am Schiffsrumpf.

Nie wieder sprachlos: Französisch

Aussprache

~ über einem Vokal bedeutet, dass er nasal ausgesprochen wird:

ã wie chance
ẽ wie terrain
õ wie bonbon

Wichtige Wörter und Ausdrücke

Ja	*oui [ui]*
Nein	*non [nõ]*
danke	*merci [mersi]*
Wie bitte?	*comment [komã]*
Ich verstehe nicht.	*je ne comprends pas [schö nö kõmprã pa]*
Entschuldigung	*pardon/excusez-moi [pardõ/exküseh-moa]*
Hallo	*salut [salü]*
Guten Morgen/Tag	*bonjour [bõschur]*
Guten Abend	*bonsoir [bõsuar]*
Auf Wiedersehen	*au revoir [oh röwuar]*
Ich heiße ...	*je m'appelle [schö mapäl]*
Ich komme aus ...	*je suis de [schö süi dö]*
Deutschland.	*l'Allemagne [l'allmanj]*
Österreich.	*l'Autriche [l'otrisch]*
der Schweiz.	*la Suisse [la suis]*
Wie geht's?	*comment allez-vous/vas-tu [kommãt alleh-wu/kommã wa-tü]*
Danke, gut.	*bien, merci [bjẽ mersi]*
wer, was, welcher	*qui, quoi, lequel [ki, koa, lökel]*
wann	*quand [kã]*
wie viel	*combien [kombiẽ]*
wie lange	*combien de temps [kombiẽ dö tã]*
Sprechen Sie deutsch/englisch?	*parlez-vous allemand/anglais [parleh-wu almã/ãnglä]*
heute	*aujourd'hui [oschurdüi]*
morgen	*demain [dömẽ]*
gestern	*hier [iär]*

Zahlen

eins	*un [ẽ], une [ün]*
zwei	*deux [döh]*
drei	*trois [troa]*
vier	*quatre [katr]*
fünf	*cinq [sẽk]*
sechs	*six [sis]*
sieben	*sept [set]*
acht	*huit [üit]*
neun	*neuf [nöf]*
zehn	*dix [dis]*
einhundert	*cent [sã]*
eintausend	*mille [mil]*

Unterwegs

rechts	*à droite [a droat]*
links	*à gauche [a gohsch]*
geradeaus	*tout droit [tu droa]*
Wie kommt man nach ...?	*pouvez-vous m'indiquer le chemin pour aller à [puwe wu mẽdike lö schömã pur ale a]*
Wo ist ...	*où se trouve [u sö truw]*
die nächste Werkstatt?	*le garage le plus proche [lö garasch lö plü prosch]*
der Bahnhof?	*la gare [la gar]*
die nächste U-Bahn?	*l'arrêt de métro le plus proche [larrä dö metroh lö plü prosch]*
der Flughafen?	*l'aéroport [laehropor]*
die Touristeninformation?	*l'office de tourisme [offis dö turism]*
die nächste Tankstelle?	*la station-service la plus proche [la stasjõ servis la plü prosch]*

Bitte voll tanken!	*le plein s'il vous plaît [lö plẽ sil wu plä]*
Normalbenzin	*essence [esãs]*
Diesel	*gas-oil [gazoall]*
bleifrei	*sans plomb [sã plõ]*
Ich möchte ein Auto/Fahrrad mieten.	*je voudrais louer une voiture/un vélo [schö wudrä lueh ün voatür/ẽ welo]*
Wir hatten einen Unfall.	*on a eu un accident [õna ü ẽ aksidã]*
Wo finde ich ...	*où est-ce que je trouve [uäskö schö truw]*
einen Arzt?	*un médecin [ẽ medsẽ]*
eine Apotheke?	*une pharmacie [ün farmasi]*
Eine Fahrkarte nach ... bitte!	*un ticket pour ... s'il vous plaît! [ẽ tikä pur ..., sil wu plä]*

Übernachten

Ich suche ein Hotel.	*je cherche un hôtel [schö schersch ẽnohtäl]*
Haben Sie noch Zimmer frei ...	*avez-vous encore des chambres de libres [aweh-wu ãkor deh schãbrdö libr]*
für eine Nacht?	*pour une nuit [pur ün nüi]*
für eine Woche?	*pour une semaine [pur ün sömän]*
Ich habe ein Zimmer reserviert.	*j'ai réservé une chambre [schä reserveh ün schãbr]*
Wie viel kostet das Zimmer ...	*combien coûte la chambre [kombiẽ kut la schãbr]*
mit Frühstück?	*avec le petit déjeuner [awek lö pöti dehschöneh]*
mit Halbpension?	*en demi-pension [ã dömi pãsiõ]*
Kann ich das Zimmer sehen?	*est-ce que je peux voir la chambre [äskö schö pöh vuar la schãbr]*
Ich nehme das Zimmer.	*je prends la chambre [schö prã la schãbr]*
Ich möchte mich beschweren.	*je voudrais porter plainte [schö wudrä porteh plẽnt]*
funktioniert nicht	*ne marche pas [nö marsch pa]*

Essen und Trinken

Die Speisekarte bitte!	*la carte s'il vous plait [la kart sil wu plä]*
Die Rechnung bitte!	*l'addition s'il vous plaît [ladisjõ sil wu plä]*
Ich hätte gern ...	*Je vais prendre [schö wä prãdre]*
Wo finde ich die Toiletten (Damen/Herren)?	*où sont les toilettes? (dames/hommes) u sõ leh toalät (dam/om)]*
Kellner/-in	*monsieur/mademoiselle/madame [mösjöh/madmoasel/madam]*
Frühstück	*petit déjeuner [pöti dehschöneh]*
Mittagessen	*déjeuner [dehschöneh]*
Abendessen	*dîner [dineh]*

Einkaufen

Wo gibt es ...?	*où se trouve [u sö truw]*
Haben Sie ...?	*avez-vous [aweh wu]*
Wie viel kostet ...?	*combien ça coûte? [kombiẽ sa kut]*
Das ist zu teuer.	*c'est trop cher [sä tro schär]*
Geben Sie mir bitte 100 Gramm/ein Kilo ...	*je voudrais cent gramme/un kilo de [schö wudrä sã gram/ẽ kilo dö]*
Briefmarken für einen Brief/eine Postkarte nach ...	*des timbres pour une lettre/carte postale pour [deh tẽbr pur ün lettr/ün kart postal pur]*

Nie wieder sprachlos: Niederländisch

Ja	*Ja*
Nein	*Nee*
Bitte	*Alstublieft*
Danke	*Bedankt/dank u wel*
Und	*En*
Wie bitte?	*Wat zegt U?*
Ich verstehe nicht	*Ik begrijp niet*
Entschuldigung	*Sorry/pardon? Neemt U me niet kwalijk*
Guten Morgen	*Goedemorgen*
Guten Tag	*Goedemiddag/Dag*
Guten Abend	*Goedenavond*
Gute Nacht	*Goedenacht*
Hallo	*Hallo/hoi/Dag*
Ich heiße ...	*Mijn naam is ...*
Ich komme aus ...	*Ik kom van ...*
Wie geht es Ihnen/Dir?	*Hoe gaat het met U/jou?*
Danke, gut	*Dank U wel*
Wer, was, welcher	*Wie, wat, welke, hoe?*
wie viel	*hoeveel*
Wo ist ...	*Waar is ...*
Wann	*Wanneer*
Wie lange	*Hoe lang*
stündlich	*elk uur*
täglich	*dagelijks*
Ich möchte gern	*Ik zou graag ...? Ik wil*
Wie viel kostet das?	*Hoeveel kost dat?*
Wie weit ist es nach ...?	*Hoe ver is het naar ...?*
Geht es hier nach ...?	*Is dit de weg naar ...?*
Warum?	*Waarom?*
Sprechen Sie Deutsch?	*Spreekt U Duits?*
Ich verstehe Sie nicht	*Ik begrijp U niet*
Auf Wiedersehen	*Tot ziens*
Wie wird das Wetter?	*Wat voor weer wordt het vandaag?*
Heute	*Vandaag*
Morgen	*Morgen*

Zahlen und Wochentage

eins	*een*
zwei	*twee*
drei	*drie*
vier	*vier*
fünf	*vijf*
sechs	*zes*
sieben	*zeven*
acht	*acht*
neun	*negen*
zehn	*tien*
einhundert	*honderd*
eintausend	*duizend*
Montag	*Maandag*
Dienstag	*Dinsdag*
Mittwoch	*Woensdag*
Donnerstag	*Donderdag*
Freitag	*Vrijdag*
Samstag	*Zaterdag*
Sonntag	*Zondag*

Mit und ohne Auto

Wo ist ...	*Waar is ...*
– die nächste Werkstatt	*– in de buurt een garage*
– der Bahnhof/Busbahnhof	*– de centraal station/busstation*
– die nächste U-Bahn	*– metro/ondergrondse*
– der Flughafen	*– luchthaven/vliegveld*
– die Touristeninformation	*– VVV*
– die nächste Bank	*– een bank/postbank*
– die nächste Tankstelle	*– pompstation*
Ich möchte	*Ik wil graag .../Ik zou graag ...*
Gern geschehen	*geen dank/graag gedaan*
Wissen Sie ...?	*Weet U ...?*
Haben Sie ...?	*Heeft U ...?*
Darf ich ...?	*Mag ik ...?*
Vielen Dank für Ihre Hilfe	*Hartelijk dank voor U hulp*

Das tut mir Leid	*Dat spijt me*
Was bedeutet das?	*Wat betekent dat?*
Das wäre nett	*Dat is aardig*
Vielleicht	*misschien*
Wo finde ich ? einen Arzt/ eine Apotheke	*Waar vind ik doktor/arts/apo-theek?*
Normalbenzin	*gewone Benzin*
Super	*Super*
Diesel	*Diesel*
rechts	*rechts*
links	*links*
geradeaus	*rechtdoor*
Ich möchte ein Auto/ein Fahr-rad mieten	*Ik ben van plan, een wagen/fiets te huren*
Wir hatten einen Unfall	*Wij haden pech/ een ongeluk*
Eine Fahrkarte nach ... bitte	*Een ticket naar ... alstublieft*

Hotel

Ich suche ein Hotel	*Ik zoek een hotel*
Ich suche ein Zimmer/Dop-pelzimmer	*Heeft U nog een kamer/een twee-persoonskamer vrij*
– für eine Nacht/ zwei Nächte	*– voor een nacht/ twee nachten*
– für eine Woche	*– voor een week*
Ich habe ein Zim-mer reserviert	*Ik heb een kamer gereserveerd*
Wie viel kostet das Zimmer?	*Hoeveel kost logies?*
– mit Frühstück?	*– met ontbijt?*
– mit Halbpen-sion?	*– met halfpension?*
Kann ich das Zimmer sehen?	*Mag ik de kamer zien?*
Ich nehme das Zimmer	*Ik neem de kamer*
Kann ich mit Kreditkarte zahlen?	*Akzepteert U credit-cards?*
Haben Sie noch Platz für ein Zelt/einen Wohnwagen?	*Heeft U nog plaats voor een tent/ campingwagen?*

Restaurant

Die Speisekarte bitte	*Mogen wij de kaart, alstublieft?*
Die Rechnung	*De rekening*
Bitte alles zusammen	*Alles bij elkaar*
Getrennte Rechnungen, bitte	*Aparte rekeningen, alstublieft*
Wir hätten gern einen Kaffee/ Bier/Wasser	*Wij willen graag een kop koffie/een pilsje/glas water*
Reservieren Sie bitte einen Tisch für vier Personen	*Wilt U voor van-avond een tafel voor vier personen reserveren*
Ist dieser Platz noch frei?	*Is deze plaats nog vrij?*
Guten Appetit	*Eet smakelijk/ smakelijk eten*
Wo ist die Toilette?	*Waar is de W. C.?*
Darf ich rauchen?	*Mag ik roken?*
Kellner	*Ober*
Frühstück	*Ontbijt*
Mittagessen	*Lunch*
Abendessen	*Diner/avondeten*

Einkaufen

Wo gibt es ...?	*Waar is hier ...?*
Haben Sie ...?	*Heeft U ...?*
Wie viel kostet das?	*Hoeveel kost dat?*
Das ist zu teuer	*Dat is te duur*
Ich möchte gern 100 Gramm/ ein Pfund/Kilo	*Ik wil graag een ons, een pond/kilo*
Danke, das ist alles	*Dat is genoeg, dank U wel*
Metzgerei	*slager*
Lebensmittel-geschäft	*levensmiddelen*
Ich hätte gern Briefmarken für eine Post-karte/Brief nach Deutsch-land/Öster-reich/in die Schweiz	*Ik wil graag post-zegels voor een briefkaart/een brief naar Duits-land, Zwitserland, Oostenrijk*

Kulinarische Begriffe: Baseldeutsch

A
Ammelètte: Omelette
Angge: Butter
Apéro: Aperitif
Auberge: Gasthof

B
bache: gebacken
Bachis: Gebackenes
Baiz: Kneipe
Basler Brunsli: Weihnachtsgebäck mit Mandeln
Basler Lummelbraten: Rinderfilet, mit Salbei und Käse überbacken
Baumnüss: Walnüsse
Bèèri: Beere
Beignet: Küchlein
Baiz, Beiz: kleines Restaurant, Kneipe
Biire, Birä: Birne
Blätzli: Schnitzel
Bouilbu: Brühe
Brötli: Brötchen
Brootis: Gebratenes, Braten
Bürli: vierteiliges Halbweißbrot
Burenhamme: gekochter Schinken

C
Chefe: Zuckerschoten
Chräpfli: Krapfen
Chüngel: Kaninchen
Cipollata: kleine Bratwürste
Cüpli: ein Glas Sekt/Champagner

D
Däfeli: Bonbon
Délices: Laugenbrötchen
dringge: trinken
Druube: Trauben

E
e Dreier: 0,3 Liter Wein
e Zwaier: 0,2 Liter Wein
Egli: Barsch
Eierschwümm: Pfifferlinge

F
Fladen: Blätterteig-Fruchtkuchen
Flädli: in Streifen geschnittene Pfannkuchen
Fläsche: Flasche
Fleischchäs: Leberkäse
Fleischvögel: Rouladen
Fondue: Käsegericht
Fondue bourguignone: Fleischfondue
Fotzelschnitte: Arme Ritter
Frappé: Milchmixgetränk
Fritüre: heißes Fett- und Ölbad

G
Gipfeli: Hörnchen
Gitzi: Zicklein
Glace: (Speise-)Eis
gluschtig: appetitlich, lecker
Gmies: Gemüse
Gnagi: gepökelte Schweinshaxe
Gräpfli: Krapfen
Groot: Fischgräte
Grotto: einfaches Lokal mit Biergarten
Gschnätzlets: fein geschnittenes Fleisch
gschmègge: munden
Gschwellti: Pellkartoffeln
Gùggùmmere: Gurke
Güggeli: Hähnchen

H
Härdöpfel, Häärdèpfel: Kartoffel
Härdöpfelstock: Kartoffelpürree
Hamme: Schinken
Hörnli: kleine gebogene Nudeln
Holderzonne: Holunderbeerkompott

I
Iklämmts: Sandwich

J
Jus: Saft

K
Kabis: Kohl, Kraut
Käs: Käse
Käsewähe: (salziger) Käsekuchen
Kaffi: Kaffee
Kefe: Zuckerschote
Kestene: Esskastanien
Kiirsi: Kirsche
Kinngel: Kaninchen

Klöpfer: Cervelatwurst
Knöpfli: Spätzle, Nocken
kòchig: kochend
Krautstiel: Mangold
Kùchi: Küche
Küchli: Küchlein
Kügeli: Klößchen

L
Läggerli, Läckerli: kleines rechteckiges Honiggebäck
Luxemburgerli: knusprige Makronenhälften, gefüllt mit Buttercreme

M
Metzgete: Schlachtfest, Produkte vom Schlachtfest
Milke: Kalbsbries, Kalbsmilch
Mistkratzerli: Hähnchen, Stubenküken
Moscht: Apfelwein

N
Nägeli: Gewürznelken
Nüsslisalat: Feldsalat

O
Ofekiechli: Windbeutel
Omelette: Pfannkuchen

P
Panaché: Alsterwasser, Radler
Pariser Brot: Baguette
Patisserii: süßes Gebäck
Peperoni: Paprikaschoten
Peterli: Petersilie
Pfanne: Topf
Pfündeli: 500 g Brot
Plätzli: Schnitzel, Teigstück
Poulet: Brathuhn, Brathähnchen

R
Raclette: Gericht mit Pellkartoffeln und geschmolzenem Käse
Rahm: süße Sahne
Rande: rote Bete
Riebli: Karotten
Rippli: geräucherte Schweinsrippe
Röschti: Bratkartoffeln nach Schweizer Art
Ruchbrot: dunkles Brot
Ryys: Reis

S
Salm: Lachs
Schabziger: scharfer Frischkäse mit Kräutern
Schale: Kaffee mit warmer Milch
Schale Gold: Milchkaffee
Schingge: Bauernschinken, gekocht
Schlegel: Keule
Schnägg: Schnecke
Schnipo: paniertes Schnitzel mit Pommes
Schòggelaade, Schoggi: Schokolade
Schüfeli: Eisbein
Serviertochter: Kellnerin
Spaarse: Spargel
Stange: drei Deziliter gezapftes Bier
Suffede: Trinkgelage
Suuri Läberli: saure geschnetzelte Leber
Suuser: junger unvergorener Wein

T
Thon: Thunfisch
Traiteur: Feinkostgeschäft
Tranche: Scheibe
Trübeli: Johannisbeeren
Truffes: Schokoladentrüffel

V
Vermicelles: süße Maronenspagetti
Vorässe: Ragout, Gulasch

W
Waaie, Wähe: Früchte- oder Gemüsekuchen
Weggli: Brötchen
Weißkabis: Weißkohl
Wii: Wein
Wirz: Wirsing
Wyy: Wein

Z
Zapfe: Korken
Zibele: Zwiebeln
Zimmet: Zimt
Zmittag: Mittagessen
Zmorge: Frühstück
Znacht: Abendessen
Znüni: Vormittagsimbiss
Zopf: Hefezopf
Zucchetti: Zucchini
Zwiebelwähe: Zwiebelkuchen

Kulinarische Begriffe: Französisch

A

agneau: Lamm
aiguillettes: schmale Fleischstreifen
aïl: Knoblauch
alsacienne (à l'): nach Elsässer Art
asperges: Spargel

B

baeckeoffe: Eintopfgericht
béarnaise: Buttersauce mit Eigelb, Kräutern, Essig oder Weißwein
bibeleskäs: gewürzter Quark
bière pression: Bier vom Fass
blanquette: Ragout

C

café au lait: Kaffee mit Milch
– crème: Kaffee mit Rahm
– décaféiné (décaf): koffeinfrei
– express: Espresso
– glacé: Eiskaffee
canard: Ente
carpe: Karpfen
cassoulet: Eintopf mit Bohnen
charcuterie: Fleischwaren
chausson: Blätterteigtörtchen
chocolat chaud: heiße Schokolade
confit: Eingelegtes (meist Ente oder Gans)
confiture: Marmelade
coq au vin: Huhn in Wein
coquillages: Muscheln
crème chantilly: Schlagsahne
crudités: Rohkostsalate

D

daube: Schmortopf
demi litre: halber Liter
dinde: Pute

E

eau: Wasser
– gazeuse: Wasser mit Kohlensäure
– minérale: Mineralwasser
– de vie: klarer Schnaps
églantine: Hagebutte, auch ein beliebter Schnaps
épinards: Spinat
escalope: Schnitzel

F

farci: gefüllt
fermier: vom Bauernhof
feuilleté: in Blätterteig
ficelle: dünne, lange Wurst aus Schweinefleisch
filet de porc fumé: Kasseler
flammekueche: eine Art Pizza mit Quark, Speck und Zwiebeln
foie gras: Gänseleber
frais: frisch
fromage (blanc): Käse (Quark)
fruits: Obst
– de mer: Meeresfrüchte
fumé: geräuchert

G

gâteau: Kuchen
gibier: Wild
glaçons: Eiswürfel
grillé: gebraten, gegrillt

H

hachis (parmentier): Haschee
herbes: Kräuter
homard: Hummer
hors-d'œuvre: kalte Vorspeise
huile: Öl
huîtres: Austern

I

infusion de camomille: Kamillentee
– de menthe: Pfefferminztee

J

jambon de Paris: gekochter Schinken
jus de pomme: Apfelsaft
– d'orange: Orangensaft
– de raisin: Traubensaft

K

kir royal: Champagner mit Cassis
knack: Straßburger Knackwurst
knepfle: in Wasser pochierte Kartoffelknödel
kougelhopf: Hefenapfkuchen mit Rosinen oder Mandel

L
lait: Milch
laitue: Kopfsalat
lard: Speck
légumes: Beilagen, Gemüse
lewerknepfle: Kalbs- oder Schweinsleberknödel

M
mariné: mariniert
marrons glacés: glasierte Maronen
matelote: Fischgericht
meunière (à la): Müllerin-Art
miel: Honig
milchstriwlas: Milchspätzle
mousse: schaumige Crème
moutarde: Senf
munster: Münsterkäse

N
navarin: Hammelragout mit Rüben
nouilles: Nudeln

O
œuf: Ei
– *à la coque:* weiches Ei
– *brouillés:* Rühreier
– *dur:* hartes Ei
– *pochés:* verlorene Eier
– *sur le plat:* Spiegeleier
ofekiechlas: Elsässer Vanilleplätzchen
oiseau sans tête: Roulade

P
pain: Brot
panaché: Bier mit Limonade
pâtes: Teigwaren
pâtisserie: Kuchenbäckerei, Gebäck
petite salé: gekochtes Schweinefleisch
plat du jour: Tagesgericht
poires: Birnen
poisson: Fisch
poivre (vert): (grüner) Pfeffer
pommes: Äpfel
– *de terre:* Kartoffeln
porc: Schweinefleisch
potage: Suppe
pot au feu: gekochtes Rindfleisch in Gemüsebrühe
poulet: Hühnchen
presskopf: Schweinskopfsülze
profiterolles: Windbeutel mit Schokoladensauce
prunelle: Schlehe, eine Elsässer Schnapsspezialität

R
râble de lièvre: Hasenrücken
rillettes: Pastete aus gehacktem, gebratenem Schweinefleisch
riz: Reis

S
sanglier: Wildschwein
saucisse: Würstchen
saucisse de Strasbourg: »Knack«, auch »Strosburjer Knackwurscht« genannt
sauté: geschmort
sel: Salz
sucre: Zucker

T
thé au citron: Tee mit Zitrone
– *au lait:* Tee mit Milch
– *nature:* schwarzer Tee
tisane: Kräutertee
truite: Forelle

V
veau: Kalb
velouté: Cremesuppe
verre: Glas
vin blanc: Weißwein
– *doux:* süßer Wein
– *en fût:* Fasswein
– *léger:* leichter Wein
– *maison:* Hauswein
– *nouveau:* junger Wein
– *rosé:* Roséwein
– *rouge:* Rotwein
– *sec:* trockener Wein
vinaigre: Essig
volaille: Geflügel

W
wädele: Schweinshaxe, mit Kartoffelsalat und Meerrettich serviert
Wässerstriwela: Eierteig, erst pochiert, dann mit Butter in der Pfanne gebraten

Kulinarische Begriffe: Niederländisch

A
aalbes: Johannisbeeren
aardappelen: Kartoffeln
aardbeien: Erdbeeren
aperitief: Aperitif
appelsap: Apfelsaft
asperges: Spargel
azijn: Essig

B
banket: Kuchen
beschuit: Zwieback
biefstuk: Beefsteak
bier, pilsje: Bier
– van de tap: vom Fass
bloemkool: Blumenkohl
boerenkool (bu-): Grünkohl
bord: Teller
borrel, genever: Genever
borrelhappjes: Wurst, Käse zum Drink
borreltijd: Drink nach Feierabend
boter: Butter
boterham: Brotscheibe
bramen: Brombeeren
bronwater: Mineralwasser
brood: Brot

C
carbonade: Schweinekotelett
chocola: Schokolade
chokolademelk: Kakao

D
deegwaren: Teigwaren
diner: (abendl.) Hauptmahlzeit
doorbakken: durchgebraten
doperwten: Erbsen
drank/drankje: Getränk
druiven: Trauben

E
eend: Ente
ei: Ei
erwten: Erbsen

F
fles: Flasche
forel: Forelle
frambozen: Himbeere
fruit: Obst

G
garnalen: Garnelen
gebak: Kuchen
gebakken: gebacken, gebraten
gehak: Gehacktes
gekookt: gekocht
gerookt: geräuchert
gevogelte: Geflügel
glas: Glas
groenten (chruhnten): Gemüse

H
haantjes: Hähnchen
ham: Schinken
haring: Hering
hoofdgerecht: Hauptgericht

I
ijs: Eis

J
jam: Marmelade

K
kaas: Käse
kabeljouw: Kabeljau
kalfsvlees: Kalbfleisch
kalkoen (kalkuhn): Puter
karbonade: Kotelett
kersen: Kirschen
kip: Huhn
knoflook: Knoblauch
koek: Kuchen
koekjes: Kekse
koffie: Kaffee
komkommer: Gurke
konijntje: Kaninchen
kool: Kohl
kop: Tasse
kroeg: Kneipe
kwark: Quark

L
lamsvlees: Lammfleisch
lekker: lecker

lepel: Löffel
lever: Leber
limonade: Limonade
lof: Chicorée

M
makreel: Makrele
menu: Speisekarte
mes: Messer
middageten: Mittagessen
mosselen: Muscheln
mostard: Senf

N
nagerecht: Nachspeise
niet scherp: mild

O
oester: Auster
olie: Öl
ontbijt: Frühstück
ossehaas: Filetsteak

P
paling: Aal
pannekoeken: Pfannkuchen
patat: Kartoffeln, Fritten
– frites: Pommes frites
peer: Birne
peper: Pfeffer
perzik: Pfirsich
prei: Lauch
pruimen: Pflaumen

R
rekening: Rechnung
reserveren: reservieren
ribstuck: Rippchen
rijst: Reis
rijsttafel: Reistafel (indonesisch)
room: Sahne
roomboter: Butter
rundvlees (ründflees): Rindfleisch

S
sap: Saft
saus: Sauce
schapevlees: Schafsfleisch
schelvis: Schellfisch
scherp: scharf
schol: Scholle
servet: Serviette
sinaasappel: Apfelsine
slagroom: Schlagsahne
snoek: Hecht
snoekbaars: Zander
soep (sup): Suppe
spa: Mineralwasser
– rood: mit Kohlensäure
sperziebonen: grüne Bohnen
spruitjes: Rosenkohl
stampot: Eintopfgericht
suiker: Zucker

T
taart: Torte
tafel: Tisch
tarbot: Steinbutt
thee: Tee
toetje: Dessert
tong: Seezunge
tonijn: Thunfisch

U
uien (euen): Zwiebeln
uitsmijter: Strammer Max

V
varkensvlees: Schweinefleisch
venkel: Fenchel
vis (fiss): Fisch
vlees: Fleisch
voorgerecht: Vorspeise
vork: Gabel
vruchten: Obst

W
water: Wasser
wijn: Wein
wild: Wild
witlof: Chicorée
worst: Wurst
worteltjes: Karotten

Z
zalm: Lachs
zeeduivel: Seeteufel
zeetong (see-): Seezunge
zoet: süß
zout: Salz
zuurkool (sühr-): Sauerkraut
zure room: saure Sahne

Nützliche Adressen und Reiseservice

Auf einen Blick

Deutschland
Hauptstadt: Berlin
Landessprache: Deutsch
Einwohner: 82,2 Mio.
Fläche: 357 114 qkm

Schweiz
Hauptstadt: Bern
Landessprachen: Deutsch, Französisch, Italienisch, Rätoromanisch
Einwohner: 7,5 Mio.
Fläche: 41 285 qkm

Frankreich
Hauptstadt: Paris
Landessprache: Französisch
Einwohner: 61,3 Mio.
Fläche: 543 965 qkm

Niederlande
Hauptstadt: Amsterdam
Landessprache: Niederländisch
Einwohner: 16,3 Mio.
Fläche: 41 526 qkm

An- und Abreise

Mit dem Zug

Amsterdam, Düsseldorf, Köln und Basel sind Start- und Endpunkte von Rheinkreuzfahrten und gut an das IC/ICE-Netz der Bundesbahn angebunden. Die Zugfahrt vom Heimatort zum Einschiffungsort sowie die Rückfahrt vom Kreuzfahrtziel nach Hause kann meist mit der Reise zusammen beim Veranstalter gebucht werden. Vom Bahnhof aus ist der Transfer zum Schiff (und zurück) organisiert.

Mit dem Auto

Fragen Sie Ihren Kreuzfahrtveranstalter nach verkehrsgünstig gelegenen Abstellmöglichkeiten für Ihren PKW am Abreiseort. Bei individueller Anreise sind unbedingt die Einschiffungszeiten zu beachten!

Mit dem Flugzeug

Auch hier gilt wie beim Bahnnetz: Amsterdam, Düsseldorf, Köln und Basel sind gut mit dem Flugzeug zu erreichen. Möglichkeit der Buchung eines kombinierten Arrangements gemeinsam mit der Kreuzfahrtpassage auf Anfrage beim Veranstalter.

An Bord

Damit können Sie an Bord rechnen:
- Die Bordsprache ist Deutsch.
- Die Rezeption steht wie in einem Hotel rund um die Uhr für die Wünsche der Passagiere zur Verfügung.
- Bücher und Spiele können in der Bordbibliothek ausgeliehen werden.
- Souvenirs, Drogerieartikel und einige andere Dinge des täglichen Bedarfs sind im Bord-Shop erhältlich.
- Sie erhalten täglich ein aktuelles Tagesprogramm, dem Sie die Veranstaltungsangebote, Ausflüge und die Öffnungszeiten der Bar sowie Essenszeiten entnehmen können.
- Einige Schiffe verfügen über einen Wellnessbereich und einen eigenen Friseursalon.
- Die Schlüsselkarte gilt als Legitimation und z. T. als Zahlungsmittel

Aufenthalt in den Anlegeorten

Die genauen Aufenthaltszeiten in den Anlegeorten können den Tagesprogrammen entnommen werden, die tagesaktuell auf dem Schiff zu lesen sind. Wer die Zeit an Land für Ausflüge auf eigene Faust nutzt, sollte mindestens eine halbe Stunde vor Abfahrt des Schiffs wieder an Bord sein. Vor Landgängen sollte der Kabinenschlüssel bzw. die Schlüsselkarte abgegeben werden. So kann das Personal feststellen, ob beim Ablegen noch jemand fehlt.

Ausflüge

Mit der Kreuzfahrtbuchung oder bisweilen auch noch an Bord können fakultative Ausflüge zu den Landgängen gebucht werden. Die Busrundfahrten, Stadtbesichtigungen, Museumsbesuche, Weinproben oder auch aktuelle Ausstellungsbesuche werden von fachkundigen Reiseleitern geführt und sind extra zu bezahlen. Wer seinen Landgang individuell gestalten möchte, kann sich an der Schiffsrezeption ein Taxi bestellen lassen.

Auskunft

Deutschland

Deutsche Zentrale für Tourismus e.V.
Beethovenstr. 69, 60325 Frankfurt am Main; Tel. 0 69/97 46 40, Fax 75 19 03; www.deutschland-tourismus.de

Bundesländer

HA Hessen Agentur GmbH
Abraham-Lincoln-Str. 38-42, 65189 Wiesbaden; Tel. 06 11/7 74 80 91, Fax 7 74 80 40; www.hessen-tourismus.de

NRW Tourismus e.V.
Worringer Str. 22, 50668 Köln; Tel. 02 21/17 94 50, Fax 1 79 45 17; www.nrw-tourismus.de

Rheinland-Pfalz-Touristik GmbH
Löhrstr. 103, 56068 Koblenz; Tel. 02 61/91 52 00, Fax 9 15 20 40; www.rlp-info.de

Tourismus Marketing GmbH Baden Württemberg
Esslinger Str. 8, 70182 Stuttgart; Tel. 0 18 05/55 66 90, Fax 55 66 91; www.tourismus-bw.de

Frankreich

Maison de la France
Zeppelinallee 37, 60325 Frankfurt; Tel. 09 00/1 57 00 25, Fax 1 59 90 61; www.de.franceguide.com

Niederlande

Niederländisches Büro für Tourismus & Convention
Postfach 27 05 80, 50511 Köln; Tel. 0 18 05/34 33 20, Fax 34 33 20; www.niederlande.de

Schweiz

Schweiz Tourismus
Postfach 695, CH-8027 Zürich; Tel. 0 08 00 10 02 00 30, Fax 0 08 00 10 02 00 31; www.fremdenverkehrsamt.com

Behinderte

Nur wenige Schiffe sind gänzlich behindertengerecht ausgestattet. Einige verfügen über Treppenlifte oder Aufzüge und zumindest teilweise über geeignete Einrichtungen. Die Reedereien sind bemüht, auch Gästen mit Einschränkungen gerecht zu werden.

Buchtipps

Hoffman/Thomas/Keller: Der Rhein – unser Weltkulturerbe, DuMont. Prächtiger Farbband mit kundigen Texten sowie einem englischsprachigen Anhang zu den Stätten des UNESCO-Weltkulturerbes am Rhein

Frank Schätzing: Tod und Teufel, Goldmann Taschenbuch. Köln im Jahr 1260: Jacop, ein Dieb und Herumtreiber beobachtet, wie der Kölner Dombaumeister vom Gerüst gestoßen wird. Ein politischer Mord, und der Täter weiß, dass er gesehen wurde. Eine gnadenlose Verfolgung durch die mittelalterlichen Gassen Kölns beginnt. Hochspannend und atmosphärisch!

Walter Hansen: Wo Siegfried starb und Kriemhild liebte. Die Schauplätze des Nibelungenliedes. DTV. Eine Bilderreise zu den Stätten der Nibelungen, dazu das Nibelungenlied in einer modernen und kommentierten Übersetzung.

Hertha Kratzer: Rheinsagen. Vom Ursprung bis zur Mündung. Ueberreuter Verlag. Sagen und Mythen zum Rhein, durch sechs Länder vom Ursprung in den Schweizer Bergen bis zur Mündung in den Niederlanden.

Klaus-Peter Hausberg: Rheinische Sagen und Geschichten. Bachem Verlag. Das Begleitbuch zum Rheinischen Sagenweg mit den schönsten Sagen und Geschichten von Rhein, Mosel, Lahn und Nahe. Ergänzt durch touristische Infos.

Gertrude Cepl-Kaufmann/Antje Johanning: Mythos Rhein. Kulturgeschichte eines Stromes. Primus Verlag. Die politische und kulturelle Geschichte des Rheins, von der Römerzeit bis zur Bonner Republik.

Buchungsadressen

1-AVista Reisen
Clever Str. 32, 50668 Köln; Tel. 02 21/ 99 80 08 00; www.1avistareisen.de

A-ROSA Flussschiff GmbH
Steinstr. 9, 18055 Rostock; Tel. 01 80 30/2 76 72; www.a-rosa.de

nicko-tours GmbH
Mittlerer Pfad 2, 70499 Stuttgart; Tel. 07 11/2 48 98 00; www.nicko-tours.de

Peter Deilmann Reederei GmbH & Co KG
Am Holm 25, 23730 Neustadt in Holstein; Tel. 0 45 61/39 60; www.deilmann-kreuzfahrten.de

plantours & Partner GmbH
Obernstr. 76, 28195 Bremen; Tel. 04 21/17 36 90 oder 0 18 03/67 10 63; www.plantours-partner.de

Premicon Line GmbH
Frankenwerft 35, 50667 Köln; Tel. 02 21/ 2 08 85 00; www.premiconqueen.com

Transocean Tours Touristik GmbH
Stavendamm 22, 28195 Bremen; Tel. 04 21/33 36-1 82; www.transocean.de

Viking Flusskreuzfahrten GmbH
Hohe Str. 68–82, 50667 Köln; Tel. 02 21/2 58 62 09; www.vikingflusskreuzfahrten.de

Österreich
Lüftner Cruises
Amraser See Str. 56, A-5020 Innsbruck; Tel. 00 43/5 12/36 57 81; www.lueftner-cruises.at

Schweiz
Scylla Tours AG
Uferstr. 90, CH-4019 Basel; Tel. 00 41/ 61/6 38 81 81; www.scylla-tours.com

Buchungshinweise

Viele Anbieter gewähren Frühbucherrabatte. Früh zu buchen hat zusätzlich den Vorteil der freien Kabinenwahl. Beste Lage haben die Kabinen auf dem oberen Deck, viele mit Panoramafens-

»Rhein in Flammen« nennt sich das Feuerwerksspektakel, das je nach Flussabschnitt zu unterschiedlichen Zeiten im Jahr stattfindet – etwa im Mai zwischen Linz und Bonn.

tern oder kleinen Balkonen. Je weiter zum Heck hin die Kabinen liegen, desto besser ist das sanfte Vibrato des Schiffsmotors zu spüren. Zur Orientierung drucken die Veranstalter in ihrem Katalogen Deckpläne der Schiffe ab. Wenn genügend Kapazitäten vorhanden sind, ist ein Kabinenwechsel in eine höhere Kategorie auch während der Reise noch möglich.

Eine Flussreise lässt sich gut mit einem Vor- oder Folgeprogramm im Start- oder Zielort verbinden. Bei einigen Veranstaltern ist dies Bestandteil der Reise, bei anderen kann der Anschlussaufenthalt gemeinsam mit der Schiffspassage in einem Partnerhotel gebucht werden.

Elektrizität

Das Schiff ist mit normalen zweipoligen 220 V-Steckdosen ausgestattet, an die elektrische Geräte angeschlossen werden können. Die Benutzung von Tauchsiedern und Bügeleisen in den Kabinen ist aus Sicherheitsgründen nicht gestattet.

Feierlichkeiten an Bord

Für besondere Anlässe, Geburtstage, Jubiläen oder Hochzeitstage hält die Bordküche immer eine Überraschung bereit, wenn man sie rechtzeitig von dem Termin unterrichtet. Spezielle Arrangements oder Blumenschmuck müssen vor Reiseantritt beim Kreuzfahrtanbieter bestellt werden.

Fernsehen

Ein Fernseher mit Fernbedienung ist Standardausstattung auf allen Schiffen. Empfangen werden meist nur einige wenige Programme über Satellit. Dazu wird oftmals ein Spielfilmangebot über das Bordsystem eingespielt, außerdem gibt es einen Kanal mit tagesaktuellen Kreuzfahrtinformationen.

Geld

Bordwährung ist der Euro, Bargeld wird allerdings an Bord nicht benötigt. Alle Ausgaben, die auf dem Schiff getätigt werden, werden auf Ihr Bordkonto gebucht und am letzten Tag der Reise abgerechnet. Die Ausgaben können dann bar oder mit Kreditkarte beglichen werden.

Nicht vergessen: Für den Aufenthalt in Basel werden Schweizer Franken benötigt. Taxifahrer und Geschäfte akzeptieren zwar manchmal auch Euro, bedienen sich aber zum Teil eines »kreativen« Umrechnungskurses, der auf die Schnelle nicht immer nachzuvollziehen ist. Das Rückgeld gibt es dann sowieso fast immer in Franken. Sicherer ist, sich einen kleinen Vorrat an Schweizer Franken zu tauschen, Wechselstuben gibt es z. B. am Bahnhof SBB oder am Badischen Bahnhof. 1 € entspricht ca. 1,65 CHF, 1 CHF entspricht ca. 0,60 € (Stand: Januar 2009).

Gepäcktransport

Gepäckservice ab Haustür ist gegen Aufpreis möglich. Die meisten Veranstalter bieten kostenlosen Koffer- und Personentransfer zu festgelegten Zeiten vom Bahnhof zum Schiff und zurück an, sodass sich der eigene Gepäcktransport auf ein Minimum reduzieren lässt. Auch an Bord ist eine hilfreiche Hand bei schweren Gepäckstücken immer zur Stelle.

Gesundheitsvorschriften

Für eine Rheinreise sind keine speziellen Gesundheitsvorschriften zu befolgen. Um einen maximalen Schutz gegen die Verbreitung von Viren zu gewährleisten, wird ein regelmäßiges gründliches Händewaschen an Bord empfohlen sowie die Nutzung von Hand-Desinfektionsautomaten, die einige Kreuzfahrtschiffe im Eingangsbereich installiert haben.

Internet

Mit einem WLAN-fähigen Laptop hat man über sogenannte Hot-Spots an Bord Zugang zum Internet. Auf einigen Schiffen stehen Laptops zum Verleih an die Gäste zur Verfügung.

www.welterbe-mittelrheintal.de
Übersichtliche Seite mit ausführlichen Beschreibungen von Natur und Sehenswürdigkeiten des Oberen Mittelrheintals, mit vielen geschichtlichen Details.
www.rheinischersagenweg.de
Wen Geschichte und Geschichten nicht nur über das Mittelrheintal interessieren, wird hier fündig.
www.kreuzfahrten-pool.de
Neben den aktuellen Angeboten verschiedener Reedereien sind hier auch die Porträts diverser Rheinkreuzfahrtschiffe zu finden.

Kleidung und Ausrüstung

Die Zeiten der strengen Dresscodes bei Kreuzfahrten sind längst vorbei. Sportlich-legere Kleidung ist heute die Regel, allerdings sollten Shorts und Badekleidung höchstens am Oberdeck ausgeführt werden, keinesfalls in die Lounge oder ins Restaurant. Zum Abendessen darf die Garderobe dann ruhig etwas schicker sein, bei den Herren wird ein Jackett nach wie vor gerne gesehen.

Zum Captains-Dinner durchweht ein Hauch von Festlichkeit das Restaurant, Krawattenzwang besteht aber nicht. Wer gerne den Fahrtwind an Deck genießt, sollte winddichte Kleidung und evtl. Regenschutz mitnehmen. Ansonsten reicht kleines Gepäck. Bademäntel und Badeschuhe werden meist gestellt, ein Wäscheservice (→ S. 153) befindet sich an Bord. Keinesfalls vergessen: ein gutes Fernglas!

Medizinische Versorgung

Nur wenige Schiffe bieten eine ärztliche Betreuung während der Flusskreuzfahrt an, im Notfall wird jedoch ein Arzt an Land kurzfristig kontaktiert. Medikamente können an Bord nicht ausgegeben werden, es wird empfohlen, die persönliche Reiseapotheke mit dem Bedarf für die gesamte Kreuzfahrtzeit von zu Hause mitzunehmen.

Nebenkosten

1 Tasse Kaffee	2,00 €
1 Glas Bier	2,20 €
1 Glas Wein (offen)	4,00 €
1 Orangensaft (gepresst)	4,00 €

Auf einigen Kreuzfahrtschiffen bestehen kostenlose Möglichkeiten zur Kaffee- oder Teezubereitung. Außerdem gibt es auch All-inclusive-Angebote, die wahlweise mit allen Getränken oder nur mit antialkoholischen Getränken gebucht werden können.

Notruf

Europaweit einheitlicher Notruf ist die 112.

Post

Postkarten und Briefmarken sind an der Rezeption erhältlich, dort kann auch Post aufgegeben werden.

Rauchen

Auf dem Schiff gilt ein generelles Rauchverbot, bis auf einige ausgewiesene Plätze an Deck. Manche Schiffe haben eine Raucherlounge.

Reisezeit

Beste Reisezeiten für den Rhein sind Frühjahr und Herbst. Sonderreisen werden angeboten für die Zeit der Tulpenblüte in Holland und in der Adventszeit zu den schönsten Weihnachtsmärkten am Rhein sowie zu den »Rhein in Flammen«-Spektakeln.

Sport

Auch die relativ kleinen Rheinkreuzfahrtschiffe bieten – im Rahmen ihrer Möglichkeiten – die Gelegenheit zu sportlicher Aktivität: ein kleiner Pool, Gymnastikangebote, ein Fitnessraum oder z. B. Putting Greens für Golffans auf dem Sonnendeck. Wer nicht auf tägliche Bewegung verzichten möchte, sollte sich aber vor der Buchung nach den Angeboten erkundigen.

Taxi

Ein Taxi für Landgänge kann jederzeit an der Rezeption bestellt werden.

Taxiruf Deutschland 2 24 56 (ohne Vorwahl, vom Handy aus)
Taxiruf Basel 00 41-61-2 22 22 22
Taxiruf Amsterdam 00 31-20-67 77 77

Telefon

Das Schiff ist telefonisch und per Fax erreichbar. Die Nummer steht in den Reiseunterlagen und wird auch bei Landgängen noch einmal ausgehändigt. Tipp: Speichern Sie die Nummer in Ihr Handy, vor allem bei Landausflügen auf eigene Faust. Von der Kabine aus können Gespräche geführt und empfangen werden, die Tarife liegen in der Kabine aus. Sie sind meist relativ hoch, es empfiehlt sich die Nutzung des eigenen Mobiltelefons, das Netz ist durchgängig gut. Für die Verwendung in den Niederlanden und in der Schweiz muss es für International Roaming freigeschaltet sein.

Ländervorwahlen
Deutschland: 0049
Frankreich: 0033
Niederlande: 0031
Schweiz: 0041

Trinkgeld

Es ist üblich, sich am Ende der Reise bei der Crew mit einem Trinkgeld zu bedanken, persönlich oder über die Trinkgeldbox, die an der Rezeption aufgestellt wird.

Trinkwasser

Das Leitungswasser an Bord hat Trinkwasserqualität und kann unbedenklich zum Zähneputzen genutzt werden.

Wäsche

Innerhalb von 24 Stunden wäscht die bordeigene Wäscherei auf Wunsch die im Wäschebeutel in der Kabine deponierten Kleidungsstücke.

Wertsachen

Die Kabinen verfügen über einen Safe, in dem Schmuck, Dokumente und andere Wertgegenstände aufbewahrt werden können. Fehlt der Safe, bewahrt die Rezeption Wertgegenstände gegen Quittung auf.

Zeitungen

Tagesaktuelle Nachrichten werden jeden Morgen in Form einer kostenlosen Bordzeitung ausgehändigt. Das sind wenige fotokopierte und zusammengeheftete Zettel, die sich auf die wichtigsten Neuigkeiten beschränken. Manche Bordshops bieten Tageszeitungen und Illustrierte an.

Leichtes Gepäck ist auf einer Rheinreise völlig ausreichend, denn die Kreuzfahrtschiffe verfügen immer über einen Wäscheservice. Trinkgeld wird auch hier gern gesehen!

Hier finden Sie alphabetisch aufgeführt alle in diesem Band beschriebenen Orte und Ziele, Routen und Touren. Bei einzelnen Sehenswürdigkeiten steht jeweils der dazugehörige Ort in Klammern, bei Restaurants steht zusätzlich die Abkürzung R, bei Einkaufsmöglichkeiten die Abkürzung E. Außerdem enthält das Register wichtige Stichworte sowie alle MERIAN-Tipps, -TopTen und -Spezial dieses Reiseführers. Wird ein Begriff mehrfach aufgeführt, so verweist die **fett** gedruckte Zahl auf die Hauptnennung, eine *kursive* Zahl verweist auf ein Foto.

A

B

C

D

Liebe Leserinnen und Leser,
wir freuen uns, Ihre Meinung zu diesem Reiseführer zu erfahren. Bitte schreiben Sie uns, wenn Sie Berichtigungen und Ergänzungsvorschläge haben oder wenn Ihnen etwas besonders gut gefällt:

TRAVEL HOUSE MEDIA GmbH, Postfach 86 03 66, 81630 München
E-Mail: merian-live@travel-house-media.de, Internet: www.merian.de

Die Autorin
Diesen Reiseführer schrieb **Christel Juchniewicz.** Sie lebt in Düsseldorf und ist dort selbstständig mit ihrer Agentur via Kultur! tätig, die Marketing- und PR-Projekte für die Buchbranche durchführt. Sie arbeitet außerdem als Business und Management Coach sowie als freie Referentin für Presse- und Öffentlichkeitsarbeit.

Mit Beiträgen von Axel Nowak, Dirk ter Brügge, Gerald Penzl und Rüdiger Tschacher.

Alle Angaben in diesem Reiseführer sind gewissenhaft geprüft. Preise, Öffnungszeiten usw. können sich aber schnell ändern. Für eventuelle Fehler übernimmt der Verlag keine Haftung.

Fotos
Titelbild: Burg Gutenfels (H. Wohner/Look-foto)
akg-images 64/65, 86/87; akg-images/Bildarchiv Monheim 56; B. Arnold/Visum 16; T. Barth/laif 8; P. Bialobrzeski/laif 6; J.-P. Boening/Zenit/laif 92; N. Bräuning/Fondation Beyeler 37; A. Buellesbach/Visum 94; Caro/Oberhäuser 100; Cephas Picture Library/Alamy 54; A. Cowin/Alamy 60; P. Crow/Alamy 124; dpics/Alamy 30/31; D. Eisermann/laif 88; C. Emmler/laif 42; FAN travelstock/Alamy 96; C. C. Franken/Visum 103; R. Freyer 48, 112; M. Gonzales/laif 120; Gräfenhain/Bildagentur Huber 79, 84; H. Henglein-Klover/laif 69; M. Hoffmann 22, 44; imagebroker/Alamy 66; Jahreszeiten Verlag/Gourmet PictureGuide 74, 75, 104; Keystone-CH/Bilderberg 7; R. Kreuels/laif 4/5, 76; Kuttig-Travel/Alamy 10; M. Linke/laif 13; R. Martini/Look-foto 98; K. Oster 111; U. Otte/Düsseldorf Marketing und Tourismus GmbH 20/21; A. Paredes/AGE/F1 online 130/131; Peter Deilmann Reederei 14, 153; S. Pitamitz/Alamy 24; M. Prosswitz/People Picture 28; M. Ripani/Bildagentur Huber 123; J. Sackermann/Bilderberg 80; R. Schmid/Bildagentur Huber 47; C. Schuerpf/swiss-image.ch 38; C. Sonderegger/swiss-image.ch 26; F. Staud/Alamy 118; Superbild 150; Superbild/Incolor 32; swiss-image.ch 34; C. Wauer/F1 online 72; S. Wieland/laif 114; M. Zegers 108; H. & D. Zielske/Look-foto 83

Bei Interesse an digitalen Daten aus der MERIAN-Kartographie wenden Sie sich bitte an:
iPUBLISH GmbH, Abt. Cartography
merianmapbase@ipublish.de
www.merianmapbase.de

Bei Interesse an Anzeigenschaltung wenden Sie sich bitte an:
KV Kommunalverlag GmbH & Co KG
MediaCenterMünchen
Tel. 0 89 – 92 80 96 – 44
E-Mail: kramer@kommunal-verlag.de

Programmleitung
Dr. Stefan Rieß
Redaktion
Simone Schmidt
Lektorat und Satz
Ewald Tange, tangemedia, München
Gestaltung
wieschendorf.design, Berlin
MERIAN-Quiz
Verónica Reisenegger (Konzept und Idee)
Karten
MERIAN-Kartographie
Druck
Appl, Wemding
Bindung
Auer, Donauwörth
Gedruckt auf
Eurobulk Papier von der Papier Union

1. Auflage

TRAVEL HOUSE MEDIA

Ein Unternehmen der
GANSKE VERLAGSGRUPPE

Rheinkreuzfahrt

MERIAN-Tipps

Tipps und Empfehlungen für Kenner und Individualisten

1 **Früh morgens an Deck!**
Ruhe genießen und sich wie ein Entdecker fühlen, das geht am besten in den frühen Morgenstunden an Deck (→ S. 17).

2 **Restaurant Kunsthalle (Basel)**
Für die Basler ist das Lokal eine zweite Heimat – entweder im »Schluuch« oder im feinen »weissen« Teil (→ S. 37).

3 **Museé Tomi Ungerer (Straßburg)**
Den Werken des großen elsässischen Karikaturisten und Kinderbuchautors ist ein ganzes Museum gewidmet (→ S. 49).

4 **La Choucrouterie (Straßburg)**
Kleinkunst in mehreren Sprachen in den Räumen einer alten Sauerkrautfabrik und rustikale Verpflegung (→ S. 51).

5 **Rheinpromenade (Worms)**
Entlang des Flussufers laden traditionsreiche Sommerlokale zum Verweilen ein (→ S. 62).

6 **Imhoff-Schokolade-Museum (Köln)**
Mit verführerischem Duft empfängt das Museum zu einer unterhaltsamen Reise durch die Welt der Schokolade (→ S. 102).

7 **Früh am Dom (Köln)**
Jung und Alt, Reich und Arm treffen sich in diesem traditionsreichen Brauhaus – rheinische Lebensart pur (→ S. 104).

8 **Carlsplatz Markt (Düsseldorf)**
Schlemmen, Shoppen und Bummeln – auf dem Markt ist alles vom Feinsten (→ S. 113).

9 **Bar am Kaiserteich (Düsseldorf)**
Beliebte Filmkulisse und trendiger Treffpunkt – nicht nur für Nachtschwärmer (→ S. 115).

10 **Restaurant Vermeer (Amsterdam)**
Die exquisite Küche von Chefkoch Christopher Naylor passt hervorragend zum Ambiente des 17. Jahrhunderts (→ S. 126).

← MERIAN-TopTen
finden Sie auf Seite 1